東宝特殊美術部の仕事

TOHO SPECIAL EFFECT DEPARTMENT "TOKUBI"'S WORKSHOP

映画・テレビ・CF編

ににたかし／著

新紀元社

【発刊に寄せて】

俳優石坂浩二の見た東宝特撮セクション

僕が最初に東宝さんと関わった時には、ちょうど『ウルトラQ』を製作しているころだったんです。今はもうなくなっちゃったけど、当時は砧《きぬた》の東宝にオープンセットがあったんですね。今の東名高速道路があるあたりまで東宝のスタジオだったんですけど、道路ができた時に切られちゃった。一番最初にそこに録音に行った時、山口淑子さんと池部良さんが出演された『白蛇伝』で使った、中国の宮廷の庭のセットが残っていたのを興味津々で眺めたのを覚えています。それと、毎年8月に上映される戦争ものの映画で使った、大きめの「海」のセットがありました。海といっても水が張ってあるわけじゃなくて、防腐剤が入った寒天がプールのように敷き詰めてあって、そこに波を描くんです。これは円谷英二さんが考えた有名な手法ですね。それの上に台があって、軍艦の模型を上に置くわけです。軍艦の模型は毎年使い回しだって言ってました（笑）。

昔はスタジオの床は普通に地面だったんで、例えば庭のセットが必要だったら普通に木を植えたんですよ。だから、植えるための木を普段待機させておいて、撮影が終わったらまた植え替えて戻しておくための温室があったんです。

で、その温室の奥に特撮用の船や飛行機の模型がいっぱい置いてあったんです。それも撮影の合間にちょこちょこ見にいってましたね。当時は特撮のスタッフといっても、例えば普通のドラマのセットの電気関係とかも担当してたんです。大工さんもいたし、障子なんかを張ったりする張り物屋さんもいましたから。今ではそういう人たちはみんな派遣になっちゃって、社員でやっているスタッフはほとんどいないですけどね。

特撮っていうのは本当にちゃんと体系立った技術なんで、それが継承されないというのは大変惜しいことだと思います。そういう意味で、これからそういうことをやろうとする人は出てきてほしいですよね。

我々くらいの年代の人間がこの本を読むとけっこう懐かしいんですが、若い人には逆に新鮮に映ると思います。そうして東宝のスタッフの知恵と努力が将来に継承されていけば、それは素晴らしいことですよね。

▲飛行機模型専門誌隔月刊『スケールアヴィエーション』の紙面を飾った石坂氏の作品、タミヤ 1/48 スケール「メッサーシュミット Bf109G」。工作度、塗装、ウェザリングなどの表現も秀逸。その腕前には特美 OB の著者も舌を巻く！

石坂 浩二 ― いしざか こうじ ―

１９４１年生まれ。東京都出身。日本を代表する俳優のひとりで生粋のモデラーであり画家。飛行機模型専門誌隔月刊『スケールアヴィエーション』で作例を発表する腕前で、上掲のメッサーシュミットＢｆ１０９はその作品のひとつ。現在は自身の主催する模型サークル「ろうがんず」の会長も務める。

さて、石坂さんといえばだれもが知っている俳優さんだが、東宝では『金田一耕助シリーズ』でお馴染みだ。この金田一シリーズ、特撮映画ではないけれど、特美も菊人形や生首などの作り物で関わっていた。なお、筆者は東宝でこの『金田一耕助シリーズ』のプロモーション映像を撮る際に、サッっと吹いた風で金田一の被っているハットが吹き飛ばされる操演（ピアノ線を帽子につなげてあった）をやったことがある。

本書の冒頭に本編俳優さんの言葉をいただけるなんて、映画屋冥利につきるというもの。心より感謝いたします！

2018 年 10 月、神奈川県某所にて東宝特撮について語る石坂氏。

東宝特殊美術部の仕事の一例

造形技師の仕事

▲▼筆者が特美に入ってから平成のはじめ頃まで活躍したのが安丸技師（写真ではブレてしまっているね）。ゴジラなどの撮影が入ると、まずは写真のようなクレイモデルを作るのが技師たちのお仕事だった。

▶造型技師小林知己は筆者の盟友だ。ほぼ同時に入社した彫刻少年と模型少年は特美変人たちの中で大人へと育っていった。彼は亡くなる直前まで川崎の自宅から自転車で撮影所へと通っていた。現在、東宝撮影所のゲート正面にはゴジラの彫像が建っている。彼の遺作となったゴジラが……。

キャラクターメカデザイナーとしての仕事

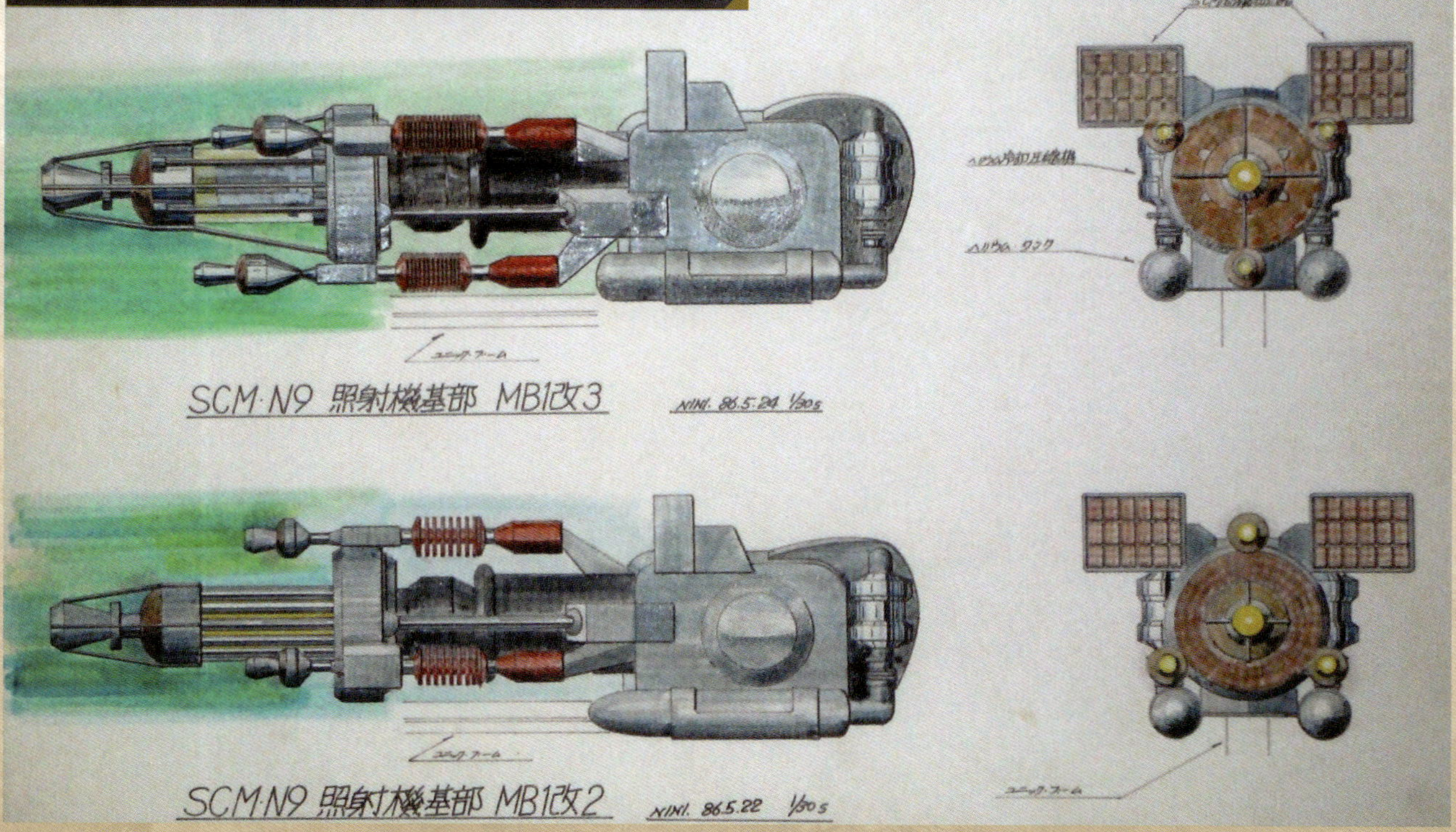

▲『首都消失』のSCM車の照射部。「メカ物」も「雲」と同じでよくもまあという物を「それなりに」でっちあげる。筆者案・作図

時代考証的仕事の一例

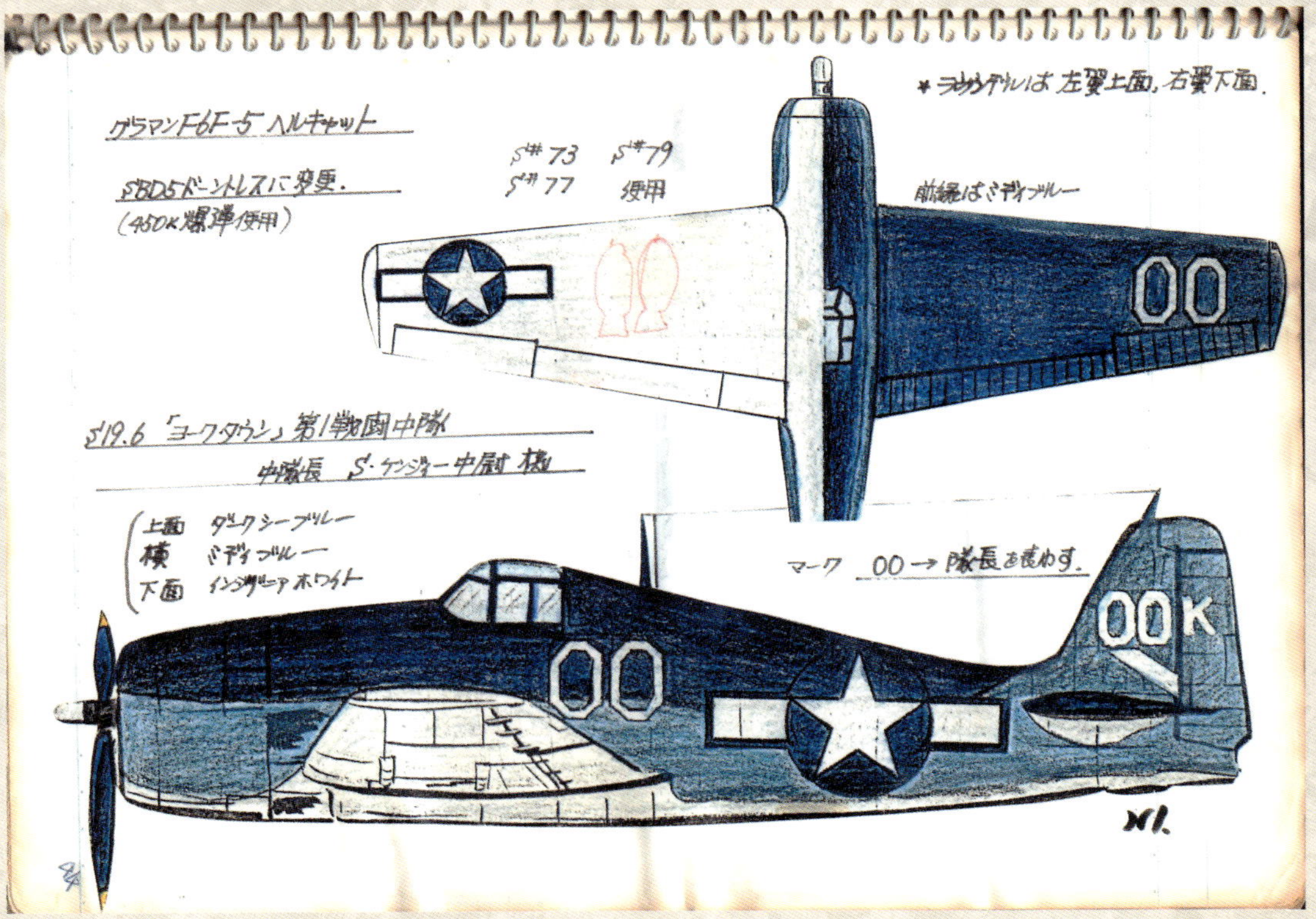

◀戦争映画の場合はこういった設定画（当時は「色仕上げ図」と言った）を作ってから模型の製作に入る。こういったものを作るのも筆者の役割だった。左の図は映画『大日本帝国』用のものだが、左上に書いてあるように、実際の撮影の際にはSBDドーントレスに変更されてしまった。

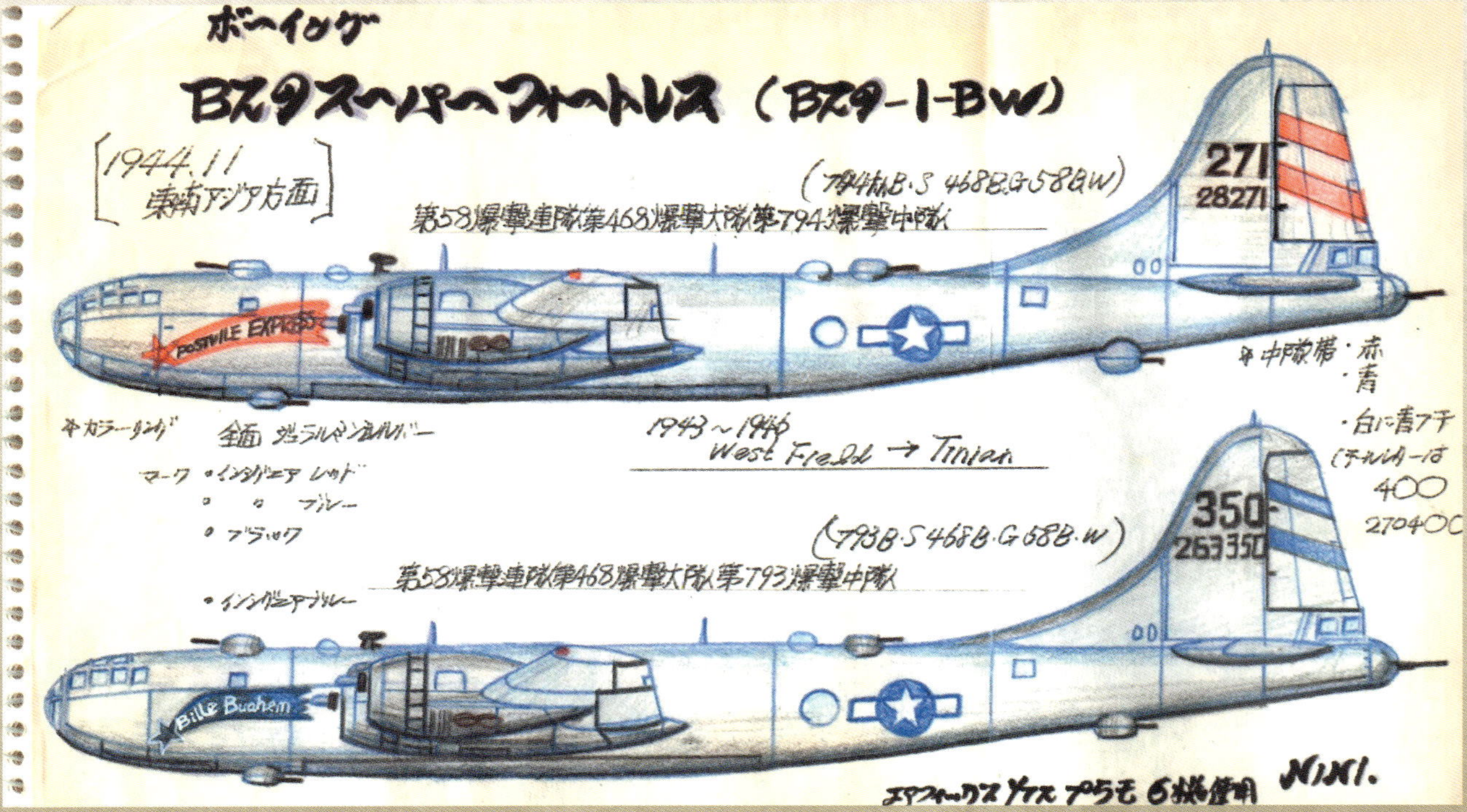

▲こちらは『南十字星』のB-29の色仕上げ図。艦船の仕上げに忙殺されて現場に行けず、製作した模型自体の写真は撮影できなかった。

はじめに

２０１６年に大日本絵画さんから刊行していただいた『東宝特殊美術部外伝（上／下。以下、外伝と略）』を読んでくださった皆さんからの反響がことのほか大きい事に筆者は驚かされました。そして、特殊美術部の仕事を世の中に紹介する事が出来、喜びもひとしおです。

そこで誌面の都合で掲載できなかった多数の写真を、〈特撮写真帖〉として纏めてみようと思いたちました。特美の仕事は、『外伝』をご覧くだされればおわかりいただける様に、映像・展示・イベントなど多岐に渡っていましたが、本書では特撮映画と特撮的ＣＦや映像関連のみをピックアップし、いわばカメラを通して写される為のアイテムを纏めることにしました。

合わせて〈にに特撮ノート〉に記録されていた作品ごとの製作品リストも載せることで、「ああ、特美って、こんなのも作っていたのか」と、その仕事量がおわかりいただけるかと思います。もっともこんなリストはマニアさんにしか受けないかもしれませんね。

筆者こと模型少年は、絵描きを目指して精進していたのですが、ヒョンな事からアルバイトとして東宝撮影所へ通うことになりました。そこは素晴らしい所でした。だって子供の頃から好きだった模型に携われてお金が貰えるのですからね。そうやって流れるままに映画の仕事に就いて、いつしか模型少年はマネージャーへと転身し、模型老年になってしまったのです。

さて、筆者は子供の頃から記録をつける事も趣味のひとつでしたが、そのせいでバイク仲間からは「データー魔」と言われていました。特美でバイトを始めて１年ぐらい経った頃、当然のようにムクムクとその趣味が頭をもたげてきたのです。

「そうだ！　特美の作り物を出来るだけ記録しよう」と。

特撮用の作り物班として初めて関わった映画が『マルコ』という日米合作のミュージカル映画です。監督は小谷承靖さんですが、当時の筆者にとっては雲上の人。

ところが退職後、東宝撮影所のＯＢ会「砧同友会」の幹事となって知己を得たのです。小谷監督は恩地監督と共に同友会をリードしていました。

筆者の関わった最初の作品の縁で、現在でも仲良くさせて戴いています。

さあ、前置きはこのぐらいにして写真帖を開いていきましょう。

▲日米合作映画『マルコ』の小谷承靖監督。2016年11月『東宝特殊美術部外伝』出版祝会にて。〔撮影：紀伊稔〕

▼『マルコ』の唐船は、筆者が特美に勤務して製作に携わった最初の特撮映画用模型。このあとすぐに『ゴジラ対メガロ』に携わったが、カメラを持っていなかったので、記録はない。

目次

第1部　特撮映画におけるアイテム

【1】『日本沈没』 1973年12月29日公開

●外伝・上・シーン6

制　作　東宝株式会社
監　督　森谷司郎
美　術　村木与四郎
特殊技術　中野昭慶
特殊美術　井上泰幸（青木利郎、小村完、井口昭彦、好村直行、小川富美夫、大橋、槇）
特殊効果　渡辺忠昭
操　演　松本光司
造　型　安丸信行（小林知己、他）
（塗装仕上　小島耕司、長沼孝、他）

日本を代表するSF作家である小松左京氏の代表作を正月映画として東宝が制作したもの。

日本列島に地殻変動があることを察した科学者たちの苦闘と国家、国民のパニックを描く。

特美では1／25スケールの浜川崎コンビナートのストラクチャーや船舶、車両、ヘリコプターなどを外注のトイダなどとともに製作した。

模型少年こと筆者の、『マルコ』『ゴジラ対メガロ』に続く3作目の特撮映画作品。

▲フェアレディ屋上広告塔。

▲芦ノ湖遊覧船パイオニア丸、あしのこ丸。

▼30㎝のビル屋上看板。絵をひらめきで描き、文言もひらめいたものをパッとレタリング。数が多いから30分くらいで仕上げる。これらの看板類は実景（実際にある風景）とは全く別物を作画。これは多分プレスリーだろう。小島こーちゃん作画。

▲写真タイトルが仕上がったので…、左から筆者・渡辺・島倉・小島。

▶浜川崎コンビナートセット。9ステージにセットプールを作り、その上に建て込んでいる。

▲大タンクは爆破用石膏製。

▲右天井注意、R部分の背景。

▲協力会社トイダのトタン製品は、非常に良く出来ており、コンビナートのセットに欠かせないアイテムだった。

【2】『ゴジラ対メカゴジラ』 1974年3月21日公開

●外伝・上・シーン8

制　作　東宝映像株式会社
監　督　福田純
美　術　薩谷和夫
特殊技術　中野昭慶
特殊美術　青木利郎、小村完（井口昭彦、好村直行、大橋）
特殊効果　渡辺忠昭
操　演　小川昭二
造　型　安丸信行（小林知己、他）
（塗装仕上　小島耕司、長沼孝、他）

ゴジラといえば日本を代表する怪獣映画。その公開から20周年を記念して制作されたのが『ゴジラ対メカゴジラ』だった。翌1975年開催予定の沖縄国際海洋博覧会にちなんで沖縄本島がその舞台とされ、シーサーをモチーフとした怪獣のキングシーサーも登場。特美ではメカゴジラやキングシーサーの質感にこだわって塗装仕上げを行なった。

▲キングシーサースーツ。特美塗装室にて完成直後の姿。撮影に入るとこの赤銅色が汚れてだんだん黒くなり重々しさが増す。つまり２枚とも「新品」という貴重な写真なのだ。

▲上写真のキングシーサーの顔部のアップ。

▶こちらはキングシーサーに変身するシーサー座像。全高 40cm の発泡スチロール製。

◀シーサーは有名な沖縄の守り神。左の２枚の写真は本編の置き道具用に外注に出したシーサーで、大きさは 20cm×15cm の FRP 製。

▲微妙な汚しを施したスーツ。出来立てだからウレタンの皺がなく、金属感が出ている。だが、撮影を何度かするとヨレヨレになり、特製ボンドカラーでリペイントしてもだんだんガチボテになって金属感が薄れていくってわけ。

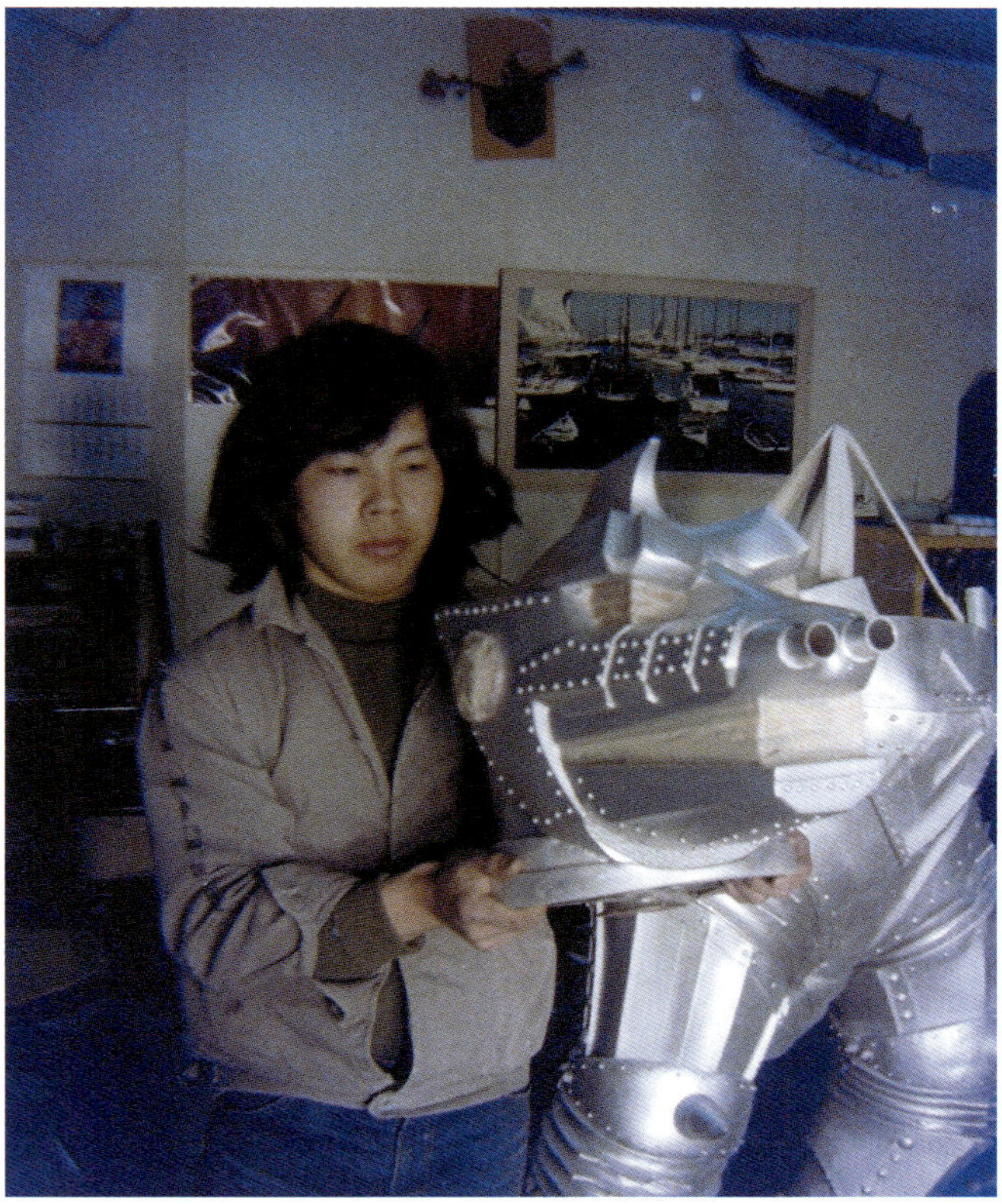

▲メカゴジラスーツ。スペースチタニゥムなんたらという金属感を表現する為、ピカピカなシルバーを吹き終わったところ。頭を持っているのは美術助手の吉田。

▲メカゴジラ基地の 1/12.5 スケールのコントロール室。この大きさの理由は、セットの窓越しに右写真の基地を入れこんで撮る為。こういうものを「内引きセット」という。

▶メカゴジラ格納庫基地。スーツ高さは 2.5m なので割と大きな岩壁セットだ。新品の一眼レフで初めて撮影した本番直前のカット。イントレからカメラを落してしまい、中野監督に「誰だ！」と注意を受けた記念すべき写真だ。

▲市販のおもちゃを改造して製作したロング撮影用の1/250スケールのメカゴジラ。ディテールが甘いのは、まぁ、ロング用なので。

▲富士山から噴出したゴジラ胎岩（そこから生まれたのは実はメカゴジラだったという設定）。1/100スケールとして全高50cmを発泡スチロールで製作した。

▲▶湾岸コンビナートセットの定番は、爆破用の石膏製GASタンク。大道具の野村やすさん達が、予備を含めて幾つも作る。気を遣ってセットに設置したら、特効が裏に穴をあけ、ガソリン玉のナパームと火薬を仕込む。盛大に爆破されて美術完了だ。

▲沖縄の一般住宅。特徴ある屋根瓦にはホントはシーサーがいるのだが、省略している。

▲いろいろな建物を仕上げたけれど、この公衆トイレが自分では一番リアルに出来たと思う。ただしどこに映っていたのかはわからなかったが……。

◀▶情景ストラクチャー用の各種野立て看板。小島こーちゃんと筆者らで好き勝手に文言を作り、楽しくレタリングしたもので、ホテル名などは架空のもの。

【3】『ノストラダムスの大予言』 1974年8月3日公開

●外伝・上・シーン9

制作　東宝株式会社
監督　舛田利雄
特殊技術　中野昭慶
特殊美術　井上泰幸（青木利郎、小村完、好村直行、大橋）
特殊効果　渡辺忠昭
造型　安丸信行（小林知己、他）
（塗装仕上　小島耕司、長沼孝、他）

1999年に恐怖の大王が地球を滅亡させると言うノストラダムスの予言をモチーフとしたパニック映画だが、東宝のスタッフとしては撮影中に第7ステージを全焼させて、消防署からこっぴどくしかられたイメージの強い作品。

ところで、筆者は小学校低学年の頃、日本列島やアメリカ大陸など、新聞紙を切り抜いて…つまり型紙を作って遊んでいた。安上がりなおもちゃだ。高学年になると新聞紙を煮て自分で紙粘土を作り、富士山や横浜市内の地形模型を作ったりしていた。

そんなこともあり、大人になり特撮セットの大きな地形を作るってことがとてもサラリーマンの仕事とは思えず、毎日が楽しいものだった。

▲2mの客船バランタイン号。ブリッジが前方に極端に寄っているこのデザインは小村さんによるもので、もちろん架空。艦船イラストでお馴染みであった柳原良平さんの絵のようだ。

▲ステージ内一杯の幅18mの関東平野。さすがに新聞紙を煮た紙粘土ではなく、発泡スチロールをけずった地形を水性塗料で仕上げた。

▲アップ用の1/12.5スケールの民家。まあまあそれらしくできたかな？

▶こちらは発泡スチロール製の1/30壊れたビル。

◀7ステージ全面にわたって製作された「干上がる沼沢地」セット。沼の底に鉄板を敷いてドロを大量に入れ、下からジャンジャン加熱していく。すると水分が干上がってドロが乾燥し、やがてヒビ割れてくるというシーンを再現する。丁度写真は沼水が煮えたぎり湯気が揚り出したところ。いわば灼熱のサウナだ。撮っている筆者の顔からも汗が際限なく吹きだした。7ステージはこのカット後に出火、消失した。

▲大プールに設置した京浜コンビナートのセット。ナイトシーン撮影の合い間。

▲本編小道具としての 1/1 竹刀。格闘芝居用だからシリコンで柔らかく作ってある。ポージングは仕上師小島こーちゃん。

▲水爆戦争によって荒廃し、原野になったセット。島倉さんの作画背景が見事。

▲A 国の ICBM 発射本番。ホリゾン棟から高所作業車へ渡した心木から吊上げているが脚立が危なそうだ。

【4】『エスパイ』 1974年12月28日公開

●外伝・上・シーン11

制作　東宝株式会社
監督　福田純
美術　村木忍
特殊技術　中野昭慶
特殊美術　青木利郎（小村完、好村直行）
特殊効果　渡辺忠昭
（塗装仕上　小島耕司、長沼孝、他）

これまた小松左京氏原作のSF小説の映画化で、超能力を持ったスパイが活躍するアクションもの。ただし、特撮の造り物は飛行機と建物が少しだけだった。

「小島さん、飛行機のボディにアルミシートを貼ろうよ」

過去、銀色に輝く機体は銀塗料で仕上げしていたが、筆者は常々、キラキラが足りないと思っていたので、さりげなく提言した。

小島さんはいい顔をしなかった。筆者は言葉を繰り返した。

「そんなに言うんならやってみろっ」と、こーちゃん。

筆者はひとりでバルサの下地処理にクリアーラッカーを吹いて、アルミのシートを機体と翼に貼り詰めていった……。

そうしてようやく完成した737アップ用模型。汚しを施す前にこーちゃんをその後ろに無理やり立たせて写真を撮った。仕上げ方法にいい顔をしなかったこーちゃんだが、思っていたよりそれなりに仕上がったのだろう。

「まあ、いい感じになったな」とは言っても表情はやや硬かった。

また、撮影済の小さい機体を特美の作業場の天井から吊るした。これもこーちゃんは賛成しかねていたけど、「飾っておこうよ」と、半ば無理を願った次第。こーちゃんは呆れ顔だ。

▲1/5スケールのボーイング737部分模型と小島こーちゃん。ジュラ感を強調した筆者初試み作品……。うん?作品?

▲1/12スケールで2.4mの機体は大きい。が、小村さんが軽く持ち上げているので、そんなには重くない

▲撮影が終わった1/30スケールの737は天井から吊るした。

▲オープン現場の石膏製の館。本番で爆発灰塵となる。

【5】『メカゴジラの逆襲』 1975年3月15日公開

●外伝・上・シーン12

制　作　東宝映像株式会社
監　督　本多猪四郎
美　術　本多好文
特殊技術　中野昭慶
特殊美術　青木利郎、小村完（井口昭彦、好村直行、大橋）
操　演　松本光司
特殊効果　渡辺忠昭
造型　安丸信行（小林知己）
（塗装仕上　小島耕司、長沼孝、他）

メカゴジラは前年公開の『ゴジラ対メカゴジラ』に初登場して、たいへんな人気を博したのだが、こちらは仇役として再びそれを登場させた作品。

東宝映画初のF－4EJファントムⅡジェット戦闘機登場ということもあり、筆者の士気は揚がった。各種の作り物はあるが、筆者の眼にはファントムしか映らない。台本を読んで航空自衛隊の第303飛行隊所属機にして、せっせと仕上げた。

しかし……特撮カットの尺は限られる。もちろん主役は当然、ゴジラやメカゴジラ。飛行機なんてカット繋ぎ。それでもいい。

筆者は模型少年なんだから。

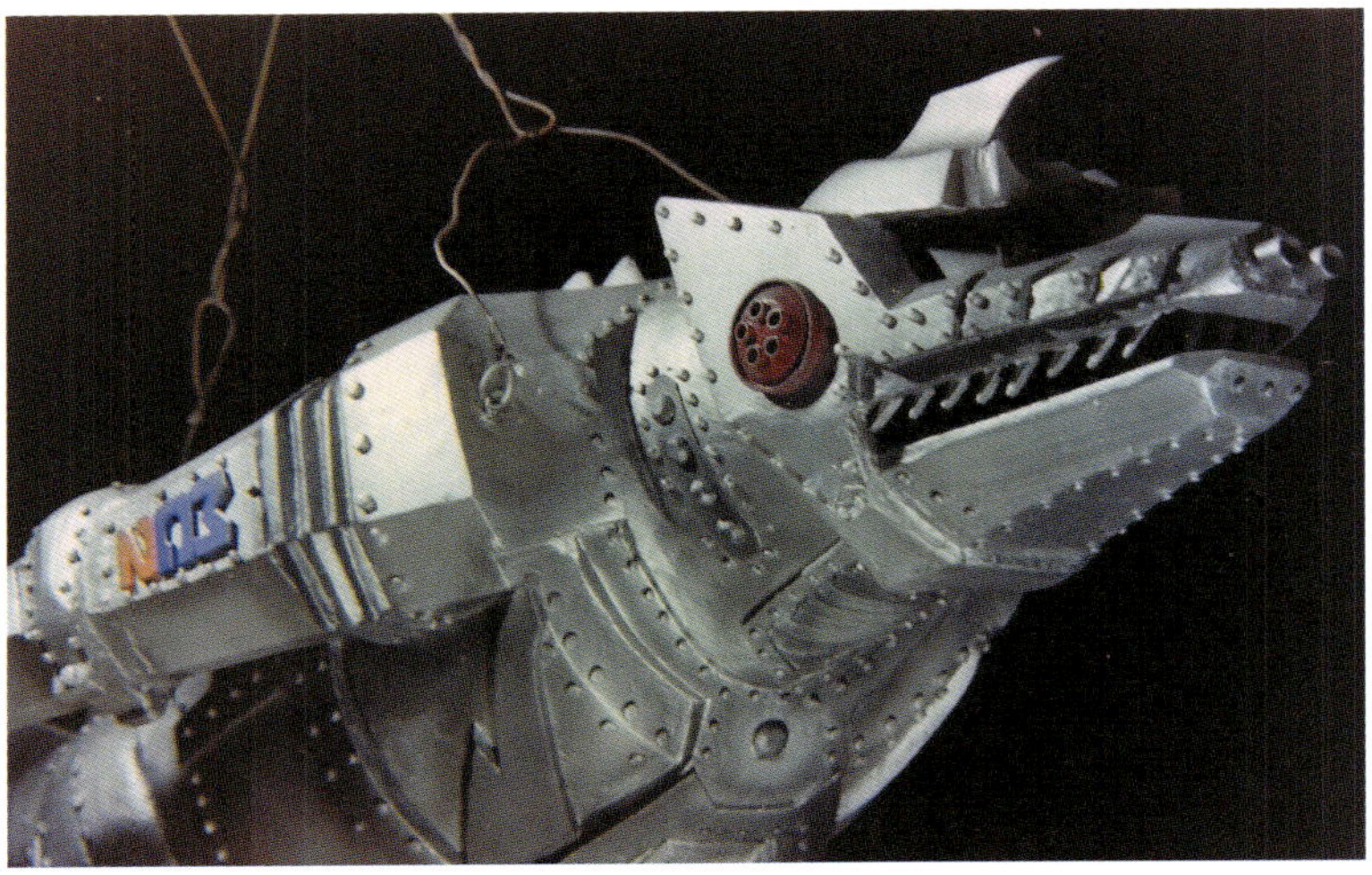

▲メカゴジラ飛び用 1/50、発泡スチロール製。

▲東宝初登場の 1/25 スケールのファントムⅡ戦闘機。航空自衛隊第 303 飛行隊第 332 号機を再現。この機体色はリアルに仕上げたつもりだが、これでは特撮照明が難しい。もうちっと抑えた色にした方が良かったかも…。

▲ゴジラ・チタノサウルス・メカゴジラと勢揃いした3獣「格闘よろしくね！」といったところ。この頃の怪獣バトル物というと、街のセットであってもだいたいがこの写真のように平らな広場を用意していた。いわばゴジラたちのリングだ。これは TV 物にもいえる。着ぐるみたちが格闘するので転ばないための平地なんだけど、この設定だと街のセットとしてはちゃちい（青木さん、ごめん）。まあ予算が大きく影響しているのだけれどね…。

▲撮影終了後、ヨレヨレになったスーツに取りあえず特製シルバーを塗り上って修復する。だんだんと金属感よりゴム感が……。

▶特殊効果の渡辺忠昭さんの子供と学童たち。普段はわいわいきゃっきゃと騒ぎまわっている子供たちも、初めての特撮現場でゴジラやチタノザウルス、メカゴジラに遭遇してなかなか神妙な様子。引率の先生と筆者がカメラを向けているから、どっちを見ればいいのかな？　記念写真とは特撮班の粋なはからいだね。

【6】『東京湾炎上』 1975年7月12公開

●外伝・上・シーン13

制　作　東宝株式会社
監　督　石田勝心
美　術　本多好文
特殊技術　中野昭慶
特殊美術　井上泰幸（小村完、好村直行、横島、木村、志内かずこ）
特殊効果　渡辺忠昭
（塗装仕上　小島耕司、長沼孝、他）

石油を満載したタンカーがテロリストにシージャックされ、いかに機転を利かせて船と乗組員たちを救出、事態を収拾するかを描いた作品。

　この映画は本編に特撮するシーンを入れた劇中劇になっている。つまり、劇中、テロリストたちへ、彼らの要求通り石油コンビナートを破壊しているように見せかけるためのニセの映像を、特撮で作って流すのだ。

　通常筆者らが設定する自衛隊機などは本物として映画に登場するわけだが、そんな理由から今回は本編内特撮撮影用として使われる。もちろん、テロリストたちには本物に見せなければならない、というややこしい設定だ。とは言っても筆者らは何ら迷うことはない。つまりどちらも実機に見えればいいってことだから……。

　エスパイ撮影後天井に吊るした737は、この作品で使いまわされて爆発、ゴミとなった。

▶鹿児島喜入CTSの石油タンク群。

▲空自F104の攻撃によって炎上する喜入CTS。黒煙がリアル感をだしているね。

▲京浜コンビナートを大プールに建て込む。

▲◀写真上の「Y.S ライン」のさうじ丸は 1/40 スケール、全長 6.2m の大きな模型で、撮影後に塗り替えられてアラビアンライト号になり、さらに再度塗り替えられて写真左の「K ライン」のタンカーになった。

▲写真上は 1/20 スケールの陸上自衛隊の OH6J。下の海上自衛隊使用の機体は上をリペイントしたもの。

▲写真上 3 枚は、その爆発炎上本番の光景。このように爆発して模型生涯を終えた。「特撮模型は壊される為に製作されるんだ」と特美スタッフ。

▼東京湾炎上中野組のスタッフ一同。〔撮影：東宝フォトプロデュース〕

【7】『続・人間革命』 1976年7月12公開

●外伝・上・シーン14

制　作　東宝株式会社
監　督　舛田利雄
特殊技術　中野昭慶
特殊美術　井上泰幸（小村完、好村直行、志内かずこ）
操　演　松本光司（小川昭二、河合徹）
（塗装仕上　小島耕司、長沼孝、他）
（造型製作　安丸信行、小林知己、他）

▲回廊を支えている肘木が崩れるシーン用の 1/10 スケール部分模型。

▲ 1/10 という大きなスケールなので、葦簀 1 本 1 本組み合わせて当時の農家を再現している。

◀カメラ前から鎌倉の村を望む。手前の塀と納屋は 1/10 で大きく作り、その後方の木々を 1/15 見当でセッティング。中間の住居たちは 1/20 〜 1/25 で集落感を出す。そしてさらに小さなスケールの建物などを並べると、鎌倉連山までの距離感が出来上がる。右手の崖は鎌倉に多い切通しらしいが、何処を模したかは聞いていない。このセットでわかるが特殊美術班の基本は土方なのだ。

▲鎌倉の村セットの山門。背景・遠景・中景・近景と空気感が出ている。

▲ 1/10 武家屋敷の納屋と塀。樹木は実物の枝をトリミング。このアングルは遠近感を強調。

▶撮影中の特殊効果クメちゃん（久米攻）。「特効少年」を絵に描いた様な愛らしい笑顔はもう見ることはできない。

▲寺院の 2 階アップ用で作った 1/10 スケール部分模型。時代が出ていると思う。

▼操演スタッフ。上から川合徹、松本光司、小川昭二。まっちゃんとしょうちゃんは交代で技師を務めていた。

▲「鎌倉時代の鎌倉」特撮セットの全景。

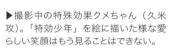

【8】『大空のサムライ』 1976年公開

●外伝・上・シーン15

制　作　大観プロダクション企画／東宝株式会社
監　督　丸山誠治
美　術　育野重一
特殊技術　川北紘一
特殊美術　井上泰幸（小村完、好村直行、寒竹恒雄）
特殊効果　渡辺忠昭（関山和昭）
操　演　小川昭二、松本光司
（塗装仕上　小島耕司、長沼孝、渡部正昭、田中容子、他）

有名な日本海軍の戦闘機乗りであった坂井三郎氏による同名の手記『大空のサムライ』をもとに映画化したもの。

いわゆる特撮用模型が飛行機しかない作品。それもはんぱない量だ。のちに製作された映画『零戦燃ゆ』もやっぱり飛行機ばかりだったけれど、この作品にはかなわない。

昔は1／72や1／48スケールの他にはプラモデルが無かったから、ロング用の小さい機は大道具さんが木工製作していた。仕上げ班としては、パテのいらないプラモは画期的な素材だったね。

筆者の携わる最初の大戦機登場作品だったから、飛行機マニアックな筆者は密かに狂喜した。まだバイトに毛の生えたような若造社員だったが、そんな立場を忘れて模型考証に口出しをする。

「なんて生意気な奴なんだ」

と助監督たちから疎まれる。それでもめげずにマイペース。

劇中当時（1942年）の零戦は時期的に明灰色なのだが、ライブを使うため上面に濃緑色の迷彩がなされた塗装パターンにしなければならなかったのが残念だった（これはのちのちまでひびいていく）。それでも垂直尾翼に長機標識を付けたりと考証にこだわることができた。

そんなこんなで筆者の能書き抜きは呆れられたが、そのうちだんだんと先輩スタッフたちが筆者のペースに侵されるようになっていった。

こうなったらもう、しめしめ、だ。

▲アルファー企画製の1/4スケール零戦〔V-128〕坂井三郎機。背景にスタンレー山脈があるから、ラバウル（あるいはラエ？）を飛び立ってポートモレスビーへ進出するシーンだと思う。本番直前にフォグメーカーでシコシコと、もやを撒いているので霞がかった空気感が出ている。モノクロフィルムなので当時の実写のようだ。

▶P39 エアラコブラ戦闘機。

▼B26 マローダー爆撃機

▼日本軍の燃料給油車。筆者のお気に入りの車両

▲ドーントレスの編隊。坂井機はこの後方機銃により被弾した。

▲ラバウル飛行場をセッティングする小村美術チーフ。

▲▶スタンレー山脈越えの攻撃隊。模型少年こだわりの考証を発揮。

◀スタンレー山脈を越えてポートモレスビー攻撃から帰途に就く台南空零戦隊。

▲滑走シーン用エンジン機、1/10 撮影用に UC エンジンを埋込む。

▲ 1/10 スケールの一式陸上攻撃機。部隊記号の F は第 4 航空隊の機体。

▲スピットファイアが出るっていうんで筆者は入れ込んだ。なぜなら確か東宝初登場だったからだ。どこで登場しても良いように、当たり障りのない英軍仕様で仕上げる事にする

▲ラバウル配属の 4 空陸攻と台南空零戦の戦爆連合。

▲ 3 機の零戦隊（左側）を攻撃するイギリス空軍のスピットファイア。

◀戦記物には空戦シーンが付きもの。だいたいが飛行機の、カメラに写らない側の胴体や翼に、スモークを貼り付けて被弾黒煙をたなびかせて撮る。多数機同士の空中戦であれば、背景の空には撃墜された機の黒煙が複数あるはずだ。そういった場合はスモークだけを棒の先に付けて、特効スタッフが撃墜された機の航跡のように演出する。写真はナベさん (渡辺忠昭)。

【9】『不毛地帯』 1976年8月14公開 ●外伝・上・シーン16

制　作　東宝株式会社
監　督　山本薩夫
特殊技術　川北紘一
特殊美術　小村完（長沼孝 他）
操　演　松本光司（小川昭二、河合徹）
（塗装仕上　小島耕司、長沼孝、他）

山崎豊子女史の同名小説が原作であったが、映画化にあたり大きく脚本が書き直され、また撮影中にまさに小説のようなロッキード事件が起きるなどいわくつきの作品。

特美では特撮用のF-104、DHC2ビーバーのほか、本編小物として発注のあったF-111のデスクトップモデルを製作したが、これはリスト作成者がF-11と間違えたためだった。

▲1/10スケールのビーバー。被弾して（?）緊急着陸。
▼1/20スケールセスナ改造ビーバー。上と同じ機として製作。

【10】『インドネシア海軍コーストガードPR映画』 1976年5月21日模型仕上げ ●外伝・上・シーン17

制　作　インドネシア海軍
特殊技術　中野昭慶
特殊美術　小村完（長沼孝）
（塗装仕上　小島耕司）

インドネシア海軍の依頼により特撮を行なったもの。特美ではコーストガード艇を製作した。

▶▼大プールに浮かべたコーストガード艇。大きく作ったので、波がうまい具合に出てくれて走りが良い感じだ。背景は塗り替えていないけど、多分疑似ナイトシーンだからOK。プール縁は、本番で波起機を可動すると水が盛り上がり下写真のように水平線に見える。

【11】『海上自衛隊PR映画』

１９７６年12月20日模型仕上げ　●外伝・上・シーン19

制　作　東宝映画株式会社
特殊技術　中野昭慶
特殊美術　小村完（長沼孝）
（塗装仕上　小島耕司）

これも一般向けのではなく海上自衛隊のＰＲ用映画の中での特撮を担当。１／36スケールの新明和ＵＳ－１救難飛行艇や川崎Ｐ－２Ｊ、なるしお型潜水艦などを製作した。

▲小プールに浮かべた 1/36 スケールの海自 US-1 救難飛行艇。。

▶いかにも生意気そうな当時の筆者。東宝初の US-1 だから気取って 1 枚。

【12】『惑星大戦争』

１９７７年12月17公開　●外伝・上・シーン22

制　作　東宝株式会社
監　督　福田純
美　術　薩谷和夫
特殊技術　中野昭慶
特殊美術　井上泰幸（小村完、好村直行）
特殊効果　渡辺忠昭
操　演　松本光司
（塗装仕上　小島耕司、長沼孝、渡部正昭、他）
（造型製作　安丸信行、小林知己、他）

映画『海底軍艦』でもお馴染み「轟天」が、なんと、宇宙で大活躍するＳＦ映画として製作された。

しかし、この作品、珍しく写真を撮っていない。製作仕上げが忙しいので撮影現場にも行けず、また別件の仕上げも入っていたからだ。こうしてあとになってみると未写が多いのは残念としか言いようがないね。

※渡辺正昭くんが撮影した「轟天」や大魔艦など何枚かの写真は『外伝・上』に掲載。

▼ 1/25 スケールの F-4 ファントムII。空母ミッドウェイの VF-161 所属機。

【13】『地震列島』　1980年8月30日公開

●外伝・上・シーン24

制　作　東宝映画株式会社
監　督　大森健次郎
美　術　阿久根巌
特殊技術　中野昭慶
特殊美術　井上泰幸（小村完、好村直行、藤田泰男）
特殊効果　渡辺忠昭
操　演　松本光司
（塗装仕上　小島耕司、長沼孝、他）

▲▼ 1/10 銀座線車両内。映るかは不問、作り込むのみ。

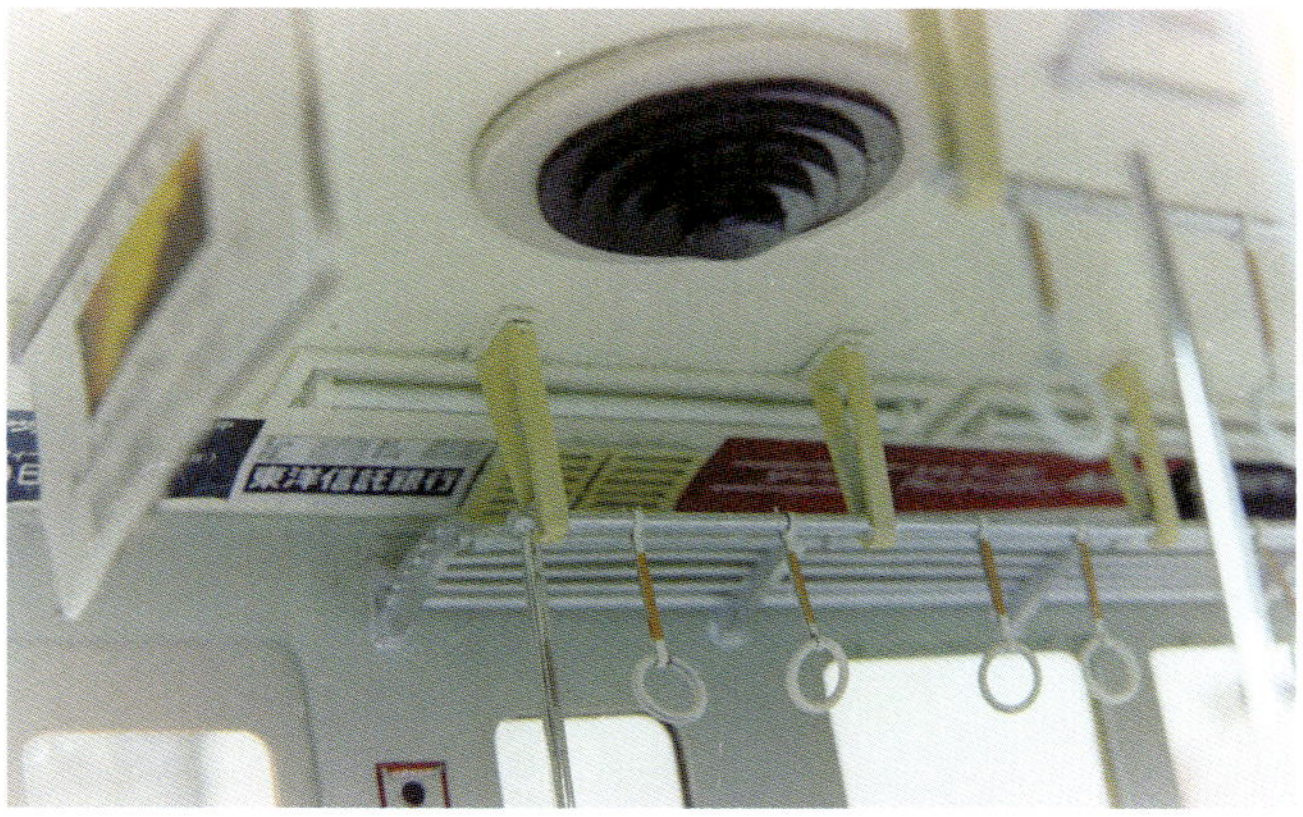

以前に制作した『日本沈没』や『ノストラダムスの大予言』と同様に大規模な地震災害を取り扱ったパニック映画として制作されたのが本作。
　1／25スケールで製作された三軒茶屋のマンションは人の背丈を超え、完成したら動かせなくなるので、セットに位置決めをしてから製作していった。
　劇中、写るかどうかわからない1／10スケールの地下鉄銀座線の車内は、手摺りや吊り革だけでなく中吊り広告まで再現してこだわった。

▲▼架空の陸送便をでっちあげる。筆者がよく行く白馬小谷の「星の家」ペンションを、勝手にデザインして登場させた。トラックは 1/25 スケールの市販品がベース。

◀羽田空港のセット。画面右上に見える垂直の壁は背景幕。画面左側に照明機材がセッティングされているのがわかる。ハレきりのベニア板の陰に見えるのは、ジャンボ旅客機が突っ込んだ時のクッション。勿論撮影フレーム外。こうしてセットを俯瞰で眺めると、作り込んでいるのはほんのちょとのターミナルビルとエプロンに駐機するJAL機、まばらな空港整備車、奥になんだかわからない小さな旅客機。そして舗装路だけ。が、カメラ位置から見ればこれが空港に見えるんだな〜。

◀空港セットのターミナルビル（上写真中央左寄り）に火薬をセットする渡辺さん。

◀▲大きなマンションはあらかじめ位置ギメした場所で作り始める。完成後は運べないからだ。完成したらその周りに情景を作り込んでいく。するとやがて実景が出来上がる。

【14】『連合艦隊』

1981年8月30日公開

●外伝・上・シーン25

制　作　東宝株式会社
監　督　松林宗恵
美　術　阿久根厳
特殊技術　中野昭慶
特殊美術　井上泰幸（小村完、好村直行、長沼孝、林和久、及川一）
特殊効果　渡辺忠昭（久米攻）
操　演　松本光司（小川誠、芳賀眞二）
（航空模型考証　長沼孝）
（塗装仕上　小島耕司、育代、他）

映画『大空のサムライ』以来の日本海軍もの。今回は飛行機だけでなく、水上艦艇も盛りだくさんだ。

ところで、作品が入ると制作担当が、夏ならTシャツ、冬ならスタッフジャンパーを作る。これは各自が自前で購入するのだが、筆者は必ず購入していた。

今回は連合艦隊の意である「GF」ロゴをプリントしたもの。さて下写真のスタッフたちのうち、何人が着ているかな？

撮影：東宝フォトプロデュース

▲こちらは 1/10 スケールのドーントレスの下面。

▼映画ではめったに写らない零戦下面。これは 1/10 スケールのもので、持つのは及川美術助手。

▶美術助手の育代と大量のプラモ米軍機。

◀1/10 零戦の翼面をジュラ板でリベット表現。翼面の凸凹が写れば良し。

▶寒天の海（和糊）。サマール島沖の 1/700 艦隊。俗にいうレイテ一斉回頭。大和はこんな急カーブで曲がれないけどね。

▼艦を引張るピアノ線を結ぶ操演の松本さん。

▲航跡を白絵具で描きこむ操演の小川くん。

◀1/10 ドーントレス爆撃機、大和攻撃のヨークタウン 3 爆中隊機、爆弾投下シーン、露出計測の撮影部。ダイブブレーキが降りた状態にセッティング。

▲ 10 ステージ横を 9 ステージに向けて 1/20 スケール大和が進む。これだけの大きさ（全長 263m の 1/20 だから、13m）があるから、やっぱり小型船舶と言っても何ら不思議はないよね。　エンジンを内蔵したスクリュー推進だから、ワイヤーコントロールと比べて操演は簡単ではない。なにせ本当に運転するのだからして。

▶井上美術提督がボートを漕いで陣頭指揮にかけつけた。大和艦上の浅田演出参謀（右）と渡辺砲術長（左）は神妙な面持ち。ボートを押えるは林美術兵曹と及川美術兵曹。特撮スタッフもある種の戦闘員なのだ。スチール撮影している筆者に井上提督の声は聞こえないが、本番カメラの方向を指さしているから、多分大和の航走方向を指示しているのだろう。13m 大和がいい走りをするかどうかは渡辺砲術長の操縦に掛かっている。

▲こちらはプール縁のカメラ前に陣取った中野監督。画面に見えている二重擁壁は、波起しでオーバーフローした時、設置されたカメラ前が水びたしにならない為の溢水路。

▶ 1/20 スケール戦艦大和と中野監督。監督はほとんどプールに入らないので貴重なカットだ。

▲▶筆者は中学生までは艦艇模型を沢山作っていたけれど、空母は一隻もなかった。それは艦全体がのっぺりとしていて、作り込む魅力を感じなかったから。しかし、仕事になってから瑞鶴が好きになった。空母には戦艦などにない魅力が満載していたのだ。ここに掲げる 3 枚はレイテ沖海戦撮影における瑞鶴の最後。爆発後、アメリカ空母ホーネットに改造する。

◀ 1/40 大和の走り。ダイナミックさが出ていると思う。本番カメラ横で 200 ミリレンズで撮影。だから艦橋が大きく写って全体が詰まって見える。空の光りは米軍機の曳航弾。まだまだ元気な大和の姿。写真がザラついているから、当時カラーフィルムがあったらこんな風に写ったと思う。この写真は他 30 カットと共に、その後サロンの完成記念展示と「連合艦隊を作ろう」という模型キャンペーンで全国を回った。筆者の思い入れの一枚だ。

▲最期の大和。このあと爆発が続き、横倒しのまま徐々に沈んで行き、完全にプールに没したところでカーット。

【15】『大日本帝国』（Ⓒ東映）1982年8月7日公開

●外伝・上・シーン26

制作　東映株式会社
監督　舛田利雄
美術　北川弘
特殊技術　中野昭慶
特殊美術　小村完（好村直行、長沼孝、林和久、及川一）
特殊効果　渡辺忠昭（久米攻、鳴海聡）
操演　小川昭二（香取康修）
（塗装仕上　小島耕司）（航空模型考証　長沼孝）

東映作品の特撮を下請けすることになった。特撮クルーは中野監督以下いつもと同じ。筆者は相変わらず飛行機他、模型担当だ。『連合艦隊』では瑞鶴、今度は加賀だ。続けて空母を作れるなんて嬉しいかぎり。零戦もアップに耐えるでかいのを作れる。予算額は聞いてないけれど、凝りやこだわりをとことんやってやれと意気込んだ。……が、零戦はデカいから時間が掛かるかかる。美術総動員だ。さてさて、リアルに映るんだろうか？

この作品で色々な実験製作をした。大型零戦のアルミ削り出しペラ、ジュラ板のリベット打ち全面貼付、補助翼差替えなど。加賀船体の乾拭き研磨、つまり仕上がり塗装面をクリアーラッカーで艶を出すのではなく、乾いたウエスで擦る。すると塗装の艶ではない鉄のような重厚な艶が出る。そしてエィジングとウェザリングを適所に施せば、空母らしい雰囲気が出るだろう。

サテ試みは成功したのかな…

▲翼面のリベットを表現。写るかどうかというより、美術班のこだわりなのだ。

▲可動尾輪の装着。着艦シーンと飛行シーンがあるからここまで作りこむ。

▶右２枚：コクピットの機銃底や照準器とメーターパネルベース。細かい仕上げはこれから。撮影では全く映ることはないのだけれどね。美術スタッフの趣味だな、これは。機首の 7.7mm 機銃は、火薬を仕込んで「撃てる」機能あり。

▲ 1/5 零戦。錻は写り過ぎてもまずい！　これくらいがいいのかなあ？

◀カメラ前で 1/5 スケール零戦を手直しする美術助手林。

〔空母加賀の製作〕

▶木製作が終わったばかりの艦橋。

▲艦体組付け艤装中の小林とも造型助手。

◀甲板色仕上中の小島こーちゃん。

◀仕上げ艤装中の美術助手好村なお。

▼艦体製作中の大道具入沢さん。

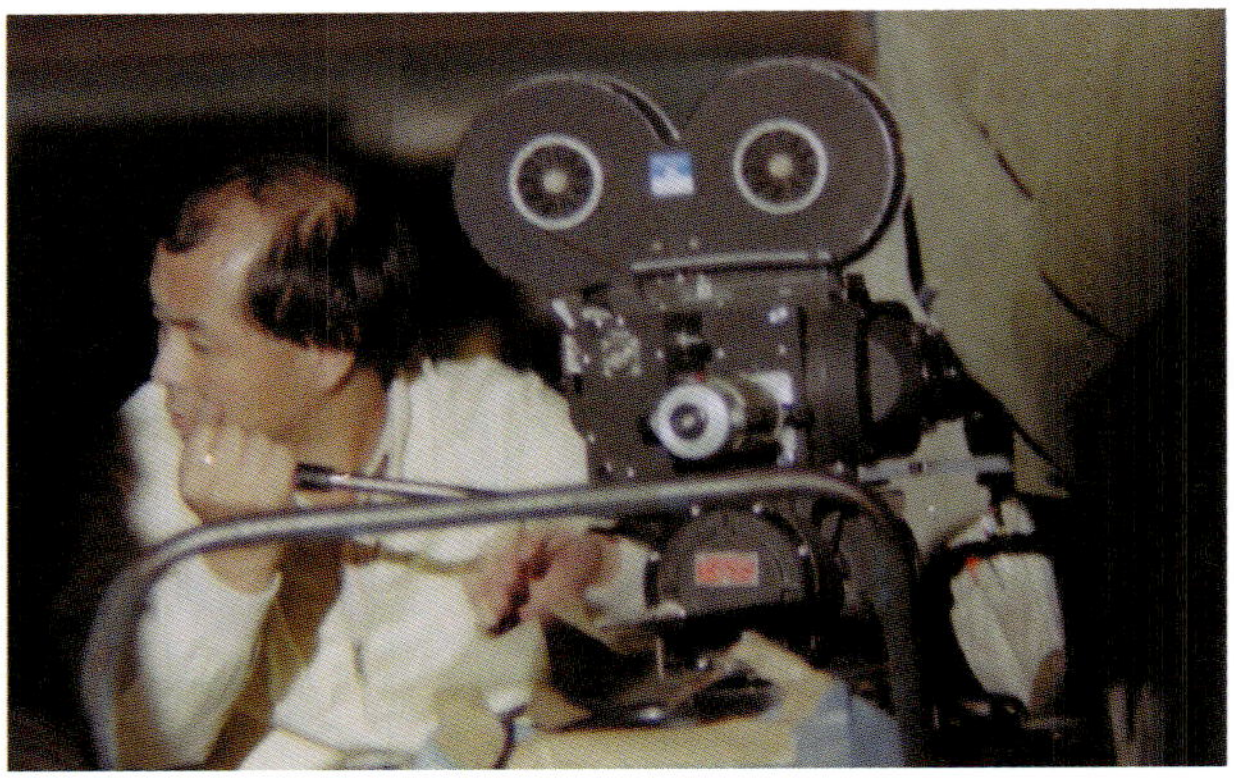

▲鶴見カメラマン「おーい、まだかよー」

▲開戦に向け、密かに発着艦訓練に向かう第1航空艦隊1航戦2番艦加賀の雄姿。本番カメラ前から撮っているから、雰囲気が出ていると思う。ただ当時の写真に比べると舷側が明るすぎる。僚艦からの灯りで照っている表現だろうけど、もう少し絞り込んだ方が良かったかも。　ナイトシーン撮影という事で、艦体色をアンダー目に仕上げた。船体はポリで、上物はすべて木工なのに、鉄の感じが出ていると思う。

▶スタッフ記念写真のボードは作品タイトルに合わせて筆者が勘亭文字で書いてみた。もう亡くなった人も居るのでじっと眺めていると懐かしさがこみ上げてくる。

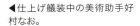

【16】『南十字星』　1982年5月15日公開

●外伝・上・シーン27

制　　作　新日本映画
　　　　　サザン・インターナショナル・フィルム（オーストラリア）
監　　督　丸山誠治、ピーター・マックスウェル
美　　術　育野重一、バーナード・ハイズ
特殊技術　川北紘一
特殊美術　小村完（及川一、林和久）
（塗装仕上　小島耕司、長沼孝）
（航空模型考証　長沼孝）

大戦中に日本が占領していたシンガポールをオーストラリア軍が攻撃、その捕虜と日本側将兵の友情を描いた作品。

この作品美術助手（現場付）は2人もいれば良いとの事務所判断で、筆者は製作バックアップ、つまり「内作（ないさく）」にまわった。とは言ってもポジションに関係なく筆者の仕事は全く変わらない。

飛行機を整備し、模型を仕上げてと……。

▲1/25 輸送艦大正丸。のっぺりな舷側が気に入らない。

▲1/25 輸送艦白山丸。2隻とも民間からの徴用船という設定。

▲◀白山丸とシンガポール港セット。手前の岸壁とクレーンなどは 1/20、大正丸は 1/25、その後ろ遠目にベニヤ切り出しの艦。右後ろに白山丸。そして遠く大プール縁にベニヤの書割の山脈と。背景ホリゾントの空は前回の「大日本帝国」撮影時のまま。主にナイトシーンだから影響はない。

▲シンガポール港外全景、大プールのセット。このあと本番で艦が次々に爆発していく。「模型の命儚く映像御代に残りし」

▲▶白山丸爆発炎上。

◀1/20油送艦神国丸。民間から徴用されてすぐ任務に就いたという設定なので、軍用色ではなく民間色のままだ。

▶画面右に見えるのは大プールの縁。このようにプールの縁上面には僅かに曲面がついている。ここにホリゾン色（空の保護色）を塗って、海となじませる。つまり水平線だ。

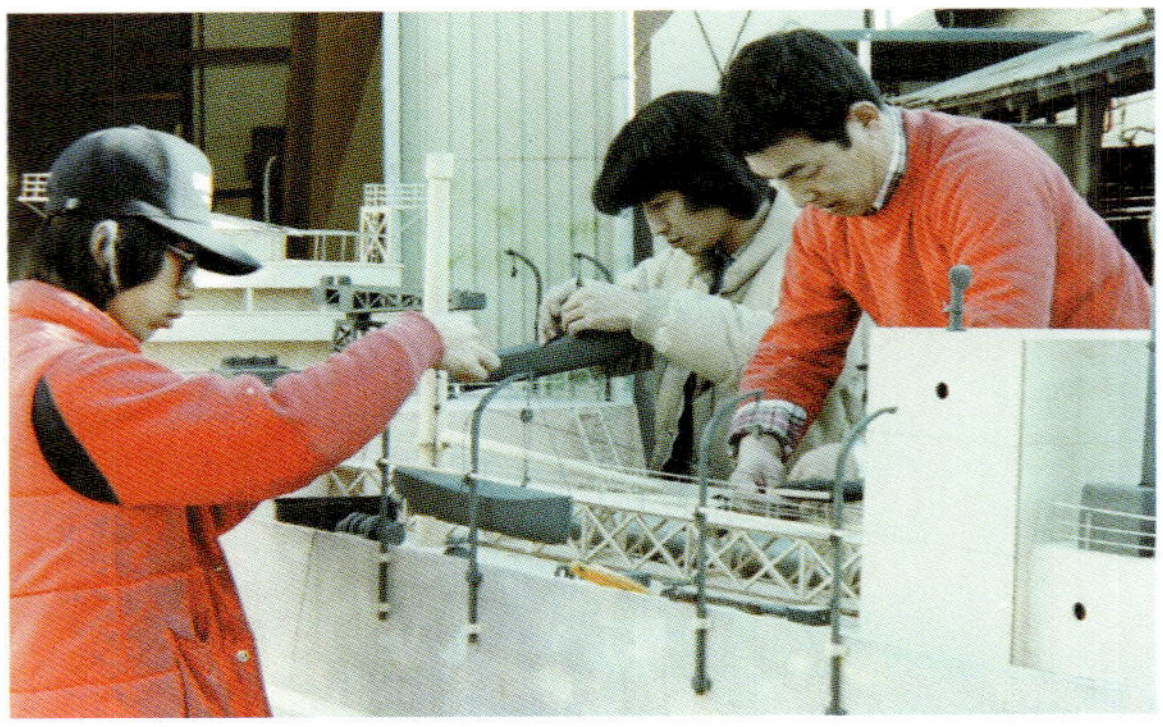

▲▶神国丸艤装作業、林、及川、小村デザイナー。

【17】『ひめゆりの塔』

1982年6月12日公開

●外伝・上・シーン27

制　作　芸苑社、東宝株式会社
監　督　今井正
美　術　坂口武玄、大鶴泰弘
特殊美術　小村完（長沼孝）
操　演　鳴海聡（香取康修）
特殊効果　渡辺忠昭（河合徹）
（航空模型考証 長沼孝）
（塗装仕上 小島耕司）

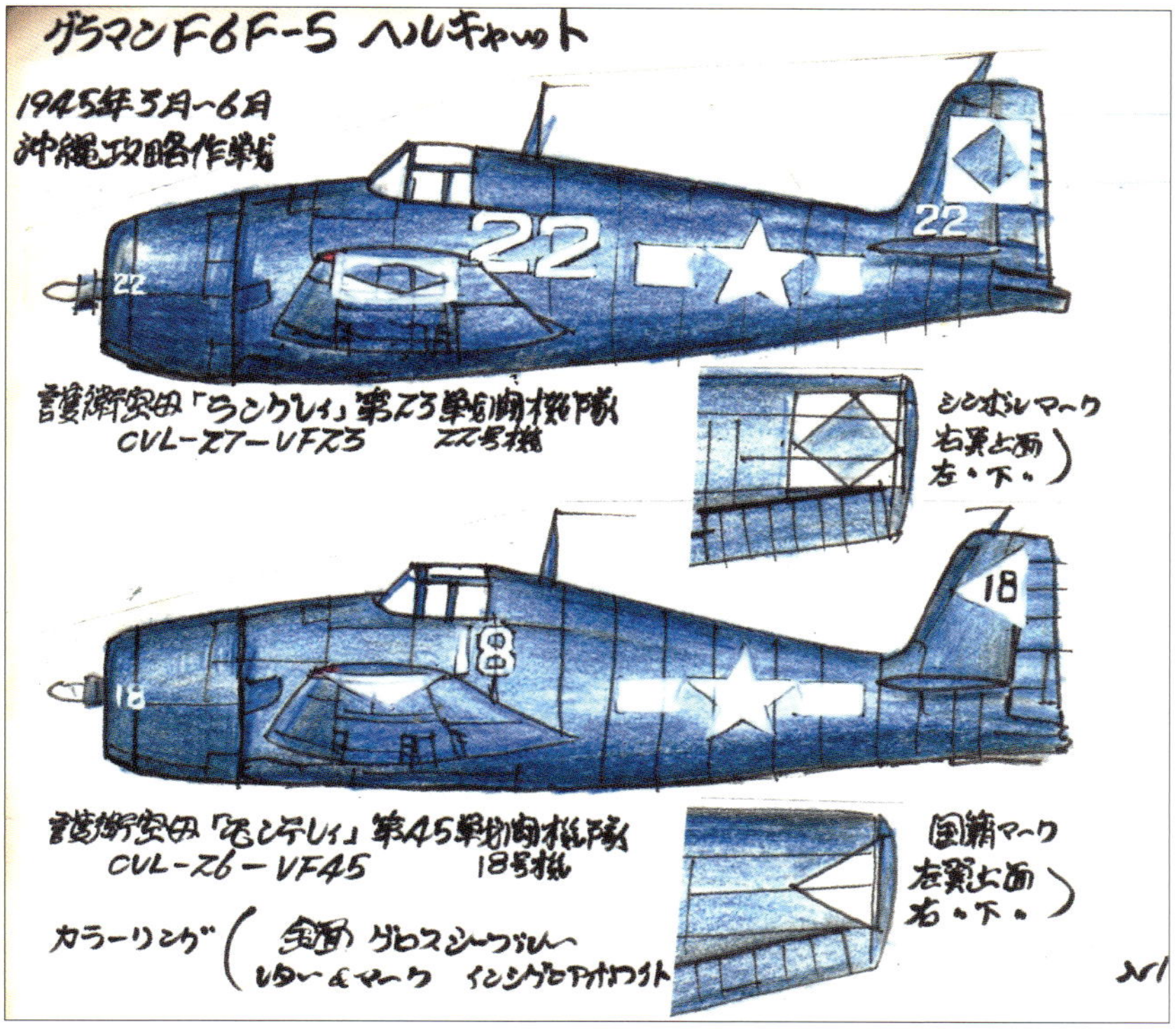

▲沖縄攻略にやって来たアメリカ空母機動部隊を再現するための「色仕上げ図」。護衛空母ラングレーとモンテレー所属のF6F ヘルキャットの部隊番号などを考証する。

太平洋戦争の沖縄戦における女子学徒隊を描いた映画で、飛行機の飛びと沖縄に押し寄せるアメリカ艦隊が特撮。

量が少ないので特撮班を設けず、本編スタッフで撮影するという。そのため、特殊美術も小村デザイナーと筆者の僅かに二人だけだった。

台本を調べ、例により飛行機を設定し「色上げ図」（いわゆる模型の塗装指示書）を作画。

艦隊は、なんとウォータラインのプラモデル。それも水に浮かべるという。「それじゃいいのは撮れないよ」と進言するが……。

◀上掲の「色仕上げ図」をもとに製作された護衛空母モンテレイとラングレイの1/32スケールプラモの戦闘機隊。

▲1/10 ヘルキャットの銃撃。6挺の12.7ミリ機関銃発射の絵はなかなか難しい。このカットはなかなか雰囲気が出ていませんかね？

▶プロペラをまわして撮影を待つだけの1/10スケールのラングレイ隊F6F、機番は筆者の通称「にに」を数字化したもの。

◀揺れ止めをする筆者。いやいや、仕事しているフリかもしれない。

◀▼寒天（和糊）の海ではなく、ただの水を張った小さな海セット。「とにかく沖縄沿岸の賑やかしな米軍艦隊が撮れればいい」という話で模型を準備し撮影が始められたが……。結局このシーンはリテークとなり、後日、特美は追加発注を請け、2m～4mの模型艦を6艦製作。大プールで特撮中野組ふうに撮影した。

【18】『幻の湖』 1982年9月11日公開

●外伝・上・シーン27

制　作　橋本プロ、東宝株式会社
監　督　橋本忍
美　術　村木与四郎、竹中和雄
特殊技術　中野昭慶
特殊美術　小村完（及川一、林和久）
特殊効果　渡辺忠昭
操　演　小川昭二
（塗装仕上　小島耕司、長沼孝）

「えーすごいなー、コロンビア号が出るの!?」
東宝映画初のアイテムだから、スケールモデル派の筆者は張り切った。ディテールアップはタイルとレタリング。とことん凝ったが、宇宙空間は明暗が強いので、画面で果たしてそれが映るか。まあ模型少年の筆者には気にならない。とにかくリアルなシャトルに仕上げよう

〔スペースシャトル・コロンビア号 1/40〕

▲▼耐熱タイルの質感を出すためスジ彫りしようと思い、彫っても下地がでない様に仕上げの白色を厚塗りした。　美術助手林。大きさがわかるかと思う。

▲操演技師小川昭二さん。

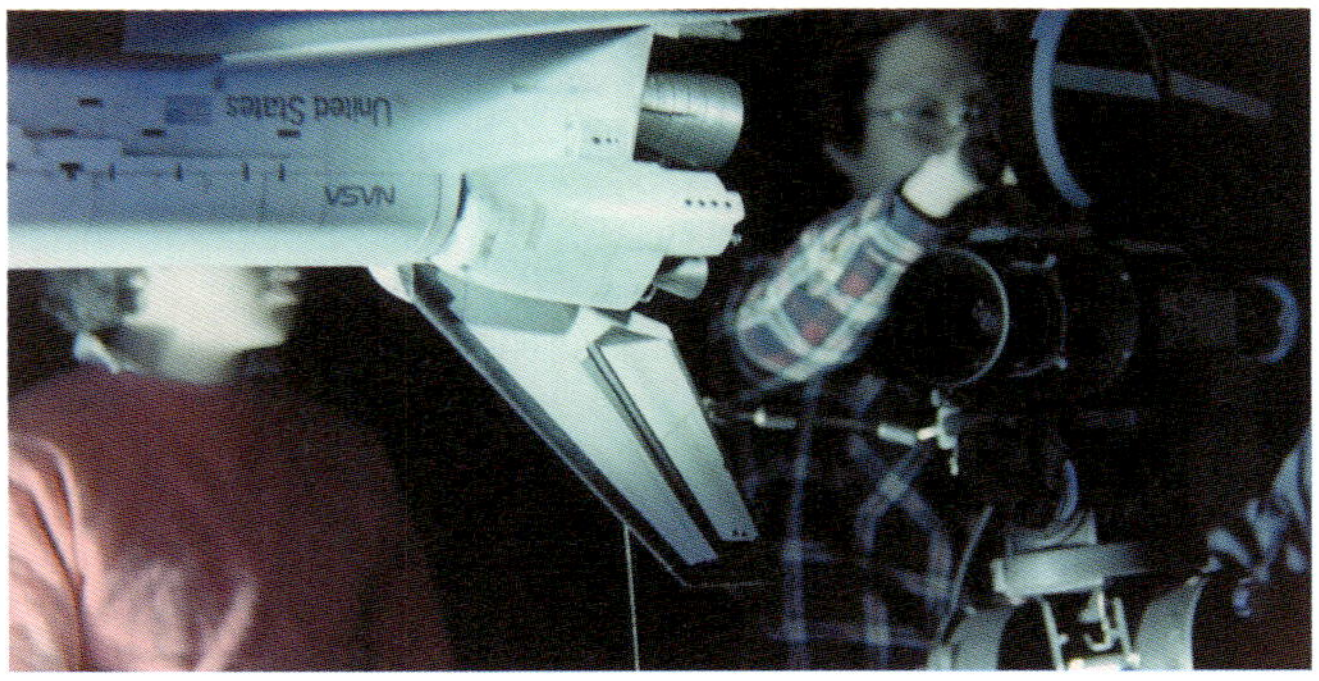

▲逆さに吊るしてシャトル撮影中。何故?かという事は、皆さんおわかりの通り、アップ撮影なので吊っているピアノ線が画面に映り込まないようにだ。

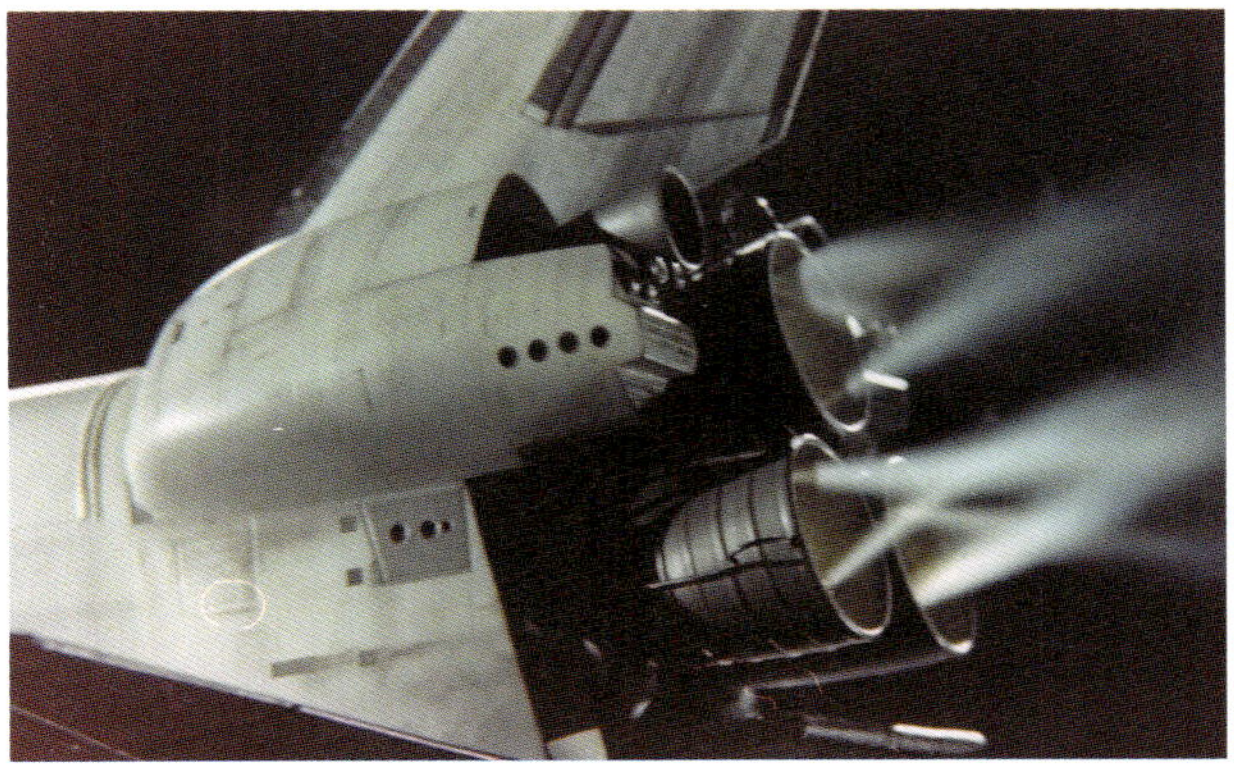

▶こちらは長尾隊員の 1/6 スケールフィギュア。

◀電磁弁をラジオコントロールしてフロンガスを放出する。従来の特撮ミサイルなどと異なり、ロケットのブースターから噴射炎が出る芝居ではないから、特撮スタッフにとっても新鮮なカットだ。

【19】『日本海大海戦 海ゆかば』（©東映）1983年公開

●外伝・上・シーン28

制　作　東映株式会社
監　督　舛田利雄
美　術　北川弘
特殊技術　中野昭慶
特殊美術　小村完（長沼孝、林和久、高橋勲）
特殊効果　渡辺忠昭（久米攻、鳴海聡）
操　演　松本光司（香取康修）
（塗装仕上　小島耕司）

映画『大日本帝国』の時と同様に、東映さんの映画の特撮を下請けした作品。

準備開始早々、参考試写で円谷さんの『日本海大海戦』を見る。三脚にニコンを固定し、あらかじめ台本を東映さんから貰っていたから、今度の作品における関連シーンをカシャカシャと写す。シャッターチャンスに集中していたので、物語はあまり頭に入らなかった。映画というのはやっぱり娯楽として観るものだね。

プリントが上がってから小村さん以下美術班は、軍艦の作図から準備作業を開始した。

本作品は艦隊決戦がメインなので、本来なら円谷作品の様に沢山模型を作れば良いのだが、やはり予算がからむ。東映さんだって掛けられる予算に限りがある。少ない模型で日露艦隊を表現するしかない。そこで演出部がいろいろ画策したわけだ。フルスケール製作は三笠・敷島・スワロフの3艦だけ。あとはベニヤの書割。

「えーっ。こんだけ？　せめてもう1艦欲しいなー」

筆者は未練がましい。

おかげでシーン毎の使い回し、つまり塗り替えて相互の艦に見せようということで、美術はプールでの飾り替えに追われることになった。

▲1/22スケール、全長6mの三笠。円谷さんの軍艦たちは劇中白っぽく映っていた。今回の軍艦はその半分大のサイズだから、重さを出そうと思って色をやや落として塗った。写真比較よりも映像ではかなり黒目。

▲円谷監督作品・三笠

▲1/320三笠。大道具田中けいちゃんの力作。

▲着弾水柱の中、三笠回避航走す。

2本煙突は三笠、3本煙突は敷島。これなら簡単に区別がつく。スタッフたちにはそう伝えた。円谷軍艦に対抗するわけではないけれど、どうせならと欲を出して仕上げた軍艦たちは、果たして映像的にスケール感は出ていたのか ?!

▲円谷監督作品・敷島

▼ 1/8 三笠舷側砲発射。

▲バルチック艦隊からの着弾に呼応するように敷島の舷側砲が火を噴く。

▲大プール撮影に欠かせないカメラ舟。僚艦の目線、つまり「主観」で被写体を追う撮影などに多用される。大扇風機によって水飛沫が飛んでくるから雨具を着用。その風と飛沫が冬だから結構こたえる。ほら浅ちゃん（浅田演出チーフ）も寒そうではないか。波キラキラ出しミラーレフ板も照明部によってスタンバイ。

▶日本帝国海軍縦列陣のシーン。「なるほどねー」と言われる撮影だ。手前は 1/8 スケールの三笠の煙突だけ。奥へ続く敷島、三笠、スワロフはフルスケール。一番奥の2つはベニヤ書割。書割を徐々に小さくして列に並べていけば、大艦隊となる。画面左奥に待機している大扇風機に注意。

▶陸にあがった戦艦三笠と大プール脇の焚火で暖をとるスタッフ……うん？　よく見たらこいつらスタッフじゃないぞ。撮影見学にやって来た筆者の友人高木兄弟だ。それはさておき、三笠のバックに見えるのは本編大道具木工場のジェット放水場。木目を出すために焼いた板（古い建物を表現する際のエイジング技法）の墨こげを勢水で洗い流す所。

こちらはロシア海軍バルチック艦隊旗艦スワロフ。写真を見比べると微妙な違いがある。どちらが正確に再現しているのか判らないけれど、大きな違いは喫水。本作品の下写真の方が浅い。これは単にウエイトが少ないからだね。これは舷側砲の下部を見れば明らか。でもまあ鉄の塊の重厚さは出ているよね。

▶スワロフにOKが掛り、消火班急ぐ。

▲円谷監督作品戦艦スワロフ。舷側砲の開口部の大きさが異なる。

◀艦首形状も異なっているね。資料の違いなんだろうな。どっちが正しいのだろう？

【20】『さよならジュピター』1984年3月17日公開 ●外伝・上・シーン29

制作　東宝
監督　橋本幸治
美術　竹中和雄
特殊技術　川北紘一
特殊美術　寒竹恒雄（小村完、好村直行、長沼孝、清水剛、林和久、高橋勲）
特殊効果　渡辺忠昭（鳴海聡）
操演　松本光司（香取康修）
造型　安丸信行（小林知己）
（リアリング・フィニッシュ　長沼孝）（塗装仕上　小島耕司）

これも小松左京氏原作のSF映画。今回はフリーデザイナーの寒竹くんが「特殊美術」として招聘された。つまり特美監督だ。助手はかつての上役小村さんと、「寒竹くん」と呼べる好村なおと筆者だから、彼は何かとやりにくかったかもしれない。

それに主役たちのキャラクターメカも、外部ですでに製作されていた。

エモーションコントロールという新システムが導入され、川北監督以下スタッフは初めての撮影方法に臨んだ。

▲1/200スケールのトーキョーⅢを背にした川北監督。

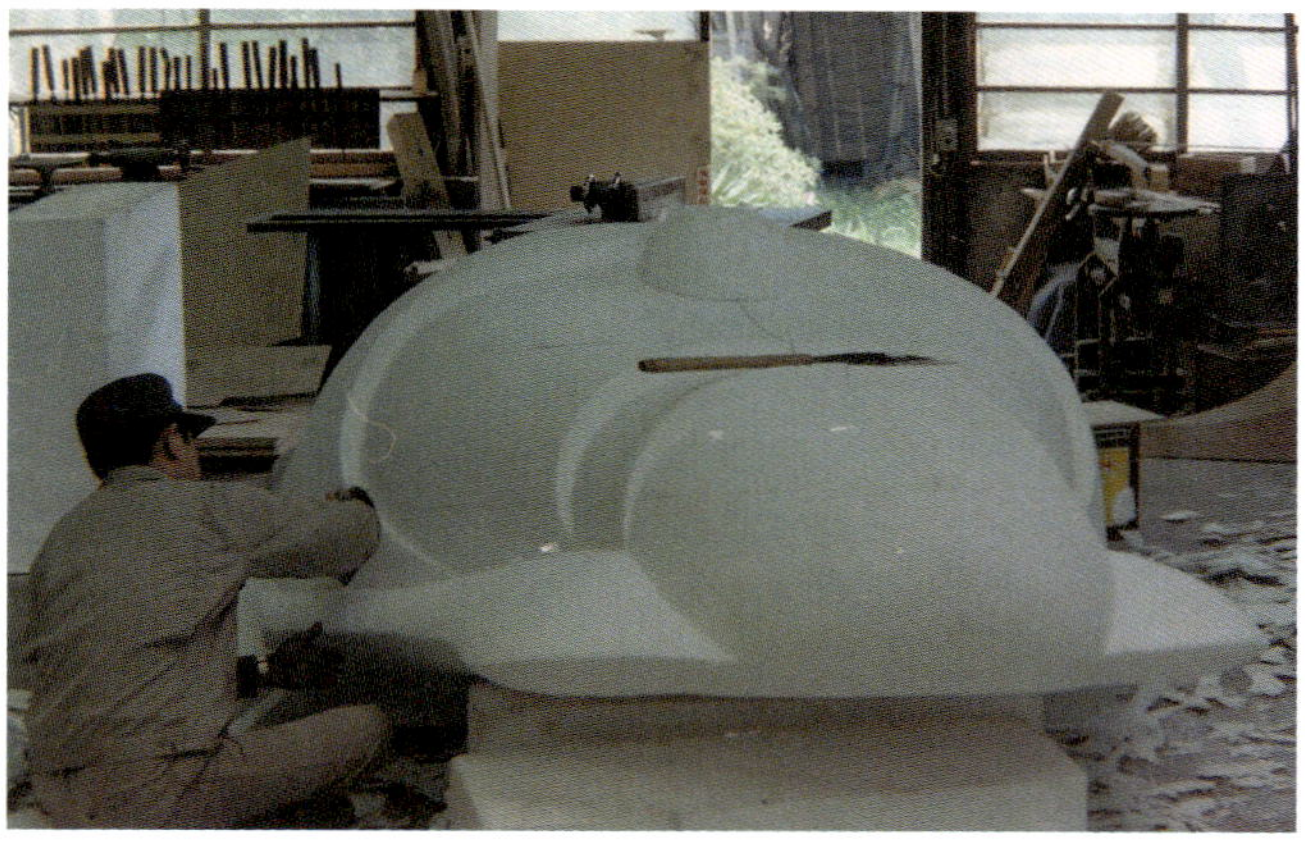

▲まずはジュピターゴースト (大) の原型を、発泡スチロールを削って製作していく。

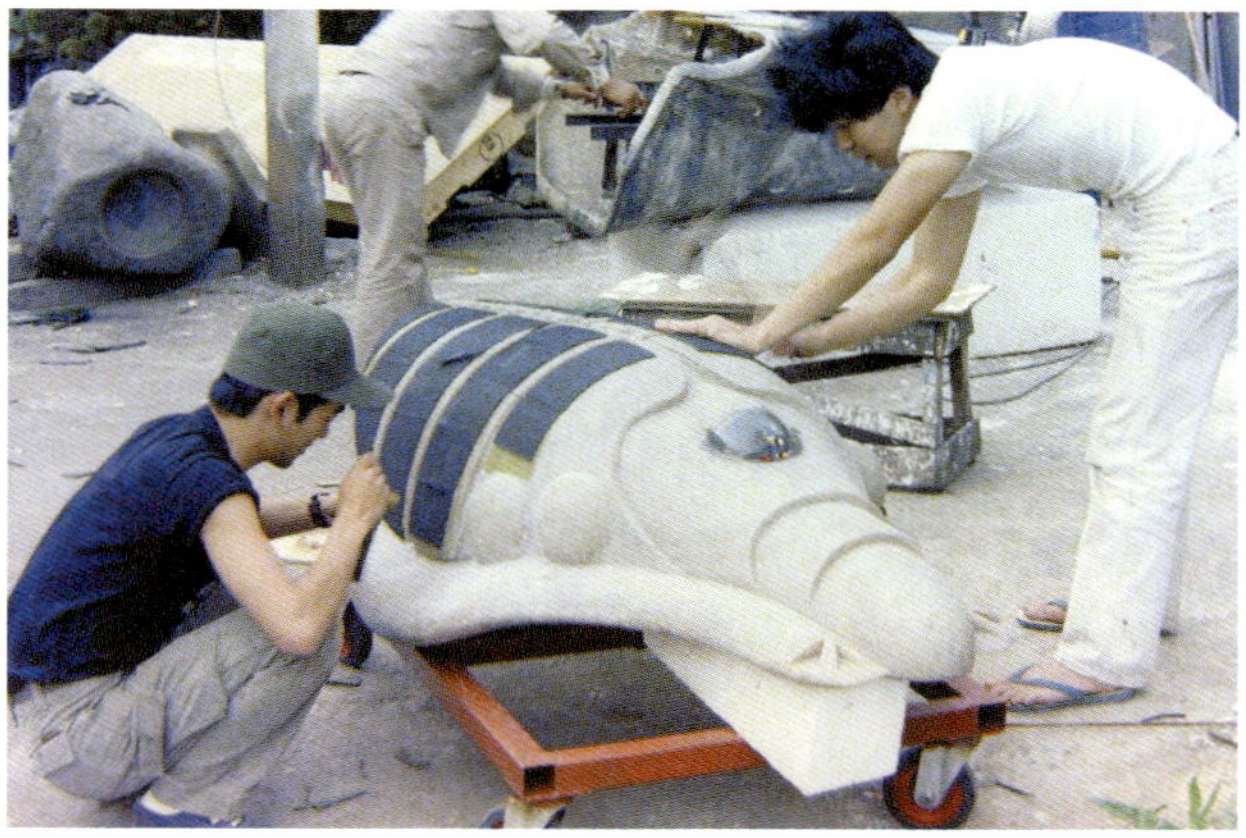

▲ジュピターゴースト (小) 製品。ディテールアップ中の美術助手は高橋（左）と清水（右）。

▲上写真の原型に石膏を塗布し、FRP 用の雌型を製作する。大道具野村やすさん（左）と入沢さん（右）。

▲エモーションコントロールにカメラを固定し、自動な動きで貨物艇を撮影する。この動きは記憶されるので、何回でも全く同じカメラ移動が出来るというもの。

▲イオ地面を応援作画するスチールカメラマン中尾孝さん（左）。本職の島倉二千六さん（右）は苦笑い？　この背景は、連絡艇を横吊りしてかなりの速度で移動させて撮影するためのもの。すると映像は俯瞰シーンとなる。この方法は後の『零戦燃ゆ』縦吊りホリゾントでも使われている。

▲ミネルバドッキングベイ部分セット。ばかでかいけどこれで 1/100 スケールだ。なんだか訳わからないパネルのディテールが良くわかる。ちょうど右上の部分に、木星の惑星記号 240 がレタリングされている事に今初めて気づいた (書いたのを忘れていただけかな……？)。照明技師の三上さんは露出を測定しているのか。

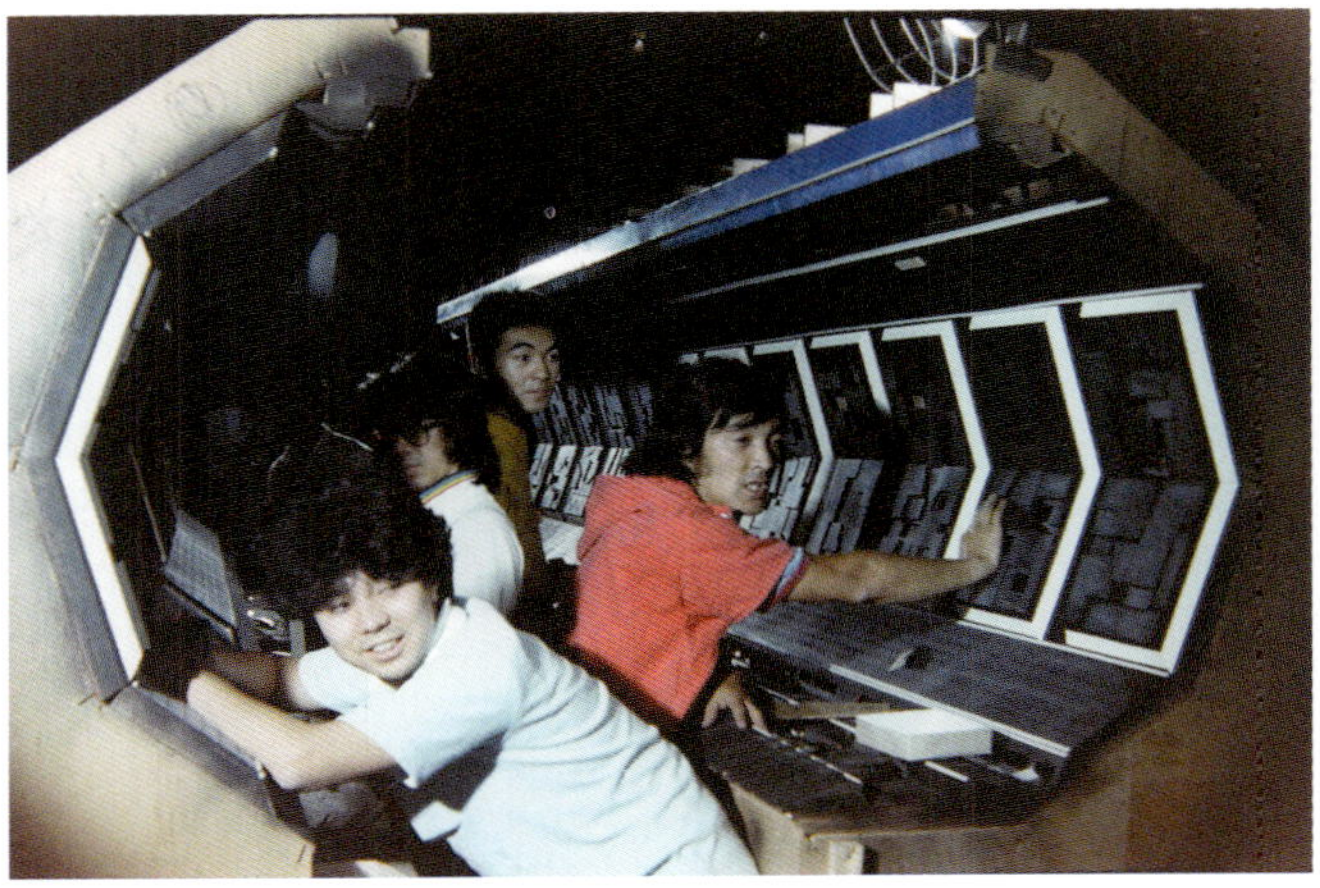

▲ミネルバ・サブドッキングベイのトンネルセット。一応ディテールアップしているはずのスタッフ。左から美術助手清水剛、美術助手林和久、美術助手高橋勲、寒竹恒雄特殊美術デザイナー。

▲ 1/100 スケールのミネルバ・ドッキングベイ部分セット内部。宇宙空間からやってきた連絡艇はここに進入する。吊っている模型をチェックする寒竹デザイナー（左）と特効技師渡辺忠昭さん。

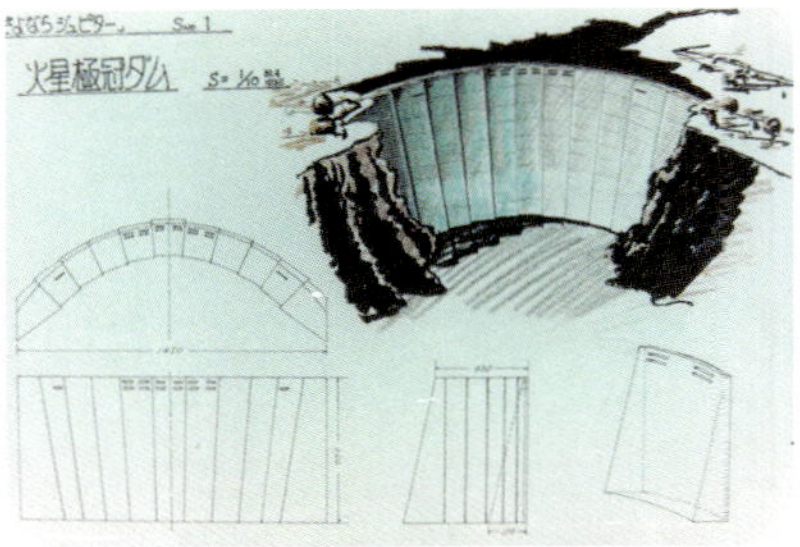

▲上は筆者がデザインしたダムの設定画。ダムを設置したあとで両側の崖を盛り付けていく。

◀火星極冠ダムセット。左側の崖の上に設置されたダムサイト基地がわかるかな？　相当大きいダムだという絵のつもりで設置したけど、極冠の氷が溶け津浪のように一気に水が押し寄せてきたから、劇中ではあまりわからないかもしれない。

◀撮影終了を記念して特撮スタッフ一同で。写真用のタイトルは『さよならジュピター』と書いたほうがよかったかも……と今となっては思う。だって、アルファベットは硬いよね？

【21】『零戦燃ゆ』　1984年8月11日公開

●外伝・上・シーン32

制作　東宝
監督　舛田利雄
美術　育野重一
特殊技術　川北紘一
特殊美術　井上泰幸（小村完、好村直行、長沼孝、林和久、高橋勲）
特殊効果　渡辺忠昭（関山和昭、鳴海聡）
操演　松本光司（芳賀眞二、香取康修）
（航空模型考証　長沼孝）
（塗装仕上　小島耕司）

1981年の『連合艦隊』以来の東宝戦争映画で、『大空のサムライ』と同様に零戦とその搭乗員、整備員が主役の物語で、飛行機しか出ない特撮は筆者にとり、願ったりかなったりの作品だ。

先の『連合艦隊』の時には作品の象徴としてでかい大和（1／20スケール）が作られた。今度もやはり象徴として実物大のアルミ全金属製の零戦が作られ、作品に大きな華を咲かせた。

特撮美術は大戦機を毎日作り続けた。その総数は『大空のサムライ』以来の数となった。おかげで筆者たちはてんてこ舞いだ。

撮影が始まっても、このシーンはこの機体、次のシーンはあの機体と機番号やマーキングを書き換えたりで現場に張りついて模型スクリプター（シーン繋がりをチェック）となる。

それでも筆者たち美術班は、毎日が楽しく充実していたと思う。

まてよ……、楽しかったのは筆者だけだったのかな……？

▲ 1/48 の P38 ライトニングのプラモデルを組み立てる好村助手。

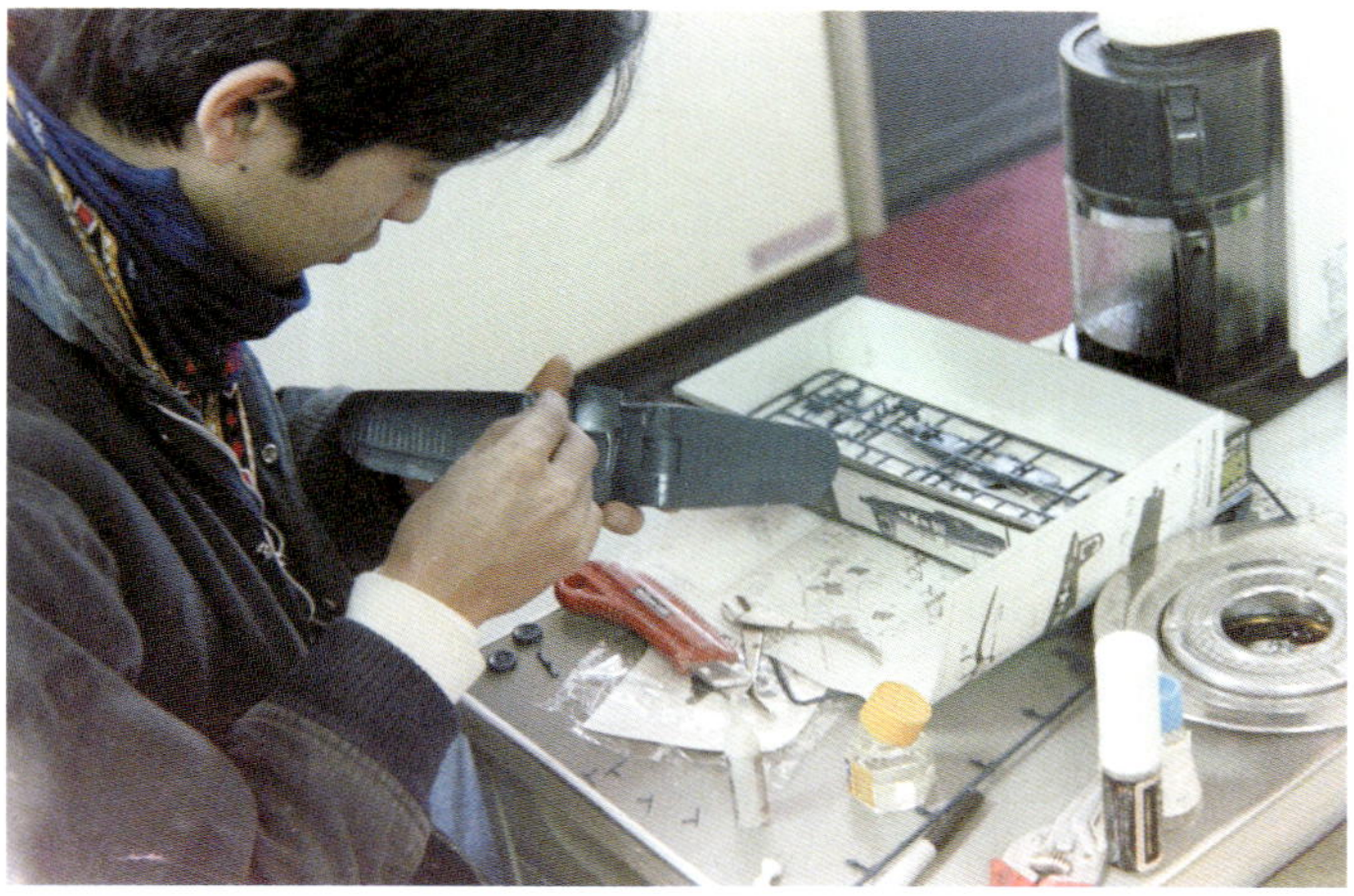

▲同じく 1/48 の F4U コルセアを組み立てる高橋助手。

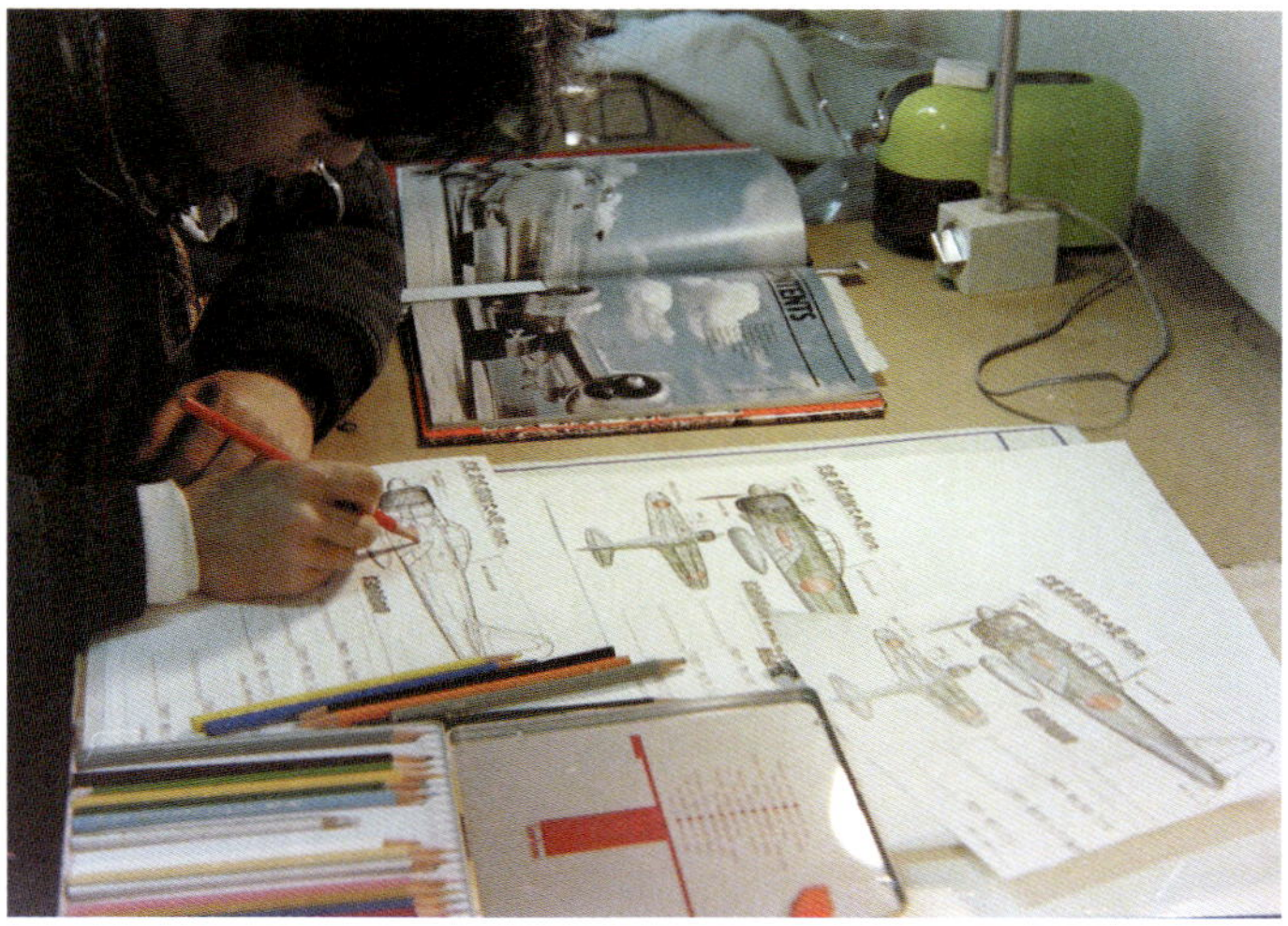

▲筆者作図の色仕上げ図に色塗りする美術助手高橋。

▲風防の木型に取り組む助手、林。

▲偉いはずの小村チーフもせっせとプラモ機組立。

▼ P40 ウォーホーク 1/10。ここまでは大道具さん製作。

◀ありもの B29 のエンジンナセルに木端削って補修の助手林。

▼ 1/10 B29。スジ彫りなどディテールアップを施す美術助手好村なお（右）と林。

▶台湾の高雄基地を夜間発進する 1/10 スケール零戦小隊。手前の小さな火は滑走路表示の夜間誘導灯。

▲ 1/10 スケールの P40 ウォーホーク。浅田チーフ助監督が自ら被弾炎上シーンのためのペラ回しを担当。

▲フイリピンのクラークフィルド飛行場に並べる為、ホリゾント倉庫にストックしてあった米軍機、B17、P40、ライサンダー偵察機、はては複葉練習機まで、サイズまちまちでにぎやかしだ。飛行場エプロンに適当に配置したが、どこまで映っていることやら…。筆者のこだわりとして、映ってもいいように一応陸軍機ばかりを掻き出している。但しこれらはリストには記載していない。

▼で、本番はこうなった。

▶クラークフィールド飛行場の燃料基地セット。井上美術監督のこだわりで当時を再現。このセットは日本軍空襲で一瞬にして爆発炎上する。

◀ロケに向かう零戦実寸。この大きさになると模型なのかセットなのか。本作における 1/1 スケールの零戦は、三菱に造ってもらった金属製が有名だが、このように撮影用の木製のものも何機か造られていた。

▲捕獲されライトパターソン基地でテスト飛行の零戦。当時の F4F 仕様色に仕上げた 1/10 スケール零戦。

▲こちらは 1/5 スケールの零戦。劇中の下川大尉機仕様に仕上げたもの。この角度であおりめに見るとまさに実機といったところ。

▼列線待機の 1/5 スケール零戦。このショットはもろに実機だね〜。

◀特撮用 1/1 零戦コクピット。この風防越しに飛ぶ米機などを撮影すると画面は零戦パイロットの主観となるのだ。

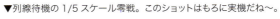

▲1/5 零戦。働いているのは両端の線消しスタッフだけ。

▶零戦大編隊。飛びの撮影は作り物セットがないので、美術班は飛行機を揃えるだけで、吊るのは操演班。カメラ前から奥へ向けて 1/5、1/10、1/20、1/32、1/48 スケールとだんだん小さくしていく。最後方は製作リストにないが 1/72（映像では見えないかも?）。本番前に手のあいている大勢のスタッフたちが各機にとりついてプロペラのスイッチを入れ、機体の揺れも止める。ヨーイ・スタートで操演が全機を吊った滑車を巻取器で引っ張る。

▲上 2 枚はラバウルへ前進した第 204 航空隊のマーキングを施した 1/5 スケール零戦。両機のヨゴシ具合の差に注意。

▲ラバウル基地で離陸を待つ 1/10 スケール零戦。尾翼の機番は撮影方向の都合であらかじめ裏焼き撮影用の鏡文字となっている。つまり、劇中では左右反転して、右から左へ離陸していく。

▲ラバウル基地を離陸する零戦隊。手前 1/10、奥 1/20 スケールで、手前の機体は上写真と同じ〔T2 – 106〕となっていることに注意。ちゃんと設定して作っているのだ。

▲1/10 スケール F6F ヘルキャット。機番はまた 22 番だ。

▲1/10 スケール P38 ライトニング。

▲B29 に襲いかかる零戦。2 機とも 1/20 スケール。

▲1/10、1/20、1/72 の B29 編隊。遠くに小スケールの F6F 編隊がいる。

▲エンジンナセルに機銃痕を加工。映るかどうかは気にしない、美術の気持ちだ。

◀左 2 枚：炎上する 1/20 スケールの B29。翼面上にスモーク固定。撮影が長引くと翼が燃えてしまう。急げ !!

【22】『ゴジラ』 1984年12月15日公開

●外伝・上・シーン33

制作　東宝映画
監督　橋本幸治
美術　桜木晶
特殊技術　中野昭慶
特殊美術　井上泰幸（小村完、好村直行、長沼孝、林、寺井、田川、高橋、萩原）
特殊効果　渡辺忠昭（関山和昭、鳴海聡）
操演　松本光司（芳賀眞二、香取康修）
造型　安丸信行（小林知己）
（塗装仕上　小島耕司）

本作は『メカゴジラの逆襲』以来9年ぶりのゴジラで、昭和29年公開の最初の作品の原点に立ち戻って"怖いゴジラ"を目指すという触れ込みだった。のちに『シン・ゴジラ』で監督を務めることになる樋口真嗣くんがアルバイトとして加わった、記念すべき作品でもあった。

▲▼ 1/30SH60B 対潜ヘリ。

▲上写真３枚はソビエト原潜シェラ・デルタ級。アルファ企画に外注して製作されたもので、全長4mもの大きさがあった。

▲首都上空でゴジラを迎え撃つ 1/10 スケールの AH1S を張り切って製作。左はリベット表現を終えたところ、右はベース色が仕上がった状態。結局出番はなくなり、樋口くんの製作した『ヤマタノオロチの逆襲』で銀幕デビューを果たすことになる。

◀超音波発振器。

▲ゴジラスーツ原寸図。「さあこれから粘土造型だぜ」と意気込む造型助手小林とも。

▲ゴジラクレイモデルを製作する美術助手好村なお。

▲ゴジラ尻尾クレイモデル製作。

▼ゴジラ着ぐるみ頭蓋骨。眼と口パクメカを仕込む高木さん。

▲着ぐるみ衣装合せ。薩摩剣ちゃん、この時点でもう眼光鋭くゴジラに変身中。介添えは美術助手田川。

▲サイボットゴジラは特美予算と別枠。こうしてトラックの荷台に乗っている姿は、なんか可愛い。

▶頭皮膚造型中、安丸造型技師。

▲ゴジラ初セット入り。造型技師安丸さん、介添えは最初だけ。。

▲ゴジラがまだ壊していないのに何故か火が出ている。

▲有楽町セット。ゴジラに演技付けをする中野監督。

▲井浜原発本番。顔に霧を吹く手前から造型助手樋口と助監督千葉。

▲最初のセット、井浜原発。前作より巨大になった感をアピール。

▲東京湾からガバーと顔を出すシーン。濡れていなければおかしいので、水をかける浅田助監督。

▲新宿セット。今や『シンゴジラ』監督としてお馴染みの樋口真嗣くん、若かりし頃。本作では現場ゴジラ付として活躍。

▶有楽町セット。電車運転手の目線ではゴジラはこう見える。

▲新宿セット建込みのスタッフ。

▲ハイパワーレーザー車をチェク、撮影助手大川。

▲上写真 2 枚は発泡スチロール製 1/20 スケールゴジラ脚による踏み潰しシーンの撮影風景。

▲ハリウッドからやってきたリック・ベイカーとマーク・ステットソンが、筆者の模型ルームを訪問。リックは「狼男」で有名な特殊メイクアーティスト。マークは特撮模型担当のいわば同業者。大喜びのスタッフ。萩原晶、横井みさことくみこ。実は筆者は二人が業界人だと知らなかった。

▲昭和 29 年ゴジラの有楽町シーン、ゴジラと列車のくだりは、時空を超えて 84 ゴジラで復活。ゴジラの潜在意識か、受け継がれた DNA か、はたまた動く物を追う動物の本能か。最新シンゴジラでも復活しているから、このシーンはもう歌舞伎でいうところの「大見得」なのだろう

◀参考までにS 29 ゴジラの有楽町シーンのレリーフをご覧いただく。小林知己製作。

▶本番オールライトになった有楽町セット。実景フォトみたいだがやっぱり生活感は薄い。

▲井上特美監督、三原山セットプランニング。

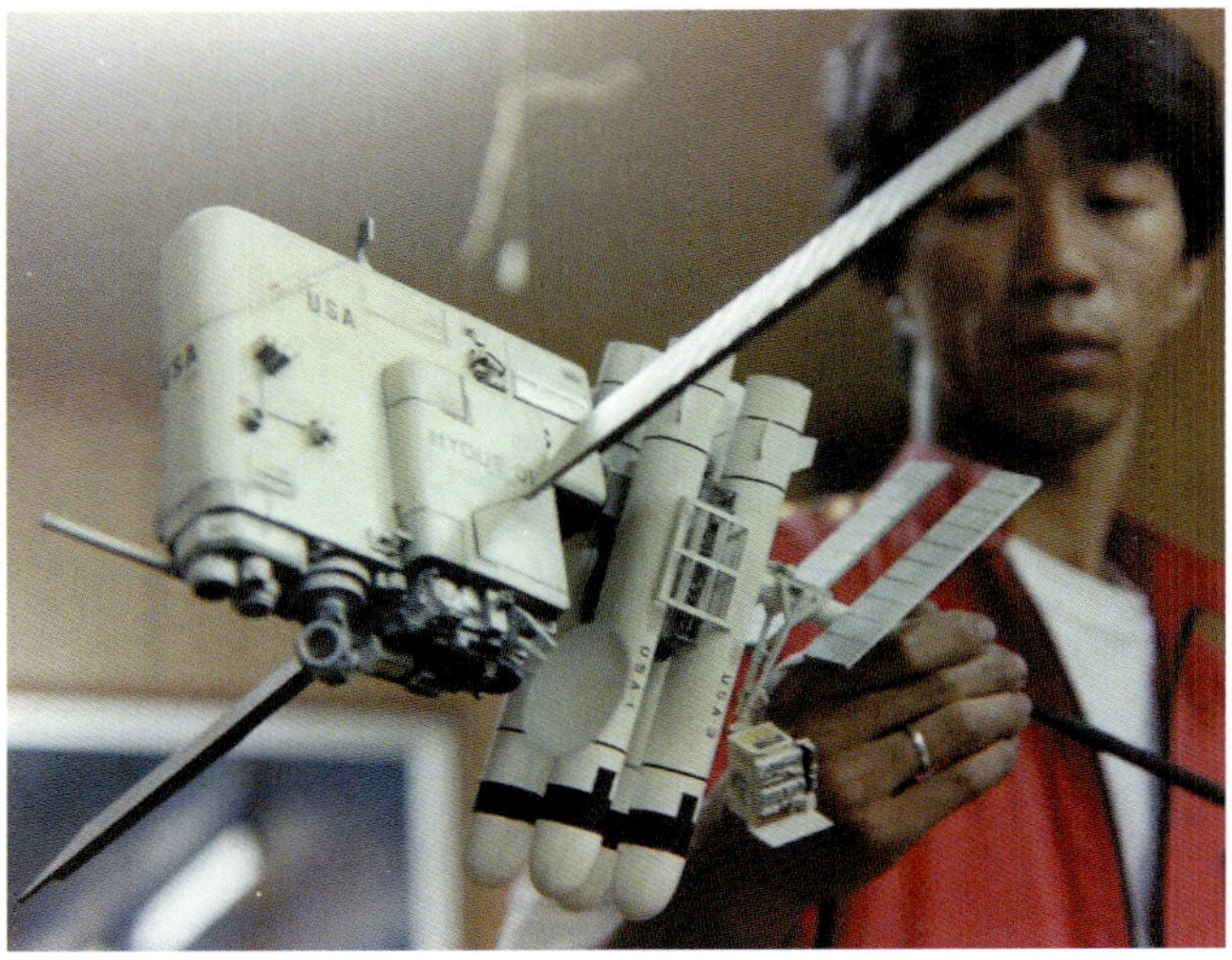

▲米核衛星ヒョーイ 01。(石田兵衛デザイン)

▲模型ルームの住人は、井上さん、筆者、萩原ポチの通常３人。急遽エキストラで模型を出す時には、林、高橋、助手の女の子たち２人が増える。　狭い部屋がムンムンだ。おまけに整理整頓はされていない。このゴチャなデスクで、よくもまあ次から次へと模型を作ったものだ。先輩がたが常に言っている。「汚い所からは良い物が出来ない」これはイカンと思っても、筆者もポチもただ追われるだけ。これが出来たらかたづけよう。　いやはや気持と現実は大違いですな。作品終了までほぼこの状態だった。「ポチっ、いいかげんかたづけろっ」

▲ソビエト核衛星をなめ確認、中野監督。

▶右 2 枚:製作中のハイパワーレーザー車。その主材料はボール紙と木、etc だ。

▲壊された新宿セットの 1/40 スケール A ビル。

▶撮影ステージ照明をオフにして新宿セットの内照電飾テスト。　現実では撮れない写真だ。

▲東京港、1/40 ソビエト貨物船「パラシェーボ号」炎上シーン直前。

▼クランクアップの早朝、恒例のプール投げ、助監千葉を運ぶ。樋口が先頭（画面左手前）で嬉々としている。真ん中の青い作業服は萩原。

▲ラストカット、三原山ゴジラ転落シーンを撮り終え、1/80 ゴジラを火口から救出したスタッフ。ゴジラに付着した特効の松煙ススで真っ黒になった手を、これ見よがしに広げる筆者と助監千葉、美術助手ポチ（萩原）、撮影助手木所。（撮影：大根田俊光）

【23】『不可殺而（プルガサリ）』 1985年制作／1998年公開

●外伝・上・シーン35

制　作　朝鮮芸術映画撮影所
監　督　申相玉
美　術　リ・ドイク
特撮美術　パク・チョンギル
特殊効果　キム・ドクホ
特撮監督　中野昭慶
美　術　鈴木儀雄（応援・長沼孝）
特殊効果　久米攻
造　形　安丸信行（小林知己、清水剛）
（塗装仕上　小島耕司）

鉄を喰らう怪獣プルガサリの話は、北朝鮮の民話らしい。その映画化にあたり、東宝に特撮下請けの話が入ってきた。

鈴木儀雄さんのデザインで怪獣を製作。安丸さんはいつものゴジラ以外の造型に張りきった。筆者は儀さんに乞われて図面起しから手伝う事になった。4月、5月とクレイモデル作成、6月に入ってスーツ製作。劇中、怪獣プルガサリはどんどん成長していく。その為スーツは形状の異なるものを4着も製作した。国内での諸々製作品が完成し、スタッフは未知の撮影地北朝鮮へと向かったが……。

▲幼獣フィギュア 10cm。石膏原型とラテックス製品。

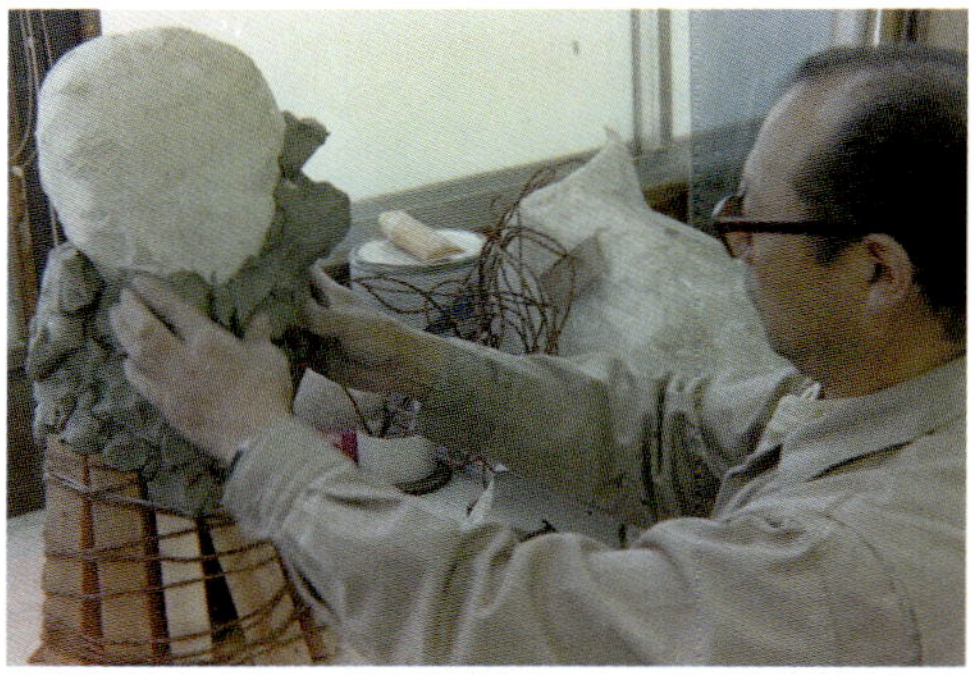

▶幼獣クレイモデルにとりかかる安丸技師。

▼できあがったプルガサリ幼獣スーツのコアと皮膚。

▲美術鈴木儀雄さんのプルガサリ老獣デザインスケッチ。

▲北朝鮮の寺を作図する筆者。

▲右上写真のコアの内面。目玉メカと口パクメカ。

▲コアと皮膚合体。幼獣だから可愛い。

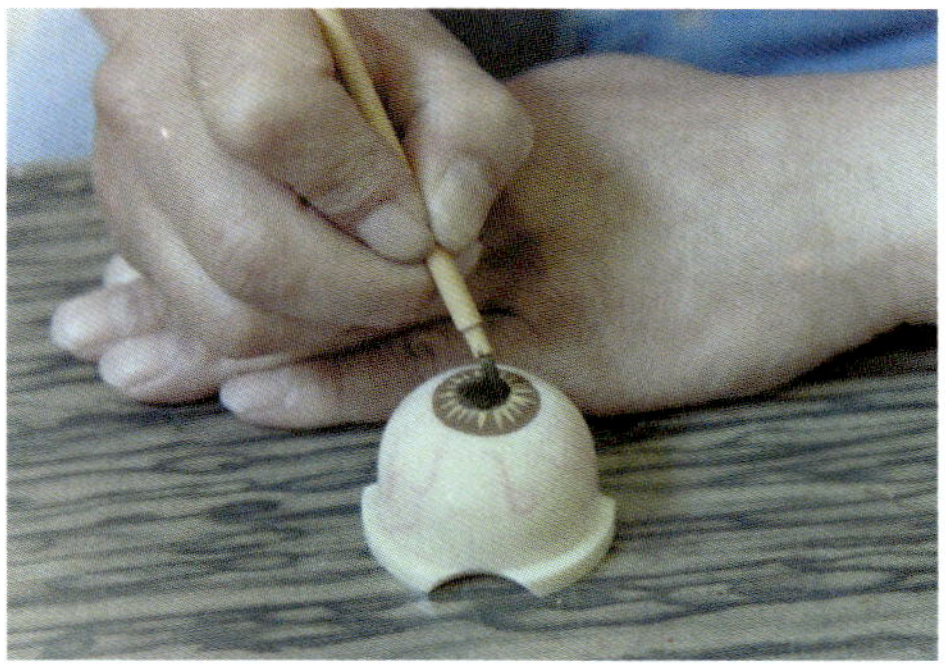

▶アップ用部分脚の可動メカ・フレーム。

◀幼獣の眼球。微妙な面相筆さばきには左手を添える。

▶成獣スーツ試着試技の薩摩剣八郎くん。

▼壮獣スーツ色仕上げ、小島こーちゃん。

▲上の写真 2 枚は壮獣スーツインナーメカ。概ねケーブルコントロールとなっている。

▲壮獣スーツを仕上げる小島こーちゃん。ヘッド固定用のマジックテープにマスキングを施す。右に下塗が終わった老獣スーツ。

▲老獣スーツを仕上げる小島こーちゃん、顔メーキャップの微妙なリアリングはやっぱりハンドピース。奥にリアリング前のボディがいる。

▲◀仕上がった老獣スーツ。まるで西洋の甲冑のようだ。こんな鎧を纏った戦国武将があの時代に現われたら、兵たちは驚愕し霧散するかもしれない。現に本作品の時代設定は、まさにこの頃。もっとも20メートルの怪獣としてだから、代官軍は手も足も出ないが。余談だが、この民話は秀吉朝鮮出兵と無縁ではないかも。鉄を喰う怪獣は、徐々に武器つまり鉄が枯渇して行った秀吉軍を比喩しているのか。筆者勝手な思いですがね

【24】『首都消失』 1987年1月17公開

●外伝・上・シーン39

制　作　大映／徳間書店／関西テレビ
監　督　舛田利雄
美　術　育野重一
特撮監督　中野昭慶
特殊美術　井上泰幸（好村直行、長沼孝、林和久、寺井雄二、清水剛、三池敏夫、都築、高橋勲）
特殊効果　渡辺忠昭
操　演　松本光司（鳴海聡、香取康修）
キャラメカデザイン　長沼孝
塗装仕上　小島耕司

雲が主役の映画だから、演出はかなり難しい。特撮で使うのは綿製の固型品やドライアイスを貯めたものやフォグメーカーでシュコシュコ作った気体の雲だ。固型雲は形を特定して作れる。が、気体雲はねらい目の形になる迄撮影スタートを待たねばならない

▲最小サイズ２機。操演しやすい様に鉛ムク製。

▲ 1/50EP3、セントエルモの火。

▲ SCM 特車設計中の筆者。何故か EP3 プラモが…。

▶金物製作のフレームに綿を盛り付けていく。東京を丸呑みする「雲」の塊りだ。実際にはあり得ない情景だから、誰も見たことはない。こういう超自然情景を堂々?と作れるのが特撮映画のいいところだ。　▼作品中一番大きな「雲」をステージに設置したのが下の写真。これだけだと実景２５km 想定の大きさは感じない。さて「雲」の大きさは出ていたのか…。

〔AS350B エキュルイユたち〕

●今回は 1/48 のプラモにもローター可動メカを仕込む。KSTV クルーもちょっと演出して載せる。

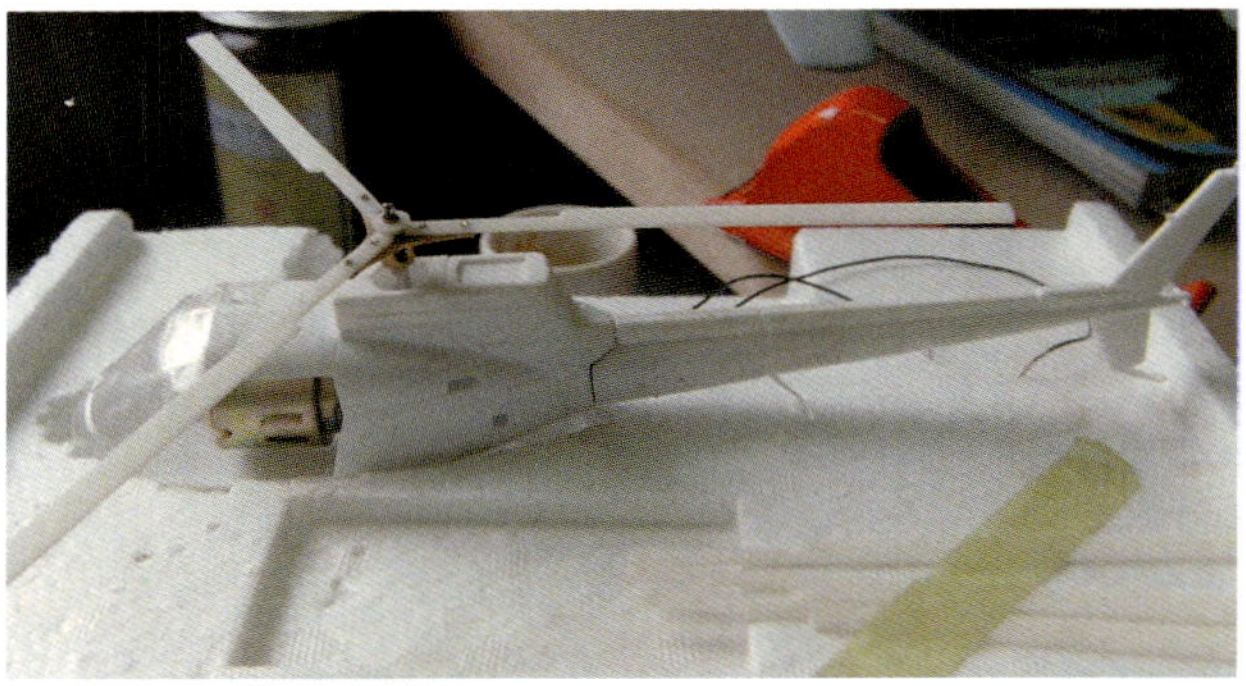

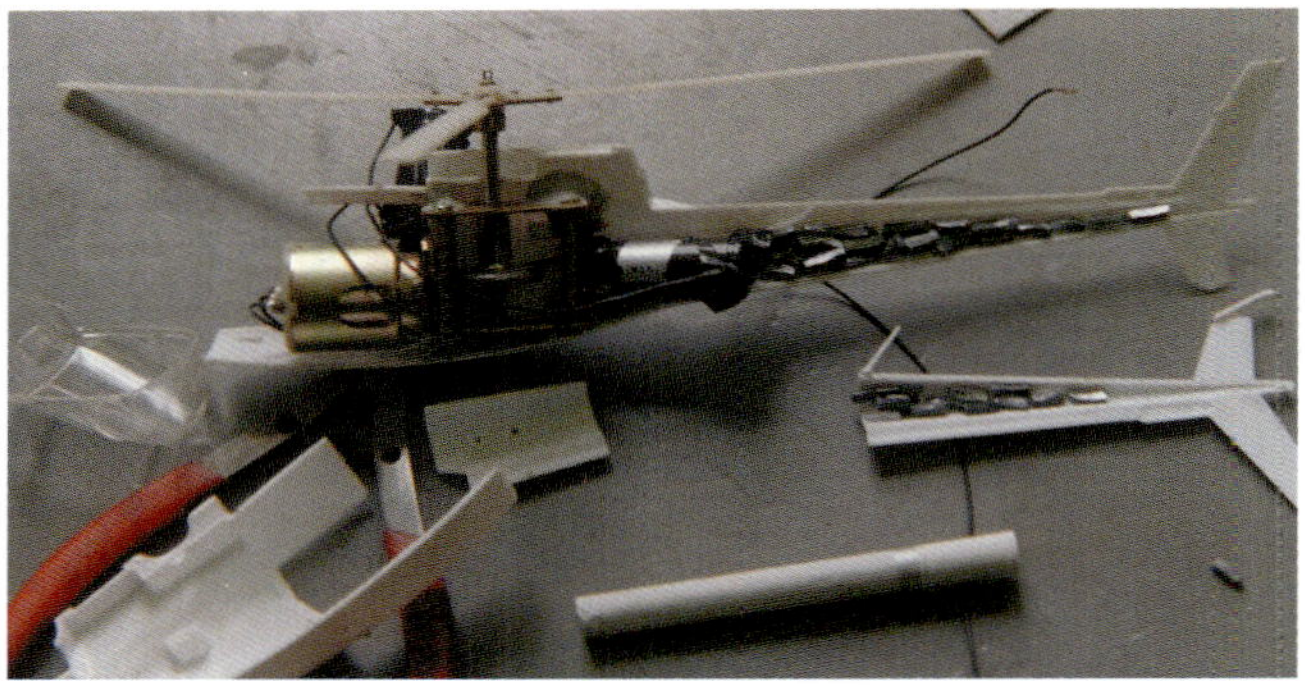

▲エキュルイユ。1/72、1/48、1/25 各スケール。

▲ 1/72 エキュルイユ。

▲ 1/100 ベル 204B と 1/144 スプライト。

▲▶これら３枚の写真はエキュルイユ1/25スケール。このサイズであればローター可動メカも電池も楽に納まる。

◀ 1/72 スケールのトラネコ通信社仕出しヘリ。写真No12 のロング用。

◀ 1/72 ミーケフォト社仕出しへり。

▲ 1/25 エキュルイユヘリ飛行シーン。実機の様でしょう !?

◀ 1/72 シーホーク。

▲完成した 1/25 スケール EP3E 電偵。仕上げ色をラッカー、水性アクリルで塗り分けマーキング。エィジング・ウェザリングを施して完成。美術助手三池敏夫くん。

▲ 1/25 スケール EP3E 電偵。筆者の仕上げ方は、バルサ研磨のあとウッドシーラーで木素地を固め、水性アクリル♯ 2000 で下地終了。アクリル黒を厚めに塗布、写真はスジ彫などディテール付けと微調整パテ付けの筆者。

◀▼こちらの 2 枚の写真は雲海天辺で渦を巻く雲の仕掛けフレームを製作しているところ。中子回転フレームとそれを収める外枠フレームとなる。こういった溶接物は概ね特効の渡辺さんが作る。

〔団地倒壊セット〕

▶セッティング完了した団地棟。天井に照明用荷重（にじゅう）とトップライトが見える。

▲団地棟は壊れ用石膏製だから、植栽をセッティングするにも用心用心。

▶首都消失ページ始めの写真のセットはこうなっている。霧の濃さは、ロングの背景雲が見える様に撒く。作り物の山と背景パネルしかないから、楽なセットだ。本番撮影時にフォグメーカーで霧を撒いて空気感を出す。これは雲ではなくあくまでも空気層の表現だから、撒いてからのタイミングが大事。映像の出来映えは撮影スタートをかける中野監督の裁量に委ねられる。

◀上写真に写っている島倉二千六さん作画の背景のアップ。神奈川県央部の平野と遠く霞む東京の「雲」。すごいなあ。　雲下の霞んだあたりでは本編のドラマが入り、境目地域の緊迫感が強調される。

▶上掲のセットに 1/48 スケールのエキュルイユヘリを配して本番撮影に臨む。ロング（画面奥）の F1 と F15 のかすれ具合に注意。下左右の作り物の山と島倉さんの背景との組み合わせで広大感が良く出た筆者お気に入りのショットだ。

【25】『竹取物語』1987年9月26日公開

●外伝・上・シーン42

制　作　東宝映画／フジテレビ
監　督　市川崑
美　術　村木忍
特撮監督　中野昭慶
特殊美術　井上泰幸（好村直行、寺井雄二、佛田洋、高橋勲、都築）
特殊効果　渡辺忠昭
操　演　松本光司（香取康修）
造　型　安丸信行（小林知己）
塗装仕上　小島耕司

◀宇宙船スタディモデルを製作する美術助手佛田。他社での経験が長い彼を、井上さんが連れてきたので、本作品が東宝初参加作品となった。美術というのは、絵描き、図面書き、工作、大道具製作、現場が始まればセット製作の土方と、何でも出来なければならない。だからスタッフには器用な者が多い。

▼宇宙船に電飾用のファイバーグラスを仕込むバイトたち。

▼天女を舞い上がらせる仕掛け。従来ならピアノ線で吊るして、操演が芝居させる。この装置は天女の複雑な動きを自動化（？）させる為、多分井上さんが発案、アルファー企画の高木さんが製作したものと思われるが、筆者の記録にはなかった。

▲竜クレイモデルに見入る大御所たち井上特美監督と安丸造型技師。竜頭クレイモデルは 1/12.5 スケールという大きなサイズだ。このサイズになった理由は簡単だ。この竜に襲われる大納言船のスケールが 1/12.5 だから。

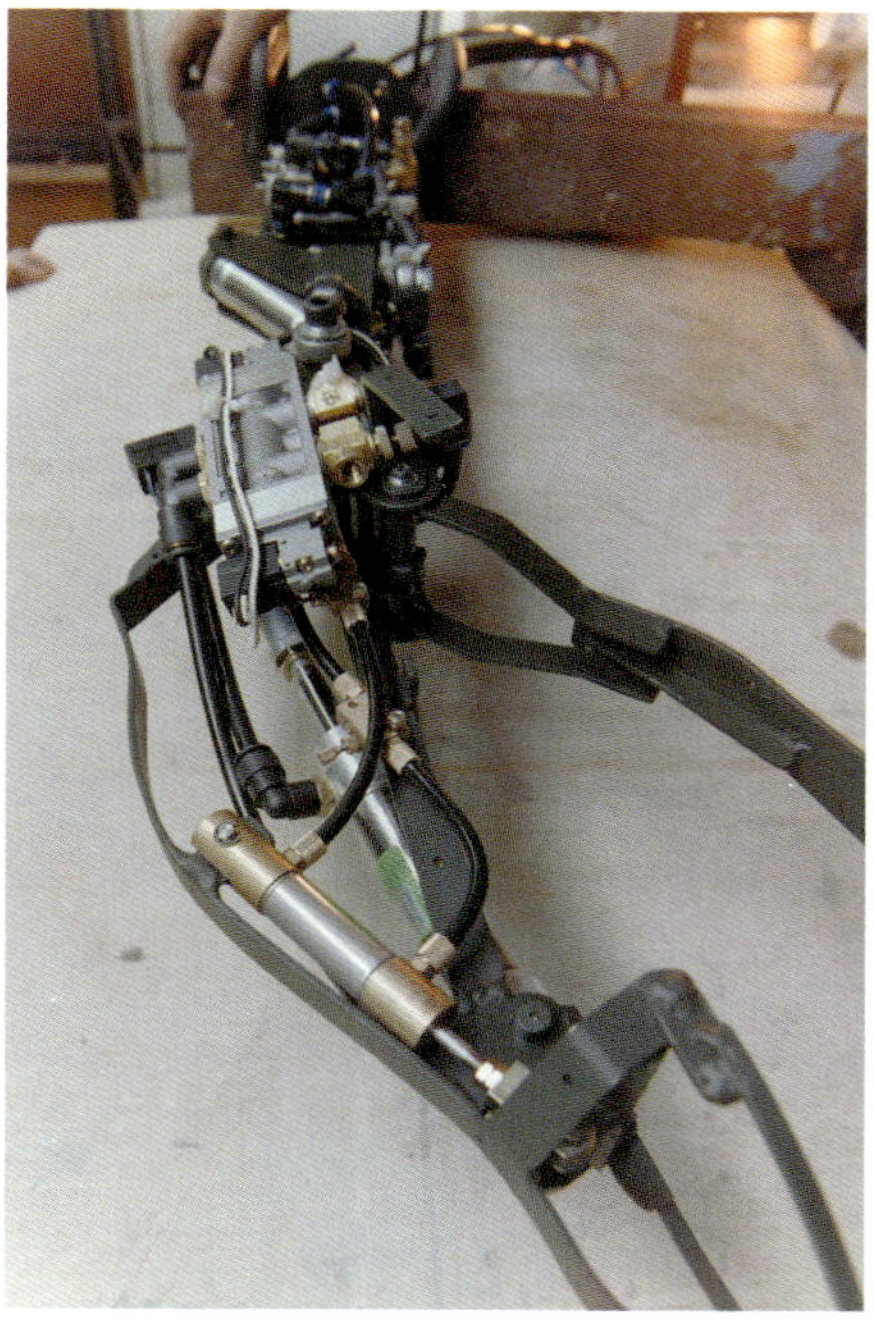

▲こんなのが竜の頭に入る。芝居をさせる為のロボットの様なメカだ。説明する製作者のアルファー企画高木明法さんと、話を聞く特殊効果技師渡辺忠昭さん。奥の造型助手小林知己は「ホゥ〜ン、スゲェナ〜」。

◀竜頭骨メカ

▲ラテックスで抜き終わった頭。頭と支柱間は、前ページのメカをワレタンで包んだもの。思案顔の操演助手香取康修。「このメカで首を動かすんなら、表皮は柔らかく仕上げて貰わないと……」 と思っているのかはわからない。

▲クレイモデルの雌型製作。粘土にパーティションの薄板を刺し、シリコンを塗布。硬化後 FRP を塗布して成型用雌型の完成。写真はその FRP を捲いた状態。

▼尻尾メカの基台フレーム。ここに尻尾を取付け、エアシリンダーで可動させる。本作品のキャラクターは、ゴジラのギミックメカより大がかりな仕掛けが多い

▲抜き終わった竜頭の歯医者になった安丸技師。

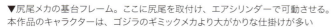

▲尻尾クレイモデルにパーティションのジュラ板を装着。操演の白石に似たスタッフは、造型のバイトくん。

▶ラテックスで抜きあがった尻尾。肌の微修正をするバイトスタッフ。すでに尻尾を動かすメカフレームが内臓されている。

▲完成した 1/40 法隆寺五重塔。さすが良く出来た市販キットだ。まあ色仕上げの小島こーちゃんだからね。

▲五重塔製作。大道具入沢さんと野村やすさん。今回は木製キットを組む。

▼ 1/12.5 右大臣船にシーラーを塗布する小島こーちゃん。この船は 2 度塗替えられて、下写真のように計 3 隻として撮影された。

●黒の大納言船
これが竜に襲われる。

▲赤は右大臣船　▼緑は車持皇子船

【26】『さよならの女たち』

1987年12月5日公開

●外伝未収録

制　作　東宝
監　督　大森一樹
美　術　酒井賢
特技監督　川北紘一
特殊美術　小村完（高橋勲）
特殊効果　渡辺忠昭
塗装仕上　小島耕司

特撮といっても特美の仕事は、この屋敷セットの製作しかない。筆者は別件を担当していたので、本番に立ち会っていない。だからどう爆破されたのかはわからないが、演出はこのシーンに気を入れていたと思う。1／10で大きく作っているからだ。

▲完成ちょい前にちょっと一枚。この後、庭の作り込みに凝り、建物と石垣などをリアルにエィジングしたり、ウェザリングを施す。建物後ろの林はセットの植栽。実景が写るのを防いでいる。　残念ながら完成した写真は撮っていない。

◀左から大道具入沢秀雄。特殊効果渡辺忠昭。仕上師小島耕司。大道具野村安雄。美術助手高橋勲。

【27】『アナザーウェイ D機関情報』

1988年9月17日公開

●外伝・下・シーン45

制　作　タキ・エンタープライズ
監　督　山下耕作
美　術　間野重男
特技監督　川北紘一
特殊美術　井上泰幸（好村直行、長沼孝、高橋勲）
特殊効果　渡辺忠昭（久米攻）
操　演　松本光司（鳴海聡、香取康修）
塗装仕上　小島耕司

日本から潜水艦に乗ってはるばるスイスへ原爆の材料を買い付けにいく海軍武官の話。今までの東宝特撮にはないメッサーシュミットBf１０９が登場することになり筆者は驚喜した。

劇中、日本海軍の潜水艦として伊号第51潜水艦（実際にあった海大１型の伊51ではなく、架空の２代目ですな）が登場する。これは海上自衛隊の潜水艦なだしおが撮影協力をしてくれるということで、特撮でもそれに準じた模型が製作されることになった。

▲1/16 スケールの 伊号第 51 潜水艦を製作する。まずは木組みを作り、ボンベを仕込む。

▲せき上がった船体にポリを塗布していく。

▲下地パテを塗布し、▼仕上げ色を塗っていく。このあとにリアリングを施して完成。

▲これが伊号第 51 潜水艦の船体に仕込まれた航跡用エアボンベと電磁弁。

▲小プールは水中の挙動を撮影する。今回は敵潜水艦と遭遇するシーンと、魚雷発射シーン。敵用に小さいなだしおを進水。けっこうな人員だ。上方の白い線は操演用の親線。これからなだしおを吊る。岸には 1/16 なだしお。

▲夜間浮上して貨物船群に近づくなだしお。司令塔上のフィギュアがリアルさを増して実景のようだ。

▲1/10 なだしお艦首の魚雷発射。魚雷は圧搾空気で押し出す。撮影フレームは写真点線枠内だから、後方の操演用ステーは映らない。

▲レリーフ作りの貨物船。まあまあ実景に見えるかな？

▲操演中のドイツ海軍ランチ。フィギュアもそれらしいし、走りも結構リアルな感じだが、艇首波がちょっとおかしい。旗のなびきも今いち？

▲ドイツ海軍ランチを 60cm で製作する。

▲◀ドイツ艦とイギリス艦に使いまわす駆逐艦。まあ両軍どちらでもそれらしい。煙突先が斜めってるので、日本艦には見えない。写真上は特美前の作業用アーケードに鎮座する駆逐艦で、被写体の人物は仕上げ師小島耕司さん。

▼写真下２枚。魚雷によって炎上する敵艦。なかなか雰囲気が出ていると思いませんか!?

▲ありもの大和もリペイントして威風堂々出演。

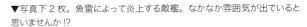

▲伊 51 潜が未明密命を帯び瀬戸内をドイツに向け出航していく。映画でなければ絶対に見られないシーンだ。自衛艦のなだしおと戦艦大和が同じショットにいるのだから。写真は大和うしろからなだしおを見送る揺れる駆逐艦ブリッジから撮影、という筆者設定で斜めに撮った。

●嬉しいねえ、模型少年としては。東宝初のメッサーシュミットだもんね。筆者入れこんで製作。それまでの飛行機は零戦ばかり（いや他のもありましたがね）だったから、メッサーはとにかく新鮮だった。

▶ 1/32 スケールメッサー。このサイズはプロペラ無し。

▲こちらは 1/10 スケールメッサー。ピアノ線が僅かに見える。劇中にはない角度のショット。

【28】『ゴジラ vs ビオランテ』 1989年12月16日公開 ●外伝・下・シーン47

制　作　東宝映画
監　督　大森一樹
美　術　育野重一
特技監督　川北紘一
特殊美術　大澤哲三、長沼孝（都築、高橋、稲付、野々宮、林谷、清田、伊藤、三上、津島、棟方）
特殊効果　渡辺忠昭、久米攻
操　演　松本光司（香取康修、鈴木、白石、三池）
造　型　安丸信行、品田冬樹（小林知己、久住辰雄、矢内京子）（キャラメカデザイン　長沼孝）
塗装仕上　小島耕司

今までとは異なり、本作品で筆者は「管理責任」の四文字を背負うことになった。特美全予算を預かるマネージャーを兼務した特美デザイナーだから、いつもの「模型少年」や「カメラ小僧」のままではダメ。大澤さんがセット関連、筆者が模型関連と業務を分け、構えて準備インした。

しかしマネージメントに徹することが出来ず、仕事が進むにつれ徐々に資質が丸出しとなっていき、結局、その仕事ぶりは従来となんら変わらずに模型少年とカメラ小僧に戻っていた。やっぱり自分は美術屋なんだとつくづく感じたものだ。

筆者はこのあと、川北監督作品の2本くらいを、特美作図班を仕切ってバックアップしたが、その後は映画の仕事を離れて営業部へと異動し、テーマパークなどのプロジェクトプランニングへと移行していった。

特殊美術部が廃部になったのは1998（平成10）年7月のことだ。

▲ゴジラ作品の場合、美術グループの作り物は主役のゴジラから始まる。造型班の安丸技師と小林助手そして何人かの契約助手たちは、毎日粘土と格闘していく（冒頭ページも参照）。

〔ゴジラスーツ製作〕

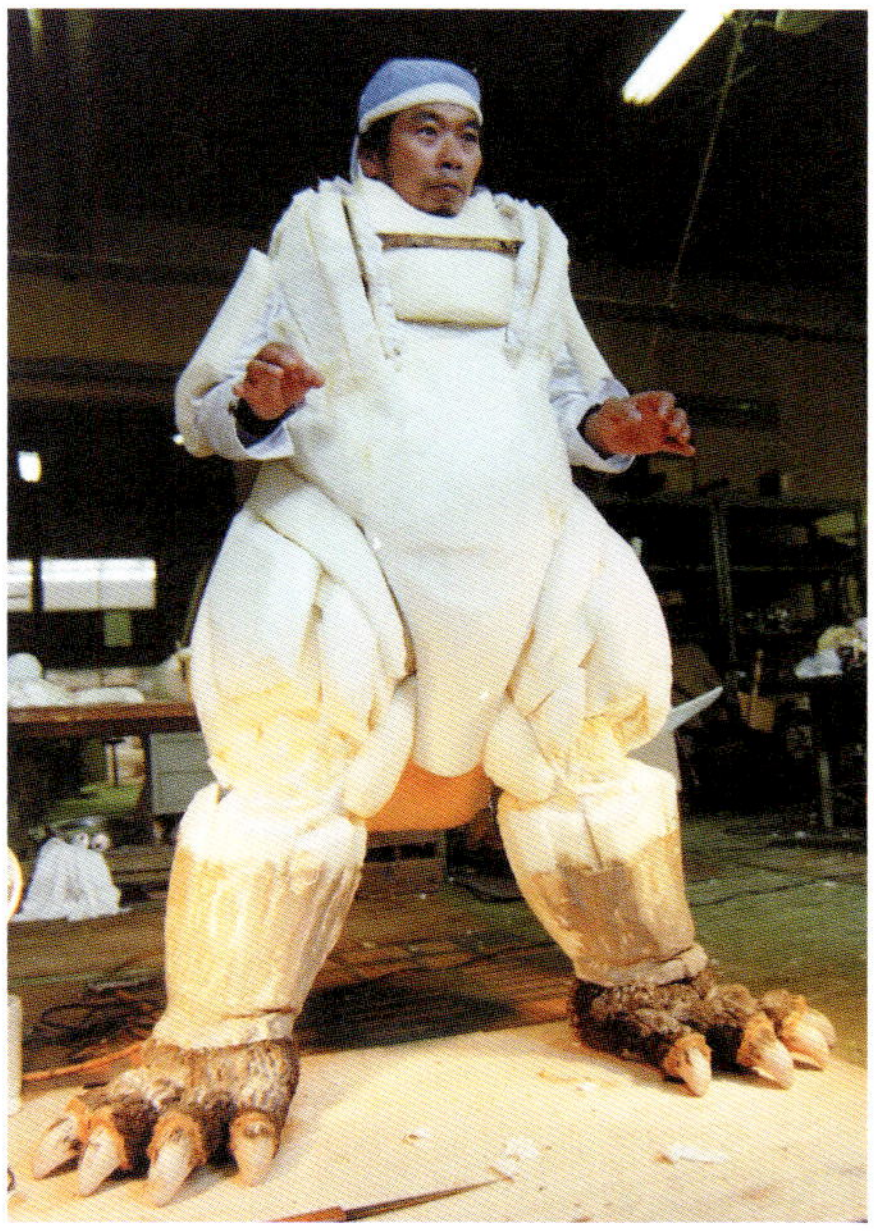

▲衣装合せでも真剣ゴジラ魂の薩摩剣ちゃん。

▲◀ヘッドパッドは重要なパーツだ。大きな足のインナーはゴム長靴。だから演技中ムレる

▼新規製作の首を古いスーツに取り付ける。製作時間と予算節約だが、これはこれで案外と人手と時間がかかるものだ。真ん丸眼は造型助手矢内京子。

▲顔の表情をアップ撮影する為に製作した上半身。表情は 84 ゴジラ時バカでかいサイボットで撮ったが、今回はスーツ大のワイヤーコントロールゴジラで撮影。サイボット程のギミックはないけれど、結構それなりの表情は作れたようだ。操演はゴジラ付の清田圭三。

▶ビオランテ A タイプを検収する東宝映画社長田中さん。

▲ 1/50 スケールのスーパー X2 とビーグルスタッフ。手前のコンセプトモデルに注意。

〔スーパー X2 製作〕

▲爆破用スーパー X2 から発泡スチロールを掻き出す美術助手林谷。

▼頭部に電飾を仕込んで赤外線ホーミング魚雷としたが、テールランプみたいだ。

▶疑似海中、魚雷発射シーンのスーパーX 2。

◀大プールにおけるゴジラ撮影風景
①発泡スチロール製双胴カメラ舟
②ゴジラに向かって進撃
その時　波が !!
カメラ舟、カメラ・撮影スタッフもろともひっくり返った
③あーっ!!　ドバシャーンっ
④しまった !!　やっちまった！江口カメラマン

▲シーン若狭。特車の配置がよくわかる。

▲B班の為に 10 ステージに疑似海中パネル作画、小島こーちゃん。

〔90式戦車〕

◀▶陸上自衛隊最新装備も登場。実車の様なショット。所属は特科スヌーピー部隊？　若狭でゴジラを迎え撃つ。

〔芦ノ湖セット〕

◀２枚の写真のうち右は３㎜のスチレンボードを重ねたコンタ模型。左はそれに油土を盛付けた地形模型。

▶できあがった芦ノ湖セット。その製作手順の概略は以下の通り。
①現地ロケハン
②セットプランニング図
③芦ノ湖スタディモデル
④撮影ステージに合わせたレイアウト図
⑤セット架台等木軸建込
⑥湖水用セットプール建込
⑦山や湖岸などの地形作り込み
⑧森や草などの植栽飾り付け
⑨全体色仕上げ
⑩本番前微調整

〔中之島オープンセットのビルたち〕

▲セット製作前に大澤美術監督が検討用に作ったスタディモデル。

◀上掲写真の 1/50 スケールのビルなどのストラクチャーを、ステージ内いっぱいに建て込まれた大阪中之島ビジネスパークセットに配置した状態。ゴジラは左の川上方から侵入してくる。こうして俯瞰で見たセットはパノラマ感はあるけどリアル感はあまりない。やっぱり地上の人間目線が一番だね〜。

東宝特美、特撮映画用の作り物リスト

●ここに掲げるのは、本書に登場する、筆者が関わった特撮映画における特美の造り物リストである。
●アイテムの No は各作品毎に付与してあり、連番ではないので注意されたい。

略記の凡例：
キャラメカ→キャラクターメカ
情景 ST →情景ストラクチャー
情景 SC →情景シーナリィ

【1】『日本沈没』

No	仕上日	アイテム	区分	スケール	数	主材	メモ
1	1973.8.17	ベル HU1-B 陸上自衛隊	航空	1/32	1	レベル製プラモ	
2	1973.8.17	ベル HU1-B 陸上自衛隊	航空	1/32	8	レベル製プラモ	色変更
3	1973.10.29	ベル HU1-B 陸上自衛隊	航空	1/32	12	レベル製プラモ	モーターライズ
4	1973.11.5	ベル HU1-B 陸上自衛隊	航空	1/16	2	トタン	外注（トイダ）
5	1973.11.5	消火弾	航空	1/16	12	ラワン	
6	1973.11.5	消火弾	航空	1/16	6	真鍮	
7	1973.11.12	消火弾	航空	1/5	19	ガラスポット	特殊効果用
8	1973.8.8	ポラリス原潜 ジョージワシントン	艦船	1.7m	1	トタン・ベニヤ	わだつみカメラテスト用
9	1973.9.4	深海潜水艇 わだつみ	艦船	1/10	1	FRP・アルミ	外注
10	1973.9.4	深海潜水艇 わだつみ 1 号テール部分	艦船	1/5	1	FRP	
11	1973.10.22	だるま船	艦船	1/20	1	FRP	
12	1973.10.27	だるま船	艦船	1/20	1	FRP・ベニヤ	
13	1973.10.23	くそ船	艦船	40 ㎝	1	ラワン	未写
14	1973.10.29	漁船	艦船	2.2m	1	FRP・ベニヤ	
15	1973.11.9	かつお船 A	艦船	1/20	2	FRP・ベニヤ	
16	1973.11.9	かつお船 A	艦船	1/25	6	FRP・ベニヤ	
17	1973.11.9	かつお船 A	艦船	1/50	4	FRP・ベニヤ	
18	1973.11.9	かつお船 B	艦船	1/50	3	FRP・ベニヤ	
19	1973.11.22	芦ノ湖 遊覧船 あしのこ丸	艦船	1/100	1	FRP・ベニヤ	
20	1973.11.22	芦ノ湖 遊覧船 パイオニア丸	艦船	1/100	1	FRP・ベニヤ	
21	1973.10.2	都バス	車両	1/17	1	トタン	外注（トイダ）
22	1973.9.29	扶桑ダンプ	車両	1/17	1	トタン・ベニヤ	外注（トイダ）
23	1973.9.29	扶桑パネルバン	車両	1/17	1	トタン・ベニヤ	外注（トイダ）
24	1973.9.29	扶桑トラック	車両	1/17	1	トタン・ベニヤ	外注（トイダ）
25	1973.10.2	タクシー	車両	1/16	2	ニチモ製プラモ	ムスタング改造
26	1973.10.5	コンクリートミキサー	車両	1/18	2	市販トーイ	改造
27	1973.10.5	トヨタクラウン ハードトップ MS70-KB	車両	1/14	2	市販トーイ	
28	1973.10.8	トヨタダンプカー DA110D	車両	1/20	2	市販トーイ	
29	1973.10.9	乗用車 各種	車両	1/10 ～ 1/20	15	市販トーイ	
30	1973.11.5	乗用車 各種	車両	1/10 ～ 1/20	40	市販トーイ	
31	1973.10.22	消防車 2 種	車両	1/14	2	市販トーイ	
32	1973.10.24	ハーレーダビッドソン EG	車両	1/15	1	市販トーイ	
33	1973.10.24	サイクリング車	車両	1/10	2	アオシマ製プラモ	ポンコツに改装
34	1973.11.9	乗用車・トラック 各種	車両	1/63	20	トミカ製ミニカー	
35	1973.11.9	トレーラー	車両	1/63	4	トンカ製ミニカー	
36	1973.11.24	乗用車・トラック・バス	車両	1/100	37	朴	水没用
37	1973.9.15	創世記の地球	宇宙	80cmD	1	FRP	
38	1973.8.13	地形レリーフ	地形	1/20 万	1	油土・ベニヤ	カメラテスト用
39	1973.9.13	伊豆半島・富士山 レリーフ	地形	60 ㎝ x40 ㎝	1	ベニヤ・発泡スチロール	
40	1973.9.30	日本列島・中国大陸 レリーフ	地形	1/20 万	1	発泡スチロール	列島 15m、全体 30m
41	1973.10.2	パネル看板	情景 ST	1/32	1	ベニヤ	
42	1973.10.9	パネル看板 コロムビア	情景 ST	1/32	1	ベニヤ	
43	1973.10.2	告知板	情景 ST	10 ㎝ x15 ㎝	3	ベニヤ	
44	1973.10.2	民家 2 種	情景 ST	1/16	2	ベニヤ	外注
45	1973.10.2	コンクリート電柱	情景 ST	1/20	10	木	
46	1973.10.8	コンクリート電柱	情景 ST	1/20	25	木	
47	1973.10.25	コンクリート電柱	情景 ST	1/10	4	バルサ	
48	1973.10.26	コンクリート電柱	情景 ST	1/20	9	バルサ	
49	1973.11.1	コンクリート電柱	情景 ST	1/20	10	木	
50	1973.11.16	コンクリート電柱	情景 ST	1/10	8	バルサ	被火災
51	1973.10.2	交通標識 各種	情景 ST	1/16	4	ベニヤ	
52	1973.10.5	交通標識 各種	情景 ST	1/16	8	ボール紙	
53	1973.10.8	交通標識 各種	情景 ST	1/5	1	ベニヤ	
54	1973.10.23	交通標識 各種	情景 ST	1/16	2	ボール紙	
55	1973.11.13	交通標識 各種	情景 ST	1/16	3	ボール紙	

56	1973.10.9	公衆電話ボックス	情景 ST	1/7	1	ベニヤ	
57	1973.10.9	公衆電話ボックス	情景 ST	1/25	4	ベニヤ	
58	1973.11/16	公衆電話ボックス	情景 ST	1/10	1	ベニヤ	被火災
59	1973.10.2	ガードレール	情景 ST	1/16	30	トタン	外注 (トイダ)
60	1973.10.2	ガードレール	情景 ST	1/16	10	鉛	外注 (トイダ)
61	1973.10.22	ガードレール	情景 ST	1/32	10	トタン	外注 (トイダ)
62	1973.10.27	ガードレール	情景 ST	1/25	20	トタン	外注 (トイダ)
63	1973.10.4	テレビアンテナ	情景 ST	1/25	40	針金	
64	1973.11.12	テレビアンテナ	情景 ST	1/10	9	針金	
65	1973.10.4	看板・広告等	情景 ST	各スケール	数百	ベニヤ	
66	1973.11.13	看板・広告等	情景 ST	各スケール	30	ベニヤ	
67	1973.10.5	電柱	情景 ST	50cm	1	木	UP 用
68	1973.10.8	歩道橋	情景 ST	1m	1	トタン・鉛	外注 (トイダ)
69	1973.10.8	信号機	情景 ST	30cm	6	トタン	外注 (トイダ)
70	1973.10.8	信号配電器	情景 ST		1	バルサ	
71	1973.10.5	水銀灯 A	情景 ST	1/20	20	トタン	外注 (トイダ)
72	1973.10.26	水銀灯 A	情景 ST	1/20	30	トタン	外注 (トイダ)
73	1973.10.5	水銀灯 B	情景 ST	1/20	20	トタン	外注 (トイダ)
74	1973.10.8	ビル電波塔 3 種	情景 ST	2 倍	3	トタン	外注 (トイダ)
75	1973.10.8	民家 3 種	情景 ST	1/16	3	ベニヤ	
76	1973.10.8	エアコン ダクト	情景 ST	40cm	1	トタン	外注 (トイダ)
77	1973.10.8	エアコン ダクト	情景 ST	20cm	1	トタン	外注 (トイダ)
78	1973.10.8	公園内案内標識	情景 ST	1/20	5	バルサ	
79	1973.10.8	パーキングメーター	情景 ST	1/20	11	ベニヤ	未写
80	1973.10.8	バス停	情景 ST	1/20	2	ベニヤ	未写
81	1973.10.8	ベンチ	情景 ST	1/20	6	バルサ	未写
82	1973.10.9	消火栓ポール	情景 ST	1/16	1	朴・針金	
83	1973.10.9	商店 本屋	情景 ST	1/10	1	ベニヤ・朴	UP 用
84	1973.10.9	ポスト	情景 ST	1/20	3	ラワン	
85	1973.11.15	ポスト	情景 ST	1/10	1	ラワン	被火災
86	1973.10.10	ガソリンスタンド小物 カーウォッシャー	情景 ST	1/10	1	朴・ベニヤ・バルサ	
87	1973.10.10	ガソリンスタンド小物 給油機	情景 ST	1/10	1	朴・ベニヤ・バルサ	
88	1973.10.10	ガソリンスタンド小物 移動給油機	情景 ST	1/10	2	朴・ベニヤ・バルサ	
89	1973.10.10	ガソリンスタンド小物 電気機器	情景 ST	1/10	1	朴・ベニヤ・バルサ	
90	1973.10.10	ガソリンスタンド小物 整理棚	情景 ST	1/10	4	朴・ベニヤ・バルサ	
91	1973.10.10	ガソリンスタンド小物 ショーウインドー	情景 ST	1/10	3	朴・ベニヤ・バルサ	
92	1973.10.10	ガソリンスタンド小物 カウンター	情景 ST	1/10	1	朴・ベニヤ・バルサ	
93	1973.10.10	ガソリンスタンド小物 丸テーブル・イス	情景 ST	1/10	2	朴・ベニヤ・バルサ	
94	1973.10.10	ガソリンスタンド小物 電話	情景 ST	1/10	1	朴・ベニヤ・バルサ	
95	1973.10.10	ガソリンスタンド小物 花壇	情景 ST	1/10	4	朴・ベニヤ・バルサ	
96	1973.10.31	ESSO 長沼給油所	情景 ST	1/25	1	朴・ベニヤ・バルサ	(架空)
97	1973.10.18	広告塔	情景 ST	1/20	1	ベニヤ	
98	1973.10.16	パネル看板 各種	情景 ST	15cmx30cm	10	ジュラ板	破壊用
99	1973.10.16	パネル看板 各種	情景 ST	15cmx30cm	15	朴・ベニヤ	
100	1973.10.11	三陸海岸灯台	情景 ST	1/200	7	ベニヤ・バルサ	
101	1973.10.11	三陸海岸付近ノ民家	情景 ST	1/100		ベニヤ・バルサ	
102	1973.10.11	三陸海岸付近ノ民家	情景 ST	1/200	200	ベニヤ・バルサ	
103	1973.10.11	三陸海岸付近ノ民家	情景 ST	1/500		ベニヤ・バルサ	
104	1973.10.11	電信柱 A	情景 ST	1/14.5	20	木・針金	
105	1973.10.11	電信柱 B	情景 ST	1/14.5	8	木・針金	
106	1973.10.11	電信柱 C	情景 ST	1/14.5	5	木・針金	
107	1973.10.20	永代橋 部分	情景 ST	1/25	1	トタン	4mx0.6m、UP 用 、外注
108	1973.10.25-30	浜川崎コンビナートストラクチャー 蒸留塔	情景 ST	1/25	5	トタン	1m、外注
109	1973.10.25-30	浜川崎コンビナート ストラクチャー 蒸留塔	情景 ST	1/25	4	トタン	0.75m、外注
110	1973.10.25-30	浜川崎コンビナートストラクチャー タンク筒型	情景 ST	1/25	5	トタン	0.55m、外注
111	1973.10.25-30	浜川崎コンビナートストラクチャー タンク筒型	情景 ST	1/25	2	トタン	0.45m、外注
112	1973.10.25-30	浜川崎コンビナートストラクチャー タンク平型	情景 ST	1/25	2	トタン	0.6mD、外注
113	1973.10.25-30	浜川崎コンビナートストラクチャー タンク平型	情景 ST	1/25	2	トタン	0.5mD、外注
114	1973.10.25-30	浜川崎コンビナートストラクチャー タンク平型	情景 ST	1/25	2	トタン	0.4mD、外注
115	1973.10.25-30	浜川崎コンビナートストラクチャー タンク球型	情景 ST	1/25	1	石膏	0.85m、爆破用
116	1973.10.25-30	浜川崎コンビナートストラクチャー タンク球型	情景 ST	1/25	4	トタン	0.5m、外注
117	1973.10.25-30	浜川崎コンビナートストラクチャー タンク球型	情景 ST	1/25	5	トタン	0.3m、外注
118	1973.10.23	煙突	情景 ST	1/25	10	エンビパイプ	
119	1973.10.24	ビール箱	情景 ST	1/10	5	バルサ	
120	1973.11.16	ビールビン	情景 ST	1/10	30	バルサ	被火災
121	1973.10.24	植木鉢 3 種	情景 ST	1/10	12	石膏	
122	1973.10.24	ゴミ箱	情景 ST	1/10	3	バルサ	
123	1973.10.25	プロパンガスボンベ	情景 ST	1/10	4	ラワン	未写

124	1973.11.15	プロパンガスボンベ	情景 ST	1/10	5	ラワン	未写
125	1973.10.26	崩落ビル 2 種	情景 ST	1/25	3	ベニヤ・バルサ	崩れた壁ディテールアップ
126	1973.10.29	ポリバケツ	情景 ST	1/20	6	石膏	
127	1973.10.31	ネオンサイン塔 10 種	情景 ST	1/20	10	ベニヤ	
128	1973.11.1	東京タワー 足元部分	情景 ST	1/20	1	トタン	1.5m、外注
129	1973.11.12	被火災 小物 靴下干し	情景 ST	1/10	1	トタン	外注
130	1973.11.13	被火災 小物 子供三輪車	情景 ST	1/10	1	トタン	外注
131	1973.11.13	被火災 小物 ショッピングワゴン	情景 ST	1/10	1	トタン	外注
132	1973.11.13	被火災 小物 ブランコ	情景 ST	1/10	1	トタン	外注
133	1973.11.13	被火災 小物 物干しポール	情景 ST	1/10	6	トタン	外注
134	1973.11.15	大阪城天守閣 部分	情景 ST	1/20	1	ベニヤ・ラワン	外注 、水没用
135	1973.11.20	民家 、工場 、ビル 、農家 各種	情景 ST	1/100 ～ 300	200	木・エンビ板	水没用
136	1973.11.22	芦ノ湖 旅館 、ホテル 、別荘 、民家 各種	情景 ST	1/50 ～ 200	30	木・エンビ板	
137	1973.10.18	ドライバー人形	フィギュア	1/24	55	市販プラモ	
138	1973.11.26	特撮クランクアップ写真タイトル	備品	1.8mx0.9m	1	ベニヤ	作画 (小島)
				計	1290		

【2】『ゴジラ対メカゴジラ』

No	仕上日	アイテム	区分	スケール	数	主材	メモ
1	1974.2.1	メカゴジラ スーツ	キャラクター	1/25	1	FRP・硬質ウレタン	2.5mh
2	1974.2.4	メカゴジラ ロング用	キャラクター	1/250	1	市販トーイ	色変更
3	1974.2.9	メカゴジラ 左手	キャラクター	1/25	1	FRP・バルサ	0.8m
4	1974.2.8	メカゴジラの残骸	キャラクター	1/30 ～ 1/50	1	発泡スチロール	未写
5	1974.2.9	メカゴジラ 飛行態	キャラクター	1/50	1	発泡スチロール	1.2m
6	1974.2.8	キングシーサー スーツ	キャラクター	1/25	1	ウレタン	2.2mh
7	1974.2.16	シーサー 座姿	キャラクター	0.4mh	1	発泡スチロール	特殊効果用
8	1974.2.22	メカゴジラ爪ミサイル	キャラメカ	1/50	10	ラワン・トタン	12cm
9	1974.2.1	メカゴジラ格納庫 ワークトレーラー	キャラメカ	1/25	1	トンカ製トーイ	改造
10	1974.1.31	山切だし	情景 SC	1.8m	10	ベニヤ	
11	1974.2.4	ゴジラ胎岩	情景 SC	1/100	1	発泡スチロール	0.5m
12	1974.1.26	司令室・コントロールパネル	情景 ST	1/12.5	1	ベニヤ・朴	
13	1974.1.29	道路標識 各種	情景 ST	1/25	12	ベニヤ・朴	未写
14	1974.1.29	金網柵	情景 ST	1/20	8	ビニール網・木	未写
15	1974.1.26	電信柱	情景 ST	1/25	10	木	未写
16	1974.1.31	メカゴジラ格納庫 台座	情景 ST	1/25	1	ベニヤ・朴	1mx0.5m
17	1974.1.30	メカゴジラ格納庫 可動リフト	情景 ST	1/25	1	ベニヤ・朴	2m
18	1974.1.30	メカゴジラ格納庫 エレベーター	情景 ST	1/25	1	アクリルボール	12cmD
19	1974.1.31	メカゴジラ格納庫 フレームアングル	情景 ST	1/25	1	トタン	1m、外注
20	1974.2.1	メカゴジラ格納庫 コンピューター 5 種	情景 ST	1/25	6	ラワン・トタン	
21	1974.2.1	メカゴジラ格納庫 ウォール	情景 ST	1/25	1	ベニヤ	2.5m
22	1974.1.31	看板 4 種	情景 ST	1/20	4	ベニヤ	外注 (トイダ)
23	1974.2.4	ガードレール	情景 ST	1/25	40	トタン	外注
24	1974.2.9	ドライブイン	情景 ST	1/25	1	ベニヤ	外注 (トイダ)
25	1974.2.9	メニュー看板	情景 ST	1/25	3	ベニヤ	ムスタング改造
26	1974.2.4	公衆便所	情景 ST	1/25	1	ベニヤ	改造
27	1974.2.5	別荘 3 種	情景 ST	1/25	3	ベニヤ	
28	1974.2.5	ガソリンスタンド	情景 ST	1/25	1	ベニヤ・トタン	
29	1974.2.5	ガソリンスタンド小物 給油機	情景 ST	1/25	2	ベニヤ・トタン	
30	1974.2.5	ガソリンスタンド小物 外灯	情景 ST	1/25	1	ベニヤ・トタン	
31	1974.2.5	ガソリンスタンド小物 看板	情景 ST	1/25	1	ベニヤ・トタン	
32	1974.2.5	ガソリンスタンド小物 広告ポール	情景 ST	1/25	1	ベニヤ・トタン	
33	1974.2.5	ガソリンスタンド小物 広告塔	情景 ST	1/25	1	ベニヤ・トタン	ポンコツに改装
34	1974.2.10	野立看板 箱根名物山菜漬	情景 ST	1/25	1	ベニヤ	(架空)
35	1974.2.10	野立看板 山ノ湯温泉ホテル	情景 ST	1/25	1	ベニヤ	(架空)
36	1974.2.10	外灯 2 種	情景 ST	1/25	18	トタン	外注
37	1974.2.14	沖縄の民家 6 種	情景 ST	1/25	6	ベニヤ・バルサ	
38	1974.2.14	石塀 2 種	情景 ST	1/25	4	ベニヤ・バルサ	未写
39	1974.2.14	墓地	情景 ST	1/25	2	ベニヤ・バルサ	未写
40	1974.2.14	納屋	情景 ST	1/25	1	ベニヤ・バルサ	未写
41	1974.2.18	コンビナート 工場・倉庫	情景 ST	1/25	7	ベニヤ	
42	1974.2.18	コンビナート 送油管	情景 ST	3m	1	木	
43	1974.2.18	コンビナート 送油管	情景 ST	1.5m	3	木	
44	1974.2.18	コンビナート 送油管	情景 ST	0.9m	14	木	外注
45	1974.2.18	コンビナート タンク 各種	情景 ST	1/25	13	石膏、トタン	外注 (トタン)
46	1974.2.18	コンビナート 蒸溜塔 各種	情景 ST	1/25	5	トタン	外注
47	1974.2.18	コンビナート タンク 精油塔 各種	情景 ST	1/25	12	トタン	外注

48	1974.2.19	コンビナート 煙突	情景 ST	0.8mh	3	石膏	
49	1974.2.19	コンビナート 構内看板	情景 ST	1/25	7	ベニヤ	
50	1974.1.9	シーサー	本編置道具	20cmx15cm	2	FRP	外注
51	1973.12.20	空バック	カメラ用素材	1.8mx1.8m	1	ベニヤパネル	雲作画（カメラテスト用）
52	1974.2.19	ゴジラ 切だし	合成素材	1.8mx0.9m	1	ベニヤ	未写
53	1974.2.19	メカゴジラ 切だし	合成素材	1.8mx0.9m	1	ベニヤ	未写
54	1974.2.23	特撮クランクアップ写真タイトル	備品	1.8mx0.9m	1	ベニヤ	作画 (小島) 未写
				計	234		

【3】『ノストラダムスの大予言』

No	仕上日	アイテム	区分	スケール	数	主材	メモ
1	1974.6.23	奇形児 スーツ	キャラクター	1/1	2	スポンジ・ウレタン	本編用
2	1974.4.8	SST コンコルド	航空	1/132	1	ニットー製プラモ	サンプル
3	1974.4.24	SST コンコルド 02 号 AERO NAFSAD	航空	1/100	1	ニットー製プラモ	(架空)
4	1974.4.24	SST コンコルド 02 号 AERO NAFSAD	航空	1/33	1	バルサ・朴	1.8m、未写
5	1974.4.25	SST コンコルド 胴体部分	航空	1/10	1	ベニヤ・トタン	33cmD、未写
6	1974.5.28	A 国 (USA) ICBM	航空	1/28	1	トタン	1.26m、外注
7	1974.5.28	A 国 (USA) ICBM	航空	1/30	1	トタン	1m、外注
8	1974.5.28	A 国 (USA) ICBM	航空	1/40	4	トタン	0.8m、外注
9	1974.5.28	B 国 (CCCP) ICBM	航空	1/28	1	A 国用塗替え	
10	1974.5.28	B 国 (CCCP) ICBM	航空	1/30	1	A 国用塗替え	
11	1974.5.28	B 国 (CCCP) ICBM	航空	1/40	4	A 国用塗替え	
12	1974.4.19	客船 BALLANTINE	艦船	1/400	1	レベル製プラモ	ブラジル号改造 、未写
13	1974.5.9	漁村 漁船	艦船	1/150	10	ラワン	赤潮シーン用
14	1974.5.24	客船 BALLANTINE	艦船	1/92	1	トタン・ベニヤ	2m (架空)
15	1974.6.20	オイルタンカー 切だし	艦船	4.5m	1	ベニヤ	未写
16	1974.6.24	オイルタンカー SANTA MAGDALENA	艦船	6.2m	1	鉄骨・ベニヤ	FRP サフェース、（架空）
17	1974.6.24	貨物船 青木丸	艦船	2m	1	バレンタイン号改装	(架空)
18	1974.4.25	地下鉄銀座線車両	鉄道	1/8	1	ベニヤ・木	2.25m
19	1974.5.21	ショベルカー	車両	1/40	2	ヨネザワ製ミニカー	
20	1974.5.21	いすゞニューダンプ 8t	車両	1/40	3	ヨネザワ製ミニカー	
21	1974.5.21	扶桑 8t ダンプカー	車両	1/50	3	ヨネザワ製ミニカー	
22	1974.5.21	乗用車	車両	1/50	適量	ヨネザワ製ミニカー	
23	1974.5.21	ソ連軍ミサイルトレーラー	車両	1/50	1	トンカ製ミニカー	日野トレーラー改装
24	1974.5.30	アメリカ軍ミサイルトレーラー	車両	1/40	2	ヨネザワ製ミニカー	いすゞダンプ改装
25	1974.6.10	首都高速 乗用車	車両	1/18	4	市販トーイ	
26	1974.6.10	首都高速 乗用車	車両	1/20	8	市販トーイ	
27	1974.6.10	首都高速 乗用車	車両	1/20	180	各社製プラモ	
28	1974.6.10	首都高速 トラック	車両	1/18	6	市販トーイ	
29	1974.6.10	首都高速 バス	車両	1/20	11	市販トーイ	
30	1974.5.7	水爆に侵された地球	宇宙	1/7,072,222	1	FRP	1.8mD
31	1974.5.16	関東平野 レリーフセット	地形	23.4mx18m	1	発泡スチロール	
32	1974.5.10	干上がる沼沢地セット	情景 SC	1/30-1/100	1	土・雑木　他	No7 ステージ
33	1974.5.	水爆戦争後の荒廃した平野セット	情景 SC	フリー	1	土・瓦礫　他	No9 ステージ
34	1974.5.30	サボテン	情景 SC	30cm	2	発泡スチロール	
35	1974.5.30	サボテン	情景 SC	20cm	5	発泡スチロール	
36	1974.5.30	サボテン	情景 SC	12cm	5	発泡スチロール	
37	1974.5.9	漁村 民家	情景 ST	1/150	20	木・プラ板	赤潮シーン用
38	1974.5.11	農家・民家	情景 ST	1/33	7	ベニヤ	沼沢地シーン用
39	1974.5.11	農家・民家	情景 ST	1/50	4	ベニヤ	沼沢地シーン用
40	1974.5.11	物干し・電柱	情景 ST	1/50	適量	桧棒	沼沢地シーン用
41	1974.5.20	民家・ガソリンスタンド	情景 ST	各サイズ	適量	バルサ・石膏	地割れ・鉄砲水シーン用
42	1974.5.23	民家 各種	情景 ST	1/12.5	6	バルサ	
43	1974.5.28	A 国 (USA) ICBM サイト	情景 ST	1/28	1	ベニヤ・ラワン	天扉スライドギミック
44	1974.5.28	A 国 (USA) ICBM サイト	情景 ST	1/30	1	ベニヤ・ラワン	
45	1974.5.28	A 国 (USA) ICBM サイト	情景 ST	1/40	4	ベニヤ・ラワン	
46	1974.5.30	東京ビル街 ビル各種	情景 ST	1/20 ～ 1/25	20	ベニヤ	
47	1974.5.30	東京ビル街 ビル各種	情景 ST	1/20 ～ 1/25	20	ベニヤ	ありものリニューアル
48	1974.6.11	看板 各種	情景 ST	各サイズ	50	ベニヤ	東光中華飯店・NEC 等
49	1974.6.11	広告塔 各種	情景 ST	各サイズ	20	ベニヤ	
50	1974.6.4	信号機	情景 ST	1/25	4	トタン	外注
51	1974.6.4	カードレール	情景 ST	1/25	40	トタン	外注
52	1974.6.4	屋上クレーン	情景 ST	1/50	1	ガイデア製メタルモデル	
53	1974.6.10	東京ビル街・首都高速	情景 ST	1/25	1	ベニヤ	
54	1974.6.10	交通標識	情景 ST	1/16	10	ボール紙・桧棒	未写

55	1974.6.10	交通標識	情景 ST	1/25	8	ボール紙・桧棒	未写
56	1974.6.10	電柱	情景 ST	1/20	3	木	未写
57	1974.6.10	電柱	情景 ST	1/25	10	木	未写
58	1974.6.10	電柱	情景 ST	1/50	10	木	未写
59	1974.6.10	外灯	情景 ST	1/25	44	トタン	外注 、未写
60	1974.6.10	電波塔・UHF アンテナ・送電塔	情景 ST	1/30	2	トタン	外注 、未写
61	1974.6.10	電波塔・UHF アンテナ・送電塔	情景 ST	1/50	12	トタン	外注 、未写
62	1974.6.10	ビル エアコンダクト	情景 ST	1/25	4	トタン	外注 、未写
63	1974.6.12	ビル街 切だし	情景 ST	1.8m	4	ベニヤ	未写
64	1974.6.13	原子力発電所 建造物各種	情景 ST	1/25 ～ 1/30	10	石膏	未写
65	1974.6.24	コンビナートセット	情景 ST	1/25	1	ベニヤ・他	大プール
66	1974.6.24	倉庫	情景 ST	1/20	1	石膏	爆破用
67	1974.6.24	ガスタンク・オイルタンク	情景 ST	1/20 ～ 1/25	8	トタン	外注
68	1974.6.24	ガスタンク・オイルタンク	情景 ST	1/20 ～ 1/25	6	石膏	外注
69	1974.6.11	廃墟の東京・ビル残骸	情景 ST	1/30	2	発泡スチロール	
70	1974.6.11	廃墟の東京・ビル残骸	情景 ST	1/100	15	ボール紙	
71	1974.6.23	ミミズ	動物	1/1	3	スポンジ・ウレタン	1.25m、本編用
72	1974.5.8	竹刀	小道具	1/1	1	シリコン	本編用
73	1974.6.15	腐った人間の腕	小道具	1/1	1	ウレタン	本編用 、外注 、未写
74		特撮クランクアップ写真タイトル	備品	1.8mx0.9m	1	ベニヤ	作画 (小島) 未写
				計	625		

【4】『エスパイ』

No	仕上日	アイテム	区分	スケール	数	主材	メモ
1	1974.11.7	ボーイング 737-200 BALTONIA 特別機	航空	1/100	1	ニットー製プラモ	(架空)
2	1974.11.7	ボーイング 737-200	航空	1/100	1	ニットー製プラモ	カメラテスト用アルミテープ全貼
3	1974.11.18	ボーイング 737-200	航空	1/50	1	ニットー製プラモ	B747 改造
4	1974.11.18	ボーイング 737-200	航空	1/12	1	ベニヤ・バルサ	2.4m
5	1974.11.18	ボーイング 737-200	航空	1/30	1	ベニヤ・バルサ	1.1m
6	1974.11.22	ボーイング 737-200 部分 (立半割)	航空	1/5	1	ベニヤ・バルサ	4m
7	1974.11.7	ビル建設資材	情景 ST	1/20	21	ベニヤ	1m、外注
8	1974.11.24	会議場 柱	情景 ST	1/5	1	木	1.6m
9	1974.11.24	会議場 柱	情景 ST	1/5	2	石膏	1.6m
10	1974.11.26	会議場 壁	情景 ST	1/20	1	石膏	
11	1974.11.27	ウルロフの館 (大倉山国立精神研究所)	情景 ST	1/10	1	ベニヤ・バルサ・石膏	崩壊・炎上シーン用
			計	32			

【5】『メカゴジラの逆襲』

No	仕上日	アイテム	区分	スケール	数	主材	メモ
1	1975.1.28	桂の人工心臓	キャラクター	10cmx7cm	1	アリモノメカスクラッチ	
2	1975.1.25	メカゴジラ II スーツ	キャラクター	1/25	1	FRP・ウレタン	
3	1975.2.5	メカゴジラ II スーツ	キャラクター	1/25	1	旧スーツ改造	
4	1975.2.6	メカゴジラ II 飛行態	キャラクター	1/50	1	発泡スチロール	
5	1975.2.6	メカゴジラの脳	キャラクター	1/25	1	アクリル・エンビ・ベニヤ	未写
6	1975.1.25	怪獣打込受信器 開	キャラメカ	1/25	2	トタン	外注 、未写
7	1975.1.25	怪獣打込受信器 閉	キャラメカ	1/25	2	トタン	外注 、未写
8	1975.2.12	超音波発信機	キャラメカ	1m	1	金属	未写
9	1975.1.28	ムガール星人の円盤・ランチャー	キャラメカ	1/25	1	FRP・バルサ	
10	1975.2.13	ムガール星人の円盤・ランチャー	キャラメカ	1/25	3	FRP・バルサ	色変更
11	1975.2.4	マグダネルダグラス F4E ファントム II	航空	1/25	1	バルサ・朴	空自 303 飛行隊 47-8332
12	1975.2.4	マグダネルダグラス F4E ファントム II	航空	1/25	1	バルサ・朴	空自 303 飛行隊 47-8335
13	1975.2.4	マグダネルダグラス F4E ファントム II	航空	1/48	1	フジミ製プラモ	空自 303 飛行隊 37-8319
14	1975.2.4	マグダネルダグラス F4E ファントム II	航空	1/48	1	フジミ製プラモ	空自 303 飛行隊 37-8321
15	1975.2.4	マグダネルダグラス F4E ファントム II	航空	1/48	1	フジミ製プラモ	空自 303 飛行隊 37-8325
16	1975.2.4	マグダネルダグラス F4J ファントム II	航空	1/32	1	レベル製プラモ	空自 303 飛行隊 37-8400
17	1975.2.4	マグダネルダグラス F4J ファントム II	航空	1/32	1	レベル製プラモ	空自 303 飛行隊 37-8401
18	1975.2.4	マグダネルダグラス F4J ファントム II	航空	1/32	1	レベル製プラモ	空自 303 飛行隊 37-8622
19	1975.2.4	マグダネルダグラス F4J ファントム II	航空	1/32	1	レベル製プラモ	空自 303 飛行隊 47-8215
20	1975.2.4	マグダネルダグラス F4J ファントム II	航空	1/32	1	レベル製プラモ	空自 303 飛行隊 47-8301
21	1975.2.4	マグダネルダグラス F4J ファントム II	航空	1/32	1	レベル製プラモ	空自 303 飛行隊 47-8305
22	1975.2.4	マグダネルダグラス F4J ファントム II	航空	1/32	1	レベル製プラモ	空自 303 飛行隊 47-8340
23	1975.2.4	マグダネルダグラス F4J ファントム II	航空	1/32	1	レベル製プラモ	空自 303 飛行隊 47-8392
24	1975.2.4	マグダネルダグラス F4J ファントム II	航空	1/32	1	レベル製プラモ	空自 303 飛行隊 57-8402
25	1975.2.3	ベル 204B 朝日ヘリ JA9028	航空	1/16	1	日本沈没アリモノ	
26	1975.2.3	ベル 204B 朝日ヘリ JA9028	航空	1/32	1	市販プラモ	

27	1975.2.3	ベル 204B 朝日ヘリ 腹部分	航空	1/1	1	ベニヤ・紙	3mx2m
28	1975.1.26	海洋開発センター潜水艇あかつき	艦船	1.2m	1	トタン・真鍮	外注
29	1975.1.26	海洋開発センター潜水艇あかつき	艦船	0.6m	1	トタン・真鍮	外注
30	1975.1.18	海洋開発センター潜水艇あかつき	艦船	5cm	1	朴	
31	1975.1.20	ショベルカー	車両	1/20	2	市販トーイ	未写
32	1975.1.20	パワーショベル	車両	1/20	1	市販プラモ	未写
33	1975.1.20	ダンプカー	車両	1/20	4	市販トーイ	未写
34	1975.1.24	乗用車	車両	1/20～1/25	40	市販プラモ	未写
35	1975.2.11	パトカー 神奈川県警	車両	1/20	1	市販プラモ	未写
36	1975.1.24	塀 各種	情景 ST	1/25	適量	ベニヤ	未写
37	1975.1.28	ムガール星人地下基地 パワートランス	情景 ST	1/25	3	ラワン	未写
38	1975.1.28	ムガール星人地下基地 小物各種	情景 ST	1/25～1/50	適量	ラワン	未写
39	1975.1.30	道路工事ガード柵	情景 ST	1/17	3	トタン	
40	1975.1.30	道路工事ガード柵	情景 ST	1/25	10	トタン	
41	1975.1.31	送電塔碍子	情景 ST	1/25	34	朴	
42	1975.1.30	工事資材 鉄板	情景 ST	6cmx4cm	280	ベニヤ	
43	1975.1.30	工事資材 土管 3 種	情景 ST	1/25	100	エンビパイプ	
44	1975.1.30	生コン工場配給塔 2 種	情景 ST	1/25	2	木・ジュラ板	
45	1975.1.30	生コン工場建物	情景 ST	1/25	1	木・ジュラ板	
46	1975.2.5	交通指示標識	情景 ST	1/25	30	ボール紙	未写
47	1975.2.10	看板 5 種	情景 ST	1/25	50	ベニヤ	未写
48	1975.2.12	看板 各種	情景 ST	1/25	20	ベニヤ	未写
49	1975.2.10	広告塔 3 種	情景 ST	1/25	6	ベニヤ	未写
50	1975.2.6	ガードレール	情景 ST	1/25	30	トタン	外注、未写
51	1975.2.6	電波塔 A	情景 ST	1/15	1	トタン	外注、未写
52	1975.2.6	電波塔 A	情景 ST	1/25	1	トタン	外注、未写
53	1975.2.6	電波塔 B	情景 ST	1/15	1	トタン	外注、未写
54	1975.2.6	電波塔 B	情景 ST	1/25	1	トタン	外注、未写
55	1975.2.6	電波塔 C	情景 ST	1/15	1	トタン	外注、未写
56	1975.2.6	電波塔 C	情景 ST	1/25	1	トタン	外注、未写
57	1975.2.10	交通案内標識	情景 ST	1/25	2	トタン	外注、未写
58	1975.2.8	電話ボックス	情景 ST	1/25	5	朴・ベニヤ	未写
59	1975.2.8	ポスト	情景 ST	1/25	3	朴	未写
60	1975.2.12	テレビアンテナ	情景 ST	1/25	20	針金	未写
61	1975.2.11	倉庫	情景 ST	1/25	1	アリモノ	未写
62	1975.2.12	木端	情景 ST	適当	適量	バルサ	未写
63	1975.2.11	コンクリート電柱	情景 ST	1/25	15	バルサ	未写
64	1975.2.12	繋留器	情景 ST	1/25	5	朴	未写
65	1975.2.8	民家 4 種	情景 ST	1/25	4	バルサ	
66	1975.2.11	ガソリンスタンド・小物	情景 ST	1/25	1	ベニヤ・バルサ	
67	1975.2.10	ビル 4 種	情景 ST	1/25	4	石膏	
68	1974.12.25	ムガール星人地球開発本部壁掛	小道具	A3	1	イラストレーションボード	パース画好村直行
69		特撮クランクアップ写真タイトル	備品	1.8mx0.9m	1	ベニヤ	作画 (小島) 未写
				計	719		

【6】『東京湾炎上』

No	仕上日	アイテム	区分	スケール	数	主材	メモ
1	1975.4.7	ロッキード F104J 栄光	航空	1/12.5	1	アリモノリニューアル	空自 206 飛行隊 76-8703
2	1975.5.7	ロッキード F104J 栄光	航空	1/25	1	バルサ・朴	空自 206 飛行隊 76-8703
3	1975.5.7	ロッキード F104J 栄光	航空	1/25	1	バルサ・朴	空自 206 飛行隊 46-8651
4	1975.4.25	ロッキード F104J 栄光	航空	1/100	1	タミヤ製プラモ	空自 206 飛行隊 46-8553
5	1975.4.25	ロッキード F104J 栄光	航空	1/100	1	タミヤ製プラモ	空自 206 飛行隊 46-8561
6	1975.4.25	ロッキード F104J 栄光	航空	1/100	1	タミヤ製プラモ	空自 206 飛行隊 46-8572
7	1975.4.25	ロッキード F104J 栄光	航空	1/100	1	タミヤ製プラモ	空自 206 飛行隊 46-8584
8	1975.5.12	サイドワインダー AAM	航空	20cm	5	画用紙・ジュラ板	アクション用、未写
9	1975.5.10	川崎ヒューズ H500 (OH6J)	航空	1/20	1	ニチモ製プラモ	陸自 8 飛行隊 Ⅷ 31025
10	1975.5.10	川崎ヒューズ H500 (OH6J)	航空	1/20	1	ニチモ製プラモ	陸自 8 飛行隊 Ⅷ 31019
11	1975.5.20	川崎ヒューズ H500 (OH6J)	航空	1/20	1	陸自機塗替	海自 館山基地隊タ -8761
12	1975.5.20	川崎ヒューズ H500 (OH6J)	航空	1/20	1	陸自機塗替	海自 館山基地隊タ -8764
13	1975.5.23	富士ベル HU-1B(EH JG-1542) 41542	航空	1/16	1	日本沈没アリモノ	陸自 東部方面航空隊
14	1975.5.15	ボーイング 737-200	航空	1/12.5	1	エスパイアリモノ	Qannao 航空 (架空)
15	1975.5.15	ボーイング 737-200	航空	1/30	1	エスパイアリモノ	Qannao 航空 (架空)
16	1975.5. 不明	ボーイング 737-200	航空	1/12.5	1	カンナオ機塗替	ALL QAAN AIRWAYS(架空)
17	1975.5. 不明	ボーイング 737-200	航空	1/30	1	カンナオ機塗替	ALL QAAN AIRWAYS(架空)
18	1975.4.27	キャビンクルーザー	艦船	36cm	1	ハセガワ製プラモ	未写
19	1975.5.12	キャビンクルーザー VEEDAM 号	艦船	1/10	1	ベニヤ・朴	(架空)

20	1975.5.16	オイルタンカー YS LINE さうじ丸	艦船	1/40	1	大予言アリモノ改造	6.2m、（架空）
21	1975.5. 不明	オイルタンカー アラビアンライト	艦船	1/40	1	さうじ丸塗替	6.2m、（架空）
22	1975.5. 不明	オイルタンカー K LINE	艦船	1/40	1	アラビアンライト塗替	6.2m、（架空）
23	1975.5.16	漁船	艦船	20cm	5	バルサ・朴	未写
24	1975.5.7	船 2 種	艦船	1/25	30	朴	
25	1975.5.20	タンクローリー、ブルドーザー	車両	各サイズ	適量	市販ミニカー	
26	1975.5.7	鹿児島喜入 CTS ツナガリセット	情景 SC	1/25	1	etc.	
27	1975.5.7	オイルタンク	情景 ST	40cmD	56	トタン	外注
28	1975.5.7	オイルタンク	情景 ST	20cmD	2	トタン	外注
29	1975.5.7	オイルタンク	情景 ST	15cmD	5	トタン	外注
30	1975.5.7	オイルタンク	情景 ST	5cmD	2	トタン	外注
31	1975.5.20	オイルタンク	情景 ST	1/40	56	トタン	外注
32	1975.5.7	ローディングアーム	情景 ST	1/25	5	トタン	外注
33	1975.5.10	ローディングアーム	情景 ST	1/100	5	トタン	外注
34	1975.5.20	ローディングアーム	情景 ST	1/40	5	トタン	外注
35	1975.5.7	ブリッジウェイ	情景 ST	50cm	10	トタン	外注
36	1975.5.20	ブリッジウェイ	情景 ST	1/40	適量	トタン	外注
37	1975.5.7	パイプブリッジ	情景 ST	20cm	28	トタン	外注
38	1975.5.10	パイプブリッジ	情景 ST	1/100	14	トタン	外注
39	1975.5.10	シーバース	情景 ST	1/100	7	トタン	外注
40	1975.5.20	シーバース	情景 ST	1/40	1	トタン	外注
41	1975.5.20	パイプブリッジ	情景 ST	1/40	適量	トタン	外注
42	1975.5.20	ネットフェンス	情景 ST	1/40	適量	トタン	外注
43	1975.5.10	ネットフェンス	情景 ST	1/100	20	トタン	外注
44	1975.4.28	危険火気厳禁 立札	小道具	1.2mx0.6m	2	ベニヤ	本編ロケ用、未写
45	1975.4.30	送油管プレッシャーハンドル	小道具	1/1	2	トタン・バルサ	本編ロケ用、未写
46	1975.5.30	特撮クランクアップ写真タイトル	備品	1.8mx0.9m	1	ベニヤ	作画（小島）
				計	282		

【7】『続・人間革命』

No	仕上日	アイテム	区分	スケール	数	主材	メモ
1	1975.8.30	鎌倉時代村落セット 山等	情景 SC	1/10 ～ 1/25	1	ヒムロ・土	
2	1975.8.30	鎌倉時代 山門	情景 ST	1/15	1	木・バルサ・ワラ	
3	1975.8.30	鎌倉時代 武家屋敷	情景 ST	1/10	1	木・バルサ・ワラ	
4	1975.8.30	鎌倉時代 武家屋敷	情景 ST	1/15	1	木・バルサ・ワラ	
5	1975.8.30	鎌倉時代 民家	情景 ST	1/10 ～ 1/25	50	木・バルサ・ワラ	
6	1975.8.30	鎌倉時代 門	情景 ST	1/10 ～ 1/25	3	木・バルサ・ワラ	
7	1975.8.30	鎌倉時代 橋	情景 ST	1/20	1	木・バルサ・ワラ	
8	1975.8.30	鎌倉時代 塀	情景 ST	1/10	6	石膏	
9	1975.8.30	鎌倉時代 塀	情景 ST	1/15 ～ 1/25	10	バルサ・ワラ	
10	1975.8.30	壊れ材 各種	情景 ST		適量	木・ワラ	
11	1975.9.4	情景ディテールアップ用小物	情景 ST				
12	1975.9.2	鎌倉時代 寺屋根 ロング用	情景 ST	1/25	1	木	
13	1975.9.10	寺院 2 階部分	情景 ST	1/10	1	木	UP 用
14	1975.9.10	寺院 梁部分	情景 ST	1/10	1	木	UP 用
15	1975.7.23	人間の腕・足	小道具	1/1	8	FRP	本編用、 未写
				計	85		

【8】『大空のサムライ』

No	仕上日	アイテム	区分	スケール	数	主材	メモ
1	1976.1.28	零式艦上戦闘機 21 型台南航空隊ラバウル基地 (s17.4 ～ 8)	航空	1/4	1	バルサ・木	外注（アルファ企画）
2	1976.1.28	零式艦上戦闘機 21 型 片翼部分	航空	1/4	1	バルサ・木	外注（アルファ企画）
3	1976.1.27	零式艦上戦闘機 21 型 RC セミスケール	航空	1/8	2	生田無線製キット	外注（生田無線）
4	1976.1.28	零式艦上戦闘機 21 型 UC フルスケール	航空	1/8	2	丸鷹製キット	外注（丸鷹）
5	1976.1.10	零式艦上戦闘機 21 型 エンジン付	航空	1/10	3	バルサ・木	滑走シーン用
6	1976.1.10	零式艦上戦闘機 21 型	航空	1/20	6	バルサ・木	
7	1976.1.22	零式艦上戦闘機 21 型	航空	1/32	20	トミー製プラモ	
8	1975.1.22	零式艦上戦闘機 21 型	航空	1/72	20	ハセガワ製プラモ	
9	1976.2.14	零式艦上戦闘機 21 型 キャノピー部分	航空	2 倍	1	鉄・ステンレス	
10	1976.2.17	零戦 98 式射撃照準器	航空	2 倍	1	ラワン・バルサ・朴	
11	1976.2.25	零戦 98 式射撃照準器 光像	航空	2 倍	2	アクリル板	
12	1976.2.3	一式陸上攻撃機 11 型第 4 航空隊ラバウル基地 (s17.4 ～ 8)	航空	1/10	1	バルサ・木	外注 (TOTO)
13	1976.2.19	一式陸上攻撃機 11 型 片翼部分	航空	1/4	1	B26 改装	金属ペラ（外注）
14	1976.2.5	一式陸上攻撃機 11 型	航空	1/20	3	バルサ・木	外注（郡司）
15	1976.2.5	一式陸上攻撃機 11 型	航空	1/30	3	バルサ・木	外注（郡司）

16	1976.1.27	一式陸上攻撃機 11 型 UC フルスケール	航空	1/20	1	生田無線製キット	外注 (生田無線)
17	1976.1.20	一式陸上攻撃機 11 型	航空	1/72	20	ハセガワ製プラモ	
18	1976.2.12	ボーイング B17E フライングフォートレス爆撃機	航空	1/10	1	バルサ・木	米陸軍爆撃隊外注 (タカノ)
19	1976.2.17	ボーイング B17E フライングフォートレス爆撃機	航空	1/10	1	バルサ・木	外注 (タカノ)
20	1976.2.3	マーチン B26C マローダー爆撃機	航空	1/10	1	バルサ・木	米陸軍爆撃隊、外注
21	1976.2.3	マーチン B26C マローダー 片翼部分	航空	1/4	1	バルサ・木	金属ペラ (外注)
22	1976.2.3	マーチン B26C マローダー爆撃機	航空	1/20	1	バルサ・木	外注 (マーブリング)
23	1976.2.3	マーチン B26C マローダー爆撃機	航空	1/20	2	バルサ・木	外注 (マーブリング)
24	1976.1.22	マーチン B26C マローダー爆撃機	航空	1/72	3	レベル製プラモ	B26B 使用
25	1976.1.27	ベル P39Q エアラコブラ RC セミスケール	航空	1/8	2	生田無線製キット	米陸軍、外注 (生田無線)
26	1976.1.27	ベル P39Q エアラコブラ UC セミスケール	航空	1/8	2	生田無線製キット	外注 (生田無線)
27	1976.2.3	ベル P39Q エアラコブラ 戦闘機	航空	1/10	2	バルサ・木	外注 (TOTO)
28	1976.1.28	ベル P39Q エアラコブラ 戦闘機	航空	1/20	14	バルサ・木	外注 (アルファ企画)
29	1976.2.21	ベル P39Q エアラコブラ 戦闘機	航空	1/20	6	アリモノリニューアル	
30	1976.1.22	ベル P39Q エアラコブラ 戦闘機	航空	1/72	20	ハセガワ製プラモ	
31	1976.1.27	グラマン F4F-4 ワイルドキャット RC セミスケール	航空	1/8	2	バルサ・木	米海軍、外注 (生田無線)
32	1976.2.12	グラマン F4F-4 ワイルドキャット艦上戦闘機	航空	1/10	1	アリモノリニューアル	
33	1976.2.12	グラマン F4F-4 ワイルドキャット艦上戦闘機	航空	1/20	4	バルサ・木	
34	1976.2.20	グラマン F4F-4 ワイルドキャット艦上戦闘機	航空	1/20	2	アリモノリニューアル	
35	1976.2.20	グラマン F4F-4 ワイルドキャット艦上戦闘機	航空	1/32	12	レベル製プラモ	
36	1976.2.10	ダグラス SBD5 ドーントレス艦上爆撃機	航空	1/10	4	バルサ・木	米海軍、外注 (エノモト)
37	1976.2.10	ダグラス SBD5 ドーントレス艦上爆撃機	航空	1/20	4	バルサ・木	
38	1976.1.22	ダグラス SBD5 ドーントレス艦上爆撃機	航空	1/48	8	フジミ製プラモ	SBD4 使用
39	1976.2.13	スーパーマリン スピットファイアー Mk5b 戦闘機	航空	1/20	1	バルサ・木	英空軍基地航空隊
40	1976.2.14	スーパーマリン スピットファイアー Mk5b 戦闘機	航空	1/20	1	P39Q 改造	
41	1975.12.26	スーパーマリン スピットファイアー Mk5b 戦闘機	航空	1/48	1	フジミ製プラモ	サンプル用
42	1976.2.26	燃料給油車	車両	1/10	1	市販トーイ	改造
43	1976.2.26	ラバウル基地 燃料給油車	車両	1/25	1	アリモノリニューアル	
44	1976.2.26	ラバウル飛行場	情景 SC	フリー	1	土・etc.	
45	1976.2.26	ラバウル基地 給水タンク	情景 ST	1/10	1	アリモノリニューアル	
46	1976.2.26	ラバウル基地 燃料・オイルドラム缶	情景 ST	1/10 ～ 1/50	150	トタン、一部木	外注 (トイダ)
47	1976.2.26	ラバウル基地 搭乗員控所 部分	情景 ST	1/5	1	ベニヤ	
48	1976.2.26	ラバウル基地 搭乗員控所	情景 ST	1/10	1	バルサ	
49	1976.2.26	ラバウル基地 対空機銃	情景 ST	1/10 ～ 1/20	17	アリモノリニューアル	
50	1976.1.19	日本機翼 部分	素材	1m	1	ベニヤ	カメラテスト用
51	1976.3.8	特撮クランクアップ写真タイトル	備品	1.8mx0.9m	1	ベニヤ	作画 (長沼)
				計	359		

【9】『不毛地帯』

No	仕上日	アイテム	区分	スケール	数	主材	メモ
1	1976.3.26-4.16	ロッキード F104 試作 1 号機	航空	1/32	1	ハセガワ製プラモ	アメリカ空軍
2	1976.3.26-4.16	ロッキード F104 試作 1 号機	航空	1/20	1	アリモノリニューアル	
3	1976.3.26-4.16	ロッキード F104 試作 1 号機展示ソリッドモデル	航空	1/32	1	特撮用リペイント	改造、本編用
4	1976.3.26-4.16	ジェネラルダイナミック F111A 試作 1 号機	航空	1/36	1	バルサ	本編用展示ソリッドモデル、グラマン F11 を助監督誤選
5	1976.3.26-4.16	デハビランドカナダ DHC2 ビーバー	航空	1/10	1	バルサ	陸上自衛隊
6	1976.3.26-4.16	DHC2 ビーバー 左翼部分	航空	1/5	1	バルサ	未写
7	1976.3.26-4.16	デハビランドカナダ DHC2 ビーバー	航空	1/20	1	ニチモ製プラモ	セスナ 172 改造
8	1976.3.26-4.16	飛行場 オフィス	情景 ST	1/30	2	木・ベニヤ	
9	1976.3.26-4.16	飛行場 格納庫	情景 ST	1/30	4	木・ベニヤ	
10	1976.3.26-4.16	飛行場 コントロールタワー	情景 ST	1/30	1	木・ベニヤ	
11	1976.3.26-4.16	飛行場 コントロールタワー内部 部分	情景 ST	1/30	1	木・ベニヤ	
12	1976.3.26-4.16	飛行場 宿舎	情景 ST	1/30	2	木・ベニヤ	
				計	17		

【10】『インドネシア海軍コーストガードPR映画』

No	仕上日	アイテム	区分	スケール	数	主材	メモ
1	1976.5.21	警備艇 インドネシア海軍コーストガード	艦船	1/12	1	FRP	2.7m
				計	1		

【11】『海上自衛隊PR映画』

No	仕上日	アイテム	区分	スケール	数	主材	メモ
1	1976.12.20	新明和 US1 救難飛行艇 おおとり〔73〕	航空	1/36	1	バルサ・朴	海自 71 航空隊
2	1976.12.20	川崎 P2J 対潜哨戒機 おおわし〔60〕	航空	1/36	1	バルサ・朴	海自 3 航空隊（V7 型図面で製作、一部改造）
3	1976.12.20	川崎 P2J 対潜哨戒機 おおわし〔31〕	航空	1/36	1	使い回し	海自 3 航空隊
4	1976.12.20	なるしお型潜水艦	船舶	1m	1	アリモノリニューアル	
5	1976.12.20	P2J 対潜ホーミング魚雷	航空	1/8	1	朴・トタン	
6	1976.12.20	風向・風力計	情景 ST	1/1	1	実物	
7	1976.12.20	海底岩山	情景 SC	2mx0.5m	1	発泡スチロール・石膏	
				計	7		

【12】『惑星大戦争』

No	仕上日	アイテム	区分	スケール	数	主材	メモ
1	1977.10.27	スペースファイター UNSF	キャラメカ	80cm	7	バルサ	外注 (マーブリング)、未写
2	1977.10.27	スペースファイター UNSF	キャラメカ	40cm	5	バルサ	外注 (マーブリング)、未写
3	1977.10.27	スペースファイター (UNSF)	キャラメカ	17cm	5	バルサ	外注 (マーブリング)、未写
4	1977.10.17	ヘルファイター (大魔艦)	キャラメカ	25cmD	6	FRF	外注 (長プロ)、未写
5	1977.10.17	ヘルファイター (大魔艦)	キャラメカ	12.5cmD	6	FRF	外注 (長プロ)、未写
6	1977.10.17	ヘルファイター (大魔艦)	キャラメカ	5cmD	19	FRF	外注 (長プロ)、未写
7	1977.10.21	ヘルファイター (大魔艦)	キャラメカ	12.5cmD	3	FRF	外注 (長プロ)、未写
8	1977.10.21	ヘルファイター (大魔艦)	キャラメカ	5cmD	6	FRF	外注 (長プロ)、未写
9	1977.11.8	ヘルファイター (大魔艦)	キャラメカ	25cmD	4	FRP	外注 (長プロ)、未写
10	1977.11.8	ヘルファイター (大魔艦)	キャラメカ	12.5cmD	15	FRP	外注 (長プロ)、未写
11	1977.10.21	ヘルファイター (大魔艦)	キャラメカ	12.5cmD	10	エンビ・発泡スチロール	被爆用 、未写
12	1977.10.21	ヘルファイター (大魔艦)	キャラメカ	5cmD	20	エンビ・発泡スチロール	被爆用 、未写
13	1977.10.23	ヘルファイター (大魔艦)	キャラメカ	12.5cmD	12	エンビ・発泡スチロール	被爆用 、未写
14	1977.11.4	ヘルファイター (大魔艦)	キャラメカ	12.5cmD	12	エンビ・発泡スチロール	被爆用 、未写
15	1977.10.19	空対空ミサイル	キャラメカ	10cm	6	ラワン	未写
16	1977.11.2	ランドローバー (轟天搭載)	キャラメカ	50cm	1	朴	外注 、未写
17	1977.11.2	ランドローバー (轟天搭載)	キャラメカ	10cm	1	朴	外注 、未写
18	1977.11.2	轟天 船台	キャラメカ	1/80	1	朴・ベニヤ	未写
19	1977.10.28	宇宙ステーション 部分	キャラメカ	1/200	1	バルサ	外注 、未写
20	1977.10.21	宇宙防衛艦 轟天	キャラメカ	1/80	2	FRP	2.4m、外注 (アルファ企画)
21	1977.10.21	宇宙防衛艦 轟天	キャラメカ	1/160	1	FRP	1.2m、外注 (アルファ企画)
22	1977.11.16	大魔艦 レーザービーム砲	キャラメカ	大	1	ベニヤ・ジュラ板	未写
23	1977.11.16	大魔艦 レーザービーム砲	キャラメカ	小	1	ベニヤ・ジュラ板	未写
24	1977.11.21	大魔艦 艦首ブリッジ	キャラメカ	1/20	1	バルサ	被爆用 、未写
25	1977.10.29	惑星侵略攻撃艦 大魔艦	キャラメカ	1/80	1	バルサ・ベニヤ	2.4m、未写
26	1977.10.29	惑星侵略攻撃艦 大魔艦	キャラメカ	1/160	1	バルサ・ベニヤ	1.2m、未写
27	1977.10.17	マグダネルダグラス F4E ファントム II	航空	1/25	1	アリモノ	ミッドウェイ VF161 101 号機
28	1977.10.17	マグダネルダグラス F4E ファントム II	航空	1/48	1	プラモ	ミッドウェイ VF161 105 号機
29	1977.11.2	ナイキ・アジャックス	航空	40cm	2	朴・トタン	未写
30	1977.10.27	F4E インジェクションシート・パイロット	航空	1/6	4	バルサ	未写
31	1977.10.19	轟天パイロット 人形	フィギュア	1/6	5	マテル製トーイ	未写
32	1977.10.19	轟天パイロット 人形	フィギュア	1/18	1	マテル製トーイ	未写
33	1977.11.7	ガータークレーン	情景 ST	1/80	1	トタン	外注 (トイダ)、未写
34	1977.11.12	轟天 ランドローバー収納室 内部	情景 ST	1/20	1	ベニヤ・エンビパイプ	2.4mx0.9mx0.6m、未写
35	1977.11.12	轟天 リボルバー室 内部	情景 ST	1/20	1	ベニヤ・バルサ・朴	3mx1.8mx1m、未写
36	1977.11.12	轟天 司令室 内部	情景 ST	1/18	1	ベニヤ・バルサ・朴	50cmx30cmx30cm、未写
37	1977.11.17	大魔艦 大広間壁面	情景 ST	1.8mx1.8m	1	ベニヤ・石膏	未写
38	1977.11.21	大魔艦 大広間	情景 ST	1/33	1	バルサ	未写
39	1977.11.24	大魔艦 艦首室内	情景 ST	1/33	1	ベニヤ・石膏	未写
40	1977.11.18	大魔艦 乗組員のマスク	小道具	1/1	3	ラテックス	本編用 、未写
				計	172		

【13】『地震列島』

No	仕上日	アイテム	区分	スケール	数	主材	メモ
1		ボーイング B747SR	航空	2m	1	バルサ	全日空機
2		ボーイング B737	航空	1/10	1	アリモノリニューアル	日航機
3		地下鉄銀座線 2100 系	鉄道	1/10	1	ベニヤ	
4		大型トラック	車両	1/25	1	市販トーイ	星家急送 (架空)
5		乗用車	車両	各サイズ	適量	プラモ・ミニカー	
6		マツダコスモ	車両	1/10	1	木	
7	1980.6.11	羽田飛行場 セット	情景 SC	フリー	1	etc	

8		三軒茶屋 街路 セット	情景 ST	1/25	1	FRP	
9		三軒茶屋 街路 小物 etc	情景 ST	1/25	適量	ベニヤ・トタン	
10		三軒茶屋 首都高速	情景 ST	1/25	1	ベニヤ	
11		三軒茶屋 マンション	情景 ST	1/25	1	ベニヤ	
12		三軒茶屋 民家	情景 ST	1/25	適量	ベニヤ	
13		三軒茶屋 店舗	情景 ST	1/25	適量	ベニヤ	
14	1980.6.13	三軒茶屋 マンション 部分	情景 ST	1/10	1	石膏	
15		被災した東京のディオラマ	情景 ST	約 1/160	1	市販プラモ他	水槽越しに撮影
16	1980.6.25	特撮クランクアップ 写真タイトル	備品	1.8mx0.9m	1	ベニヤ	作画（小島）
				計	12		

【14】『連合艦隊』

No	仕上日	アイテム	区分	スケール	数	主材	メモ
1	1981.1.21	戦艦大和	艦船	1/20	1	金属・FRP	外注（石川島、アルファ企画）
2	1980.12.5	戦艦大和	艦船	1/40	1	木軸・FRP	
3	1981.1.27	戦艦大和	艦船	1/700	1	プラモ	寒天海セット用
4	1981.1.17	空母瑞鶴 甲板部分	艦船	1/10	1	木	発着艦シーン用
5	1980.12.8	空母瑞鶴	艦船	1/40	1	木軸・FRP	外注品をすべて改修
6	1980.12.8	空母瑞鶴	艦船	1/700	1	プラモ	寒天海セット用
7	1981.2.9	空母ホーネット	艦船	1/40	1	瑞鶴改造	現場スクラッチビルド
8	1980.12.10	日本海軍駆逐艦	艦船	1/40	1	木	艦名ナシ
9	1981.1.27	レイテ作戦 艦船	艦船	1/700	適量	プラモ	寒天海セット用
10	1980.12.2	三菱零式艦上戦闘機 21 型 〔E Ⅱ -121〕	航空	1/10	1	バルサ	第 3 艦隊第 1 航空戦隊 2 番艦瑞鶴戦闘機隊茂木中隊長機 (s17.10.26)
11	1981.1.17	三菱零式艦上戦闘機 21 型〔653-113〕	航空	1/10	1	バルサ	第 653 航空隊瑞鶴分遣隊青木機 (s19.10)
12		三菱零式艦上戦闘機 21 型〔ツ -41〕	航空	1/10	1	バルサ	筑波空神風特別攻撃隊小田切正人機 (s20.4.7)
13	1980.12.2	三菱零式艦上戦闘機 21 型 (A6M2)	航空	1/10	1	バルサ	筑波航空隊鹿屋分遣隊機 (s20.4.7)
14	1980.12.2	三菱零式艦上戦闘機 21 型 〔E Ⅱ -121〕	航空	1/20	1	バルサ	第 3 艦隊第 1 航空戦隊 2 番艦瑞鶴戦闘機隊茂木中隊長機 (s17.10.26)
15		三菱零式艦上戦闘機 21 型〔ツ -41〕	航空	1/20	1	バルサ	筑波航空隊神風特別攻撃隊小田切正人機 (s20.4.7)
16		三菱零式艦上戦闘機 21 型	航空	1/32	適量	プラモ	各隊仕出し
17		三菱零式艦上戦闘機 21 型	航空	1/72	適量	プラモ	各隊仕出し
18		愛知九九艦爆 11 型〔E Ⅱ -238〕	航空	1/10	1	バルサ	601 隊瑞鶴分遣隊本郷機 (s19.10)
19		愛知九九艦爆 11 型〔E Ⅱ -238〕	航空	1/20	1	バルサ	601 隊瑞鶴分遣隊本郷機 (s19.10)
20		九七艦攻	航空	1/20	適量	アリモノリニューアル	各隊仕出し
21	1981.2.20	グラマン F4F ワイルドキャット艦上戦闘機	航空	1/10	1	バルサ	空母レキシントン第 19 戦闘中隊 (s19.10)
22	1981.1.28	グラマン F4F ワイルドキャット艦上戦闘機	航空	1/32	適量	プラモ	各艦仕出し
23	1981.1.28	グラマン F4F ワイルドキャット艦上戦闘機	航空	1/72	適量	プラモ	各艦仕出し
24	1981.1.13	グラマン F6F ヘルキャット艦上戦闘機	航空	1/10	1	バルサ	空母ハンコック第 7 戦闘中隊 (s20.4.7)
25		グラマン F6F ヘルキャット艦上戦闘機	航空	1/20	適量	バルサ	空母ハンコック第 7 戦闘中隊 (s20.4.7)
26	1981.1.28	グラマン F6F ヘルキャット艦上戦闘機	航空	1/32	適量	プラモ	各艦仕出し
27	1981.1.28	グラマン F6F ヘルキャット艦上戦闘機	航空	1/48	適量	プラモ	各艦仕出し
28	1981.1.28	グラマン F6F ヘルキャット艦上戦闘機	航空	1/72	適量	プラモ	各艦仕出し
29	1981.2.12	グラマン TBF アベンジャー艦上雷撃機	航空	1/10	1	バルサ	空母レキシントン第 20 雷撃隊 (s19.10)
30		グラマン TBF アベンジャー艦上雷撃機	航空	1/10	1	バルサ	空母ハンコック第 6 雷撃隊 (s20.4.7)
31	1981.1.12	グラマン TBF アベンジャー艦上雷撃機	航空	1/20	適量	バルサ	空母ハンコック第 6 雷撃隊 (s20.4.7)
32	1981.1.12	ダグラス SBD4 ドーントレス艦上爆撃機	航空	1/10	1	バルサ	空母ホーネット第 8 爆撃中隊 B7 (s17.10)
33	1981.1.13	ダグラス SBD4 ドーントレス艦上爆撃機	航空	1/10	1	バルサ	空母レキシントン第 16 爆撃中隊 (s19.10)
34	1981.2.2	ダグラス SBD4 ドーントレス艦上爆撃機	航空	1/10	1	バルサ	空母ヨークタウン第 3 爆撃中隊 (s20.4)
35		ダグラス SBD4 ドーントレス艦上爆撃機	航空	1/10	1	バルサ	空母ハンコック爆撃隊 (s20.4.8)
36		ダグラス SBD4 ドーントレス艦上爆撃機	航空	1/20	適量	バルサ	空母ハンコック爆撃隊 (s20.4.8)
37	1981.1.28	ダグラス SBD4 ドーントレス艦上爆撃機	航空	1/32	適量	プラモ	各艦仕出し
38	1981.1.28	ダグラス SBD4 ドーントレス艦上爆撃機	航空	1/48	適量	プラモ	各艦仕出し
39	1981.1.28	ダグラス SBD4 ドーントレス艦上爆撃機	航空	1/72	適量	プラモ	各艦仕出し
40		他 小物		各サイズ	多数		
41	1981.2.14	特撮クランクアップ写真タイトル	備品	1.8mx0.9m	1	ベニヤ	作画（小島）
				計	25		

【15】『大日本帝国』

No	仕上日	アイテム	区分	スケール	数	主材	メモ
1	1981.10.14	空母加賀（単層飛行甲板）部分	艦船	1/5	1	木軸・FRP	発着艦用
2	1981.10.12	空母加賀（単層飛行甲板）部分	艦船	1/10	1	木軸・FRP	発着艦用
3	1981.10.5	空母加賀（単層飛行甲板）	艦船	1/40	1	木軸・FRP	第 1 航空艦隊 1 航空戦隊 2 番艦 (s16.11)
4	1981.9.29	三菱零式戦闘機 21 型〔501-121〕	航空	1/5	1	バルサ	第 501 航空隊トラック島戦闘機隊大門曹長機 (s19.2)

5	1981.10.2	三菱零式戦闘機 21 型〔A II -141〕	航空	1/5	1	レター変更	1 航戦加賀戦闘機隊西谷二飛曹機 (s16.11)
6	1981.10.14	三菱零式戦闘機 21 型〔A II -135〕	航空	1/5	1	レター変更	1 航戦加賀戦闘機隊大門曹長機 (s16.11)
7	1981.10.20	三菱零式戦闘機 21 型〔A II -143〕	航空	1/5	1	レター変更	1 航戦加賀戦闘機隊 (s16.11)
8	1981.10.12	三菱零式戦闘機 21 型〔251-108〕	航空	1/5	1	レター変更	第 251 航空隊フィリピン・マバラカット基地大門曹長機 (s19.10)
9	1981.10.15	三菱零式戦闘機 21 型〔A II -141 〕	航空	1/10	1	バルサ	1 航戦加賀戦闘機隊西谷二飛曹機 (s16.11)
10	1981.10.15	三菱零式戦闘機 21 型〔 A II -135〕	航空	1/10	1	バルサ	1 航戦加賀戦闘機隊大門曹長機 (s16.11)
11	1981.10.15	三菱零式戦闘機 21 型	航空	1/10	1	バルサ	仕出し
12	1981.10.16	三菱零式戦闘機 21 型〔251-108〕	航空	1/10	1	バルサ	第 251 航空隊フィリピン・マバラカット基地大門曹長機 (s19.10)
13	1981.10.16	三菱零式戦闘機 21 型〔02-112〕	航空	1/10	1	レター変更	第 201 航空隊第 301 飛行隊神風特別攻撃敷島隊江上少尉機 (s19.10)
14	1981.10.16	三菱零式戦闘機 21 型〔02-186〕	航空	1/10	1	レター変更	第 201 航空隊第 301 飛行隊神風特別攻撃敷島隊 (s19.10)
15	1981.10.16	三菱零式戦闘機 21 型〔02-147〕	航空	1/10	1	レター変更	第 201 航空隊第 301 飛行隊神風特別攻撃敷島隊 (s19.10)
16	1981.10.16	三菱零式戦闘機 21 型〔02-158〕	航空	1/10	1	レター変更	第 201 航空隊第 301 飛行隊神風特別攻撃敷島隊 (s19.10)
17	1981.10.16	ダグラス SBD5 ドーントレス艦爆 (グラマン F6F-5 の代用)	航空	1/10	1	バルサ	ヨークタウン第 1 戦闘中隊長 S･ケンジィー中尉機 00K(s19.6)
18	1981.10.20	特撮クランクアップ写真タイトル	備品	1.8mx0.9m	1	ベニヤ	作画 (長沼)
				計	18		

【16】『南十字星』

No	仕上日	アイテム	区分	スケール	数	主材	メモ
1	1982.1.19	旧日本海軍油送艦 神国丸	艦船	1/20	1	FRP･木	
2	1982.1.19	旧日本海軍輸送艦 大正丸	艦船	1/25	1	FRP･木	
3	1982.1.19	旧日本海軍輸送艦 白山丸	艦船	1/25	1	FRP･木	
4	1982.1. 不明	ﾎﾞｰｲﾝｸﾞ B29 ｽｰﾊﾟｰﾌｫｰﾄﾚｽ爆撃機〔28271〕	航空	1/72	1	ｴｱﾌｨｯｸｽ製ﾌﾟﾗﾓ	第 58 爆撃連隊第 468 爆撃大隊第 794 爆撃中隊 (1944.11)
5	1982.1. 不明	ﾎﾞｰｲﾝｸﾞ B29 ｽｰﾊﾟｰﾌｫｰﾄﾚｽ爆撃機〔263350 〕	航空	1/72	1	ｴｱﾌｨｯｸｽ製ﾌﾟﾗﾓ	第 58 爆撃連隊第 468 爆撃大隊第 793 爆撃中隊 (1944.11)
6	1982.1.19	ｼﾝｶﾞﾎﾟｰﾙ港 岸壁、倉庫、ｸﾚｰﾝ 等	情景 ST	1/20	1	ﾍﾞﾆﾔ	
				計	6		

【17】『姫ゆりの塔』

No	仕上日	アイテム	区分	スケール	数	主材	メモ
1	1982.3.15	アメリカ海軍重巡洋艦 A	艦船	4m	2	FRP･木	艦名不明
2	1982.3.15	アメリカ海軍重巡洋艦 B	艦船	4m	2	FRP･木	艦名不明
3	1982.3.15	アメリカ海軍重巡洋艦ソルトレイクシテイ	艦船	3m	1	FRP･木	
4	1982.3.15	アメリカ海軍軽巡洋艦オマハ	艦船	2m	1	FRP･木	
5	1982.2.8	アメリカ艦隊	艦船	1/700	30	プラモ	寒天海用
6	1982.2.5	ウエストランド・ライサンダー Mk I 偵察・連絡機 (パイパーカブの代用)	航空	1/32	1	マッチボックス製	アメリカ陸軍クラーク基地偵察・連絡隊 ROO
7	1982.2.9	グラマン F6F-5 ヘルキャット艦上戦闘機〔22〕	航空	1/10	1	バルサ	護衛空母ラングレイ第 23 戦闘機隊 (s20.3)
8	1982.2.8	グラマン F6F-5 ヘルキャット艦上戦闘機〔22〕	航空	1/32	1	プラモ	護衛空母ラングレイ第 23 戦闘機隊 (s20.3)
9	1982.2.8	グラマン F6F-5 ヘルキャット艦上戦闘機〔25〕	航空	1/32	1	プラモ	護衛空母ラングレイ第 23 戦闘機隊 (s20.3)
10	1982.2.8	グラマン F6F-5 ヘルキャット艦上戦闘機〔18〕	航空	1/32	1	プラモ	護衛空母モンテレイ第 45 戦闘機隊 (s20.3)
11	1982.2.8	グラマン F6F-5 ヘルキャット艦上戦闘機	航空	1/32	1	プラモ	護衛空母モンテレイ第 45 戦闘機隊仕出し (s20.3)
12	1982.2.8	グラマン F6F-5 ヘルキャット艦上戦闘機	航空	1/72	6	プラモ	第 23･45 戦闘機隊仕出
				計	48		

【18】『幻の湖』

No	仕上日	アイテム	区分	スケール	数	主材	メモ
1	1982.2.5	スペースシャトル コロンビア号	航空	1/40	1	バルサ・木	
2	1982.2.5	スペースシャトル コロンビア号	航空	1/100	1	タミヤ製プラモ	
3	1982.3.1	近畿・中京地方地形レリーフ	情景 SC	1/3 万	1	発泡スチロール・他	
4	1982.3.2	NASA 長尾隊員 人形	フィギュア	1/6	1	市販人形・布 他	
5	1982.2.27	地球 部分切だし	宇宙	不明	1	ベニヤ	作画
				計	5		

【19】『日本海大海戦 海ゆかば』

No	仕上日	アイテム	区分	スケール	数	主材	メモ
1	1982.12.28	連合艦隊旗艦 三笠 右舷側部分	艦船	1/8	1	木	8m
2	1983.1.10	戦艦三笠 後部マスト部分	艦船	1/8	1	木	6m
3	1982.12.16	連合艦隊旗艦 三笠	艦船	1/22	1	FRP・木	6m
4	1982.12.25	連合艦隊旗艦 三笠 煙突部分	艦船	1/8	1	ベニヤ	1.8m なめ用
5	1982.12.25	連合艦隊旗艦 三笠	艦船	1/320	1	木	41cm 寒天海用
6	1982.12.18	連合艦隊戦艦 敷島	艦船	1/22	1	FRP・木	6m
7	1982.12.18	連合艦隊 切だし	艦船	各サイズ	6	ベニヤ	作画
8	1982.12.17	哨戒艦 信濃丸 切だし	艦船	1.8m	1	ベニヤ	作画
9	1982.12.23	バルチック艦隊旗艦 スワロフ	艦船	1/22	1	FRP・木	5.5m
10	1982.12.9	バルチック艦隊旗艦 スワロフ 切だし	艦船	1.8mhx0.9m	1	ベニヤ	作画
11	1982.12.23	バルチック艦隊戦艦 A	艦船	1/22	1	三笠	艤装飾り替え
12	1982.12.23	バルチック艦隊戦艦 B	艦船	1/22	1	敷島	艤装飾り替え
13	1982.12.23	バルチック艦隊 切だし	艦船	各サイズ	6	ベニヤ	作画
14	1982.12.16	呉・佐世保の半島 切だし	情景 SC	不明	1	ベニヤ	作画 、使い回
15	1982.12.25	佐世保の半島と寒天の海	情景 SC	フリー	1	ベニヤ・寒天	
16	1983.1.10	特撮クランクアップ写真タイトル	備品	1.8m	2	ベニヤ	スワロフ切だし作画 (長沼)
			計	27			

【20】『さよならジュピター』

No	仕上日	アイテム	区分	スケール	数	主材	メモ
1	1983.6.8	ミネルバ	キャラメカ	1/1389	1	アクリル	外注 (オガワモデル)
2	1983.6.13	ミネルバ ドッキキングベイ 部分	キャラメカ	1/100	1	木軸・プラ板・厚紙	
3	1983.6.13	ミネルバ 居住区部分	キャラメカ	1/5	1	木軸・プラ板・厚紙	
4	1983.6.6	ミネルバ 居住区部分	キャラメカ	1/100	1	木軸・プラ板・厚紙	
7	1983.4.13	惑星間フェリー TOKYO III	キャラメカ	1/200	1	アクリル	外注 (オガワモデル)
8	1983.4.18	惑星間フェリー TOKYO III 小型フェリー	キャラメカ	1/250	1	アクリル	外注 (オガワモデル)
9	1983.7.8	スペースアロー コクピット部分	キャラメカ	1/50	1	木・プラ	作画
10	1983.4.18	スペースアロー	キャラメカ	1/200	1	アクリル・プラ板	外注 (オガワモデル)
11	1983.4.27	木星探査母船 ミューズ 12	キャラメカ	不明	1	アクリル	外注 (オガワモデル)
12	1983.3.31	ミューズ探査艇 ジェイド III	キャラメカ	40cm	1	FRP	作画
13	1983.6.27	フラッシュバード 船首部分	キャラメカ	1/67	1	木軸	UP 用
14	1983.6.28	退避船 フラッシュバード	キャラメカ	1/200	1	アクリル	外注 (オガワモデル)
15	1983.4.19	連絡艇	キャラメカ	1/200	1	アクリル	外注 (オガワモデル)
16	1983.4.19	連絡艇	キャラメカ	1/46.8	1	アクリル	外注 (オガワモデル)
17	1983.6.27	貨物艇	キャラメカ	1/47	1	アクリル	外注 (オガワモデル)
18	1983.6.27	貨物艇	キャラメカ	小	1	アクリル	外注 (オガワモデル)
19	1983.7.8	救命脱出艇 スペースレスキュー	キャラメカ	1/7.7	1	アクリル	外注 (オガワモデル)
20	1983.7.8	救命脱出艇 スペースレスキュー	キャラメカ	1/47	1	アクリル	外注 (オガワモデル)
21	1983.5.20	ジュピターゴースト	キャラメカ	1/125000	1	FRP	2.5m
22	1983.5.20	ジュピターゴースト 部分	キャラメカ	1/41667	1	FRP	6m
23	1983.6.6	木星加速装置	キャラメカ	4m	1	鉄骨・木軸	
24	1983.4.9	火星極冠 ダム	情景 SC	フリー	1	ポリ板・石膏	
25	1983.4.9	火星極冠 地表セット	情景 SC	フリー	1	石膏	
26	1983.4.15	火星極冠 ナスカ絵セット	情景 SC	フリー	1	レンガ粉	
27	1983.6.18	火星極冠 パネル	情景 SC	フリー	1	ベニヤ	作画
28	1983.4.19	小惑星 地表	情景 SC	フリー	1	石膏	
29	1983.4.27	木星大気圏 背景	情景 SC	フリー	1	ホリゾント	作画
30	1983.6.8	木星 背景	情景 SC	フリー	1	ホリゾント	作画
31	1983.6.8	イオ地表セット	情景 SC	フリー	1	石膏	
32	1983.6.9	イオ地表 背景	情景 SC	フリー	1	ベニヤ	作画
33	1983.6.28	ミネルバ サブドッキングベイトンネル内部	情景 ST	不明	1	木軸・ベニヤ	内ビキ用
34	1983.7.8	ミネルバ ドッキキングベイ 格納庫	情景 ST	1/50	1	木軸	内ビキ用
35	1983.4.27	木星大気圏 大赤斑 (回転マシーン)	仕掛け	フリー	1	FRP	
36	1983.6.9	イオ地表セット (ドラム)	仕掛け	フリー	1	ゴム	
37	1983.7.1	特撮クランクアップ写真タイトル	備品	1.8mx0.9m	1	ベニヤ	作画 (長沼)
			計	35			

【21】『零戦燃ゆ』

No	仕上日	アイテム	区分	スケール	数	主材	メモ
1	1984.5.16	三菱零戦 21 型 コクピット・照準器	航空	1/1	1	木	主観なめ用
2	1984.3.23	三菱零式艦上戦闘機 21 型	航空	1/5	1	バルサ	X-160
3	1984.4.12	三菱零式艦上戦闘機 21 型	航空	1/5	1	レター変更	X-101,T2-106,T-141

4	1984.4.20	三菱零式艦上戦闘機 21 型	航空	1/5	1	リペイント	下川機、(s16)
5	1984. 不明	三菱零式艦上戦闘機 21 型	航空	1/10	5	バルサ	T2-106 他
6	1984.5.12	三菱零式艦上戦闘機 21 型	航空	1/10	1	レター変更	T2-141
7	1984.4.3	三菱零戦 21 型 片翼被弾機	航空	1/10	1	バルサ	浜田機 X-146
8	1984.5.26	三菱零式艦上戦闘機 21 型	航空	1/10	1	塗替え	米ライトパターソン空軍基地テスト飛行時
9	1984.3.25	三菱零式艦上戦闘機 21 型	航空	1/20	6	バルサ	
10	1984.3.16	三菱零式艦上戦闘機 21 型	航空	1/32	2	プラモ	
11	1984. 不明	三菱零式艦上戦闘機 21 型	航空	1/48	適量	プラモ	
12	1984.5.26	三菱一式陸上攻撃機 11 型	航空	1/10	1	バルサ	T1-308
13	1984.5.26	三菱一式陸上攻撃機 11 型	航空	1/10	1	レター変更	T1-314
14	1984.5.26	三菱一式陸上攻撃機 11 型	航空	1/10	1	レター変更	T1-330
15	1984.3.30	三菱一式陸上攻撃機 11 型	航空	1/20	1	バルサ	T1-308
16	1984.3.30	三菱一式陸上攻撃機 11 型	航空	1/30	適量	バルサ	
17	1984.3.30	グラマン F6F ヘルキャット艦上戦闘機	航空	1/10	2	バルサ	
18	1984.5.21	グラマン F6F ヘルキャット艦上戦闘機	航空	1/10	1	レター変更	米海軍 22
19	1984.3.30	グラマン F6F ヘルキャット艦上戦闘機	航空	1/20	2	バルサ	
20	1984. 不明	グラマン F4F ワイルドキャット艦上戦闘機	航空	1/20	適量	バルサ	
21	1984. 不明	グラマン F4F ワイルドキャット艦上戦闘機	航空	1/32	適量	プラモ	
22	1984.4.24	カーチス P40B ウォーホーク戦闘機	航空	1/10	1	バルサ	米陸軍 16
23	1984.4.24	カーチス P40B ウォーホーク戦闘機	航空	1/20	3	バルサ	米陸軍
24	1984.4.24	カーチス P40B ウォーホーク戦闘機	航空	1/32	3	プラモ	米陸軍
25	1984.5.12	チャンスボート F4U コルセア戦闘機	航空	1/10	1	バルサ	米海軍 00
26	1984.5.21	チャンスボート F4U コルセア戦闘機	航空	1/10	1	レター変更	米海軍 22
27	1984.5.19	チャンスボート F4U コルセア戦闘機	航空	1/20	1	バルサ	米海軍 00
28	1984. 不明	チャンスボート F4U コルセア戦闘機	航空	1/48	1	プラモ	
29	1984.5.14	ロッキード P38 ライトニング戦闘機	航空	1/10	1	バルサ	
30	1984.4.26	ロッキード P38 ライトニング戦闘機	航空	1/16.5	1	バルサ	
31	1984.4.26	ロッキード P38 ライトニング戦闘機	航空	1/20	3	バルサ	
32	1984. 不明	ロッキード P38 ライトニング戦闘機	航空	1/35	2	プラモ	
33	1984.4.26	ロッキード P38 ライトニング戦闘機	航空	1/48	2	プラモ	
34	1984.4.30	ボーイング B29 後上ガンタレット・機体部分	航空	1/1	1	木軸・トタン	特撮なめ用（外注）
35	1984.4.29	ボーイング B29 スーパーフォートレス爆撃機	航空	1/10	1	バルサ	外注（アルファ企画）
36	1984.3.30	ボーイング B29 スーパーフォートレス爆撃機	航空	1/20	2	バルサ	
37	1984.4.29	ボーイング B29 スーパーフォートレス爆撃機	航空	1/72	1	プラモ	
42	1984.3.28	ラバウル基地 セット	情景 SC				
38	1984.3.16	クラークフィールド米軍基地 セット	情景 SC	フリー	1	ありもの飛行機多数	
39	1984.3.16	クラークフィールド米軍基地 格納庫	情景 ST	1/30	3	木	
40	1984.3.16	クラークフィールド米軍基地 兵舎	情景 ST	フリー	1	木	
41	1984.3.16	クラークフィールド米軍基地 燃料タンク	情景 ST	90cmD	3	トタン	外注（トイダ）
43	1983.7.1	特撮クランクアップ写真タイトル	備品	1.8mx0.9m	1	ベニヤ	作画（長沼）
				計	63		

【22】『ゴジラ』

No	仕上日	アイテム	区分	スケール	数	主材	メモ
1	1984.9.5	ゴジラ 脚部分	キャラクター	1/20	1	発泡スチロール	
2	1984.6.13	ゴジラ クレィモデル（スーツ 1/1）	キャラクター	1/40	1	油土	2.3mh
3	1984.7.20	ゴジラ スーツ A	キャラクター	1/40	1	ウレタン	2.3mh
4	1984.8.23	ゴジラ スーツ B	キャラクター	1/40	1	ウレタン	2.3mh
5	1984.3.10	ゴジラ クレィモデル（スーツ 1/2）	キャラクター	1/80	1	油土	1mh
6	1984.4.5	ゴジラ	キャラクター	1/80	1	FRP	1mh
7	1984.9.3	陸自首都防衛移動要塞 T1 号 スーパー X MSBT	キャラメカ	1/40	1	FRP	陸自幕僚幹部実験航空隊（架空）外注（アルファ企画）
8	1984.9.19	スーパー X	キャラメカ	1/40	1	発泡スチロール	踏み潰し用
9	1984.8.9	スーパー X クレイモデル	キャラメカ	1/100	1	油土	
10	1984.7.9	ソビエト核攻撃衛星	キャラメカ	1/10	1	FRP	外注（オガワモデル）
11	1984.9.10	アメリカ核攻撃衛星 ヒョーイ 01	キャラメカ	1/20	1	スクラッチ	（架空）
12	1984.8.26	超音波発信機	キャラメカ	不明	1	金物・木	（架空）
13	1984.8.29	特車ハイパワーレーザービーム車	車両	1/30	1	木・紙	陸自練馬特科 88 部隊（架空）
14	1984.8.29	特車ハイパワーレーザービーム車	車両	1/40	2	木・紙	陸自練馬特科 88 部隊（架空）
15	1984.7.7	ソビエト原潜 シェラ・デルタ級	艦船	4m	1	FRP	外注（アルファ企画）
16	1984.9.24	ソビエト貨物船 バラシェーボ号	艦船	1/40	1	FRP	（架空）
17	1984.7.11	サバ漁船 第 5 八幡丸	艦船	1/10	1	FRP・木	外注（アルファ企画）
18	1984.9.11	ミニットマンⅢ ICBM	航空	1/20	1	アクリル	
19	1984.9.11	ミニットマンⅢ ICBM	航空	1/40	1	アクリル	
20	1984.9.30	三菱 F1CCV 戦闘機〔73-8015〕	航空	1/20	1	バルサ	空自、百里フォックス飛行隊（架空）、外注（ハセガワ）
21	1984.9.30	三菱 F1CCV 戦闘機	航空	1/72	4	プラモ	空自、百里フォックス飛行隊（架空）

22	1984.10.8	ベル AHI-S 攻撃ヘリ〔EA-73422〕	航空	1/10	1	バルサ	陸自東部方面攻撃隊(架空)、外注(ハセガワ)
23	1984.9.27	ベル AHI-S 攻撃ヘリ〔EA-73420〕	航空	1/40	1	バルサ	陸自東部方面攻撃隊(架空)、外注(ハセガワ)
24	1984.9.27	ベル AHI-S 攻撃ヘリ〔EA-73408〕	航空	1/48	1	フジミ製プラモ	陸自東部方面攻撃隊(架空)、
25		ベル AHI-S 攻撃ヘリ	航空	1/72	適量	プラモ	陸自東部方面攻撃隊(架空)
26	1984.8.10	ベル HU1-H ヘリ〔E-41525〕	航空	1/16	1	トタン	陸自東部方面隊 、外注(トイダ)
27	1984.7.19	ベル HU1-H ヘリ	航空	1/32	1	ブラモ	陸自東部方面隊
28	1984.9.25	ベル HU1-H ヘリ〔EH-41627〕	航空	1/32	1	プラモ	陸自東部方面ヘリ隊
29	1984.8.10	ベル HU1-H ヘリ	航空	1/40	1	バルサ	陸自東部方面隊
30	1984.9.5	ベル HU1-H ヘリ〔EH-41525〕	航空	1/40	1	バルサ	陸自
31	1984.9.25	ベル HU1-H ヘリ〔EH-41627〕	航空	1/40	1	バルサ	陸自東部方面ヘリ隊
32	1984.8.10	ベル HU1-H ヘリ	航空	1/72	1	プラモ	陸自東部方面隊
33	1984.9.25	CH47D チヌーク 輸送ヘリ〔HJG-1733〕	航空	1/40	1	バルサ	陸自木更津第 2 ヘリ隊 II 、
34	1984.9.25	バートル V107 II 輸送ヘリ	航空	1/100	1	プラモ	陸自
35	1984.9.5	ロッキード P3C オライオン 対潜哨戒機〔5010〕	航空	1/72	1	プラモ	海自第 6 航空隊(厚木基地)
36	1984.7.23	シコルスキー SH60B 対潜ヘリ〔8022〕	航空	1/30	1	バルサ	海自木更津航空隊
37	1984.7.23	シコルスキー HSS2B 対潜ヘリ〔57〕	航空	1/72	1	プラモ	海自館山第 101 航空隊
38	1984.7.20	ベル 204	航空	1/72	1	プラモ	TNZ 取材ヘリ(架空)
39	1984.9.27	ベル 206B 取材ヘリ	航空	1/40	1	スクラッチ	ポチニュース(架空)
40	1984.10.2	ベル 206B 取材ヘリ	航空	1/40	1	バルサ	PMC タイムス(架空)
41	1984.7.20	アエロスパシアル アルエートIII	航空	1/30	1	ありもの	SBS 静岡中継ヘリ(架空)
42	1984.9.27	アエロスパシアル・アルエートIII 取材ヘリ	航空	1/30	1	SBS 静岡中継ヘリ	リペイント、ポチニュース架空
43	1984.8.21	アエロスパシアル エキュルイユ	航空	1/20	1	バルサ	東都日報ヘリ(架空)、外注(ハセガワ)
44	1984.8.21	アエロスパシアル エキュルイユ	航空	1/40	1	バルサ	東都日報ヘリ(架空)
45	1984.9.27	ボチルスキー PO1 取材ヘリ	航空	1/40	1	スクラッチ	(架空)
46	1984.9.28	AH1-S 改 撮影ヘリ	航空	1/40	1	陸自ヘリ改造リペイント	ティティフィルム(架空)
47	1984.7.28	88 式 600 ミリミサイル車	車両	1/10	1	木	陸自練馬特科部隊
48	1984.7.28	74 式戦車	車両	1/10	1	金属・FRP	陸自練馬特科部隊
49	1984.8.10	75 式多連装ロケット自走車	車両	1/20	1	木・金属	陸自練馬特科部隊(架空)
50	1984.8.10	203mm 自走榴弾砲	車両	1/20	1	木・金属	陸自練馬特科部隊
51	1984.8.10	サーチライト車	車両	1/20	8	ありものトラック改造	陸自練馬特科部隊(架空)
52	1984.8.10	サーチライト車	車両	1/40	3	ありものトラック改造	陸自練馬特科部隊(架空)
53	1984.7.28	機甲部隊 仕出し	車両	1/20 ～ 1/50	30	木	陸自練馬特科部隊
54	1984.8.10	特車 追尾レーダー車	車両	1/40	1	木	陸自練馬特科部隊(架空)
55	1984.8.10	特車 対空レーダー車	車両	1/40	1	木	陸自練馬特科部隊(架空)
56	1984.9.5	乗用車	車両	1/20	4	プラモ	踏み潰し用
57	1984.9.27	東海道山陽新幹線 0 系 1000 先頭車	鉄道	1/40	1	木・他	
58	1984.9.27	東海道山陽新幹線 0 系 1000 電動車	鉄道	1/40	1	木・他	
59	1984.9.27	東海道山陽新幹線 0 系 1000 中間車	鉄道	1/40	2	木・他	
60	1984.9.19	民間人人形・HU1-H ヘリ用	フィギュア	1/16	2	FRP	ヘリ吊下げ本編繋がり
61	1984.9.26	民間人人形・HU1H ヘリ用	フィギュア	1/40	2	プラモ改造	ヘリ吊下げ本編繋がり
62	1984.9.19	自衛隊員人形・HU1H ヘリ用	フィギュア	1/16	1	FRP	ヘリ内
63	1984.9.26	自衛隊員人形・HU1H ヘリ用	フィギュア	1/32	2	プラモ改造	ヘリ吊下げ本編繋がり
64	1984.7.9	地球 背景	宇宙	フリー	1	ホリゾント	作画
65	1984.7.12	大黒島 セット	情景 SC	フリー	1	木軸・トタン	(架空)
66	1984.7.18	井浜原発 セット	情景 SC	1/40	1	etc	(架空)
67	1984.7.18	井浜原子力発電所	情景 ST	1/40	1	石膏・木	(架空)浜岡原発モデル
68	1984.7.28	大井埠頭 セット	情景 ST	1/40 ～	1	etc	
69	1984.7.28	大井埠頭 ガントリークレーン	情景 ST	1/40	3	木	
70	1984.7.28	大井埠頭 ガントリークレーン	情景 ST	1/50	2	木	
71	1984.8.27	新宿 セット	情景 SC	1/50 ～	1	etc	
72	1984.8.27	新宿 ビル各種・建物各種・小物 etc	情景 ST	フリー	多数	etc	
73	1984.8.27	新宿 京王プラザビル	情景 ST	1/50	1	ベニヤ	
74	1984.8.27	新宿 センチュリーハイアットビル	情景 ST	1/50	1	ベニヤ	
75	1984.8.27	新宿 住友ビル	情景 ST	1/50	1	ベニヤ	
76	1984.8.27	新宿 センタービル	情景 ST	1/50	1	ベニヤ	
77	1984.8.27	新宿 ワシントンホテル	情景 ST	1/50	1	ベニヤ	
78	1984.8.27	新宿 NS ビル	情景 ST	1/50	1	ベニヤ	
79	1984.8.27	新宿 安田生命ビル	情景 ST	1/50	1	ベニヤ	
80	1984.8.27	新宿 淀橋 GAS タンク	情景 ST	1/50	1	石膏	
81	1984.9.27	有楽町 セット	情景 ST	1/40 ～	1	etc	
82	1984.9.27	有楽町 ビル各種・建物各種・小物 etc	情景 ST	1/40 ～	多数	etc	
83	1984.10.2	有楽町 部分セット	情景 ST	1/20	1	石膏	踏み潰し用
84	1984.9.27	マリオン	情景 ST	1/40	1	木・アクリル	
85	1984.9.27	A ビル(一部損壊)	情景 ST	1/40	1	木・石膏	HU1 ヘリ救助シーン
86	1984.9.27	東京港 セット	情景 SC	1/40 ～	1	etc	
87	1984.10.4	三原山火口セット	情景 SC	1/80	1	etc	
88		その他諸々小物・ストラクチャー	情景 ST	フリー	多数	etc	
89	1984.10.3	特撮クランクアップ写真タイトル	備品	1.8mx0.9m	1	ベニヤ	作画(長沼)

90	1984.12.24	本編特撮合同完成記念パーティタイトル	備品	1.8mx0.9m	1	ベニヤ	作画（萩原）
				計	138		

【23】『不可殺而（プルガサリ）』

No	仕上日	アイテム	区分	スケール	数	主材	メモ
1	1985.4.20	プルガサリ 成獣クレィモデル	キャラクター	1m	1	油土	
2	1985.5.14	プルガサリ 脚 クレィモデル	キャラクター	スーツ 1/1	1	油土	
3	1985.5.14	プルガサリ 腕手 クレィモデル	キャラクター	スーツ 1/1	1	油土	
4	1985.5.9	プルガサリ 幼獣頭 クレィモデル	キャラクター	スーツ 1/1	1	油土	
5	1985.5.9	プルガサリ 成獣頭 クレィモデル	キャラクター	スーツ 1/1	1	油土	
6	1985.6.7	プルガサリ 幼獣 クレィモデル	キャラクター	スーツ 1/1	1	油土	
7	1985.6.14	プルガサリ 幼獣	キャラクター	10cm	1	ラテックス	
8	1985.6.20	プルガサリ 幼獣スーツ	キャラクター	1/1	1	ラテックス	1.2m
9	1985.5.28	プルガサリ 成獣スーツ	キャラクター	1/1	1	ウレタン	2m
10	1985.7.8	プルガサリ 壮獣スーツ	キャラクター	1/5	1	ウレタン	2m
11	1985.7.8	プルガサリ 老獣スーツ	キャラクター	1/10	1	ウレタン	2m
12	1985.6.20	プルガサリ 老獣フィギュア	キャラクター	1m	1	FRP	
13	1985.7.1	プルガサリ 壮獣頭部	キャラクター	1/5	1	ウレタン	UP 用
14	1985.7.1	プルガサリ 老獣頭部	キャラクター	1/10	1	ウレタン	UP 用
15	1985.6.20	プルガサリ 幼獣ギニョール	キャラクター	60cm	2	ラテックス	コマ撮り用
16	1985.6.28	プルガサリ 壮獣の脚 部分	キャラクター	2.5m	1	発泡スチロール	ギミックメカフレーム
17	1985.5.14	新兵器　投槍車	車両	1/20	2	木	未写　（図面写）
18		民家・砦・他ストラクチャー	情景 ST	1/20 ～ 1/40	適量	木	
				計	19		

【24】『首都消失』

No	仕上日	アイテム	区分	スケール	数	主材	メモ
番外	1986.8.20	SCM N9 超電導励磁波発射機搭載車	キャラメカ	1/1	2	木	本編製作
1	1986.9.10	SCM N10 超電導励磁波発射機搭載車	キャラメカ	1/8	1	木	
2	1986.8.13	EP3E 電子偵察機 右翼部分	航空	1/10	1	バルサ	アメリカ海軍
3	1986.7.25	ロッキード・オライオン EP3E 電子偵察機	航空	1/25	1	バルサ	アメリカ海軍
4	1986.7.25	ロッキード・オライオン EP3E 電子偵察機	航空	1/50	1	バルサ	アメリカ海軍
5	1986.7.14	ロッキード・オライオン EP3E 電子偵察機	航空	1/72	1	プラモ	アメリカ海軍
6	1986.9. 不明	ロッキード・オライオン EP3E 電子偵察機	航空	1/144	1	プラモ	アメリカ海軍
7	1986.8.12	三菱 MU2K 偵察連絡機	航空	1/25	1	バルサ	陸自 LR1 仕様
8	1986.8.11	三菱 MU2K 偵察連絡機	航空	1/50	2	バルサ	陸自 LR1 仕様
9	1986.8.11	三菱 MU2K 偵察連絡機	航空	1/72	2	プラモ	陸自 LR1 仕様
10	1986.9.17	三菱 MU2S 偵察連絡機	航空	1/100	1	鉛	陸自 LR1 仕様
11	1986.8.9	アエロスパシアル AS350B エキュルイユ	航空	1/25	1	バルサ	報道取材ヘリ
12	1986.8.9	アエロスパシアル AS350B エキュルイユ	航空	1/48	1	プラモ	報道取材ヘリ
13	1986.8.9	アエロスパシアル AS350B エキュルイユ	航空	1/72	2	プラモ	報道取材ヘリ
14	1986.9. 不明	シコルスキー SH60B	航空	1/72	1	プラモ	アメリカ空軍
15	1986.9. 不明	シコルスキー UH60	航空	1/72	1	プラモ	陸自偵察搬用ヘリ
16	1986.9. 不明	ベル 204B	航空	1/100	1	鉛	報道取材ヘリ 、仕出し
17	1986.9. 不明	スプライト	航空	1/144	1	プラモ	報道取材ヘリ 、仕出し
18	1986.9.2	三菱 F1 戦闘機	航空	1/72 ～ 1/144	適量	プラモ	空自 、仕出し
19	1986.9.2	F15J 戦闘機	航空	1/72 ～ 1/144	適量	プラモ	空自 、仕出し
20	1986.9.17	エアロスバル	航空	1/144	1	鉛	報道取材 、仕出し
21	1986.7.31	センサードッグ	航空	1/2.5	適量	バルサ・ジュラ板	降下シーンアップ用
22	1986.7.31	センサードッグ	航空	1/20	適量	バルサ・ジュラ板	降下シーンロング用
23	1986.7.31	センサードッグ	航空	1/25	適量	バルサ・ジュラ板	1/25EP3 投下用
24	1986.7.31	センサードッグ	航空	1/50	適量	バルサ・ジュラ板	1/50EP3 投下用
25	1986.8	雲天辺 セット	情景 SC	フリー	1	ドライアイス	渦巻雲仕掛け
26	1986.9.3	団地 セット	情景 SC	フリー	1	etc	
27	1986.9.3	団地 、民家 他	情景 ST		3	ベニヤ・石膏	
28	1986.9.12	箱根連山 セット	情景 SC	フリー	1	etc	
29	1986.9.18	バリヤー雲 セット	情景 SC	フリー	適量	綿	実景 25km の想定
30	1986.5.15	バリヤー雲 カメラテスト用	素材	フリー	1	綿	
31	1986.9.20	特撮クランクアップ写真タイトル	備品	1.8mx0.9m	1	ベニヤ	作画（長沼）
				計	29		

【25】『竹取物語』

No	仕上日	アイテム	区分	スケール	数	主材	メモ
1	1987.3.30	竜 頭首・尾クレイモデル	キャラクター	1/12.5	1	油土	
2	1987.3.30	竜 頭首クレイモデル	キャラクター	1/37.5	1	油土	
3	1987.4.9	竜 全身クレイモデル	キャラクター	1.7m	1	油土	
4	1987.4.27	竜 頭首	キャラクター	1/12.5	1	ラテックス	メカ
5	1987.4.24	竜 尻尾	キャラクター	1/12.5	1	ラテックス	メカ
6	1987.4.25	竜 背中部分	キャラクター	1/12.5	1	ラテックス	海面シーン用
7	1987.3.30	宇宙天女 クレイモデル	キャラクター	30cm	1	油土	
8	1987.7.2	宇宙天女	キャラクター	30cm	1	アクリル・布	
9	1987.3.25	宇宙船 スタディモデル	キャラメカ	30cmD	1	発泡スチロール	
10	1987.6.2	宇宙船	キャラメカ	2mD	1	ポリカーボネイト	外注 (アルファ企画)
11	1987.6.17	宇宙船	キャラメカ	1mD	1	ポリカーボネイト	外注 (アルファ企画)
12	1987.4.17	右大臣船	艦船	1/12.5	1	木	3m、遣唐使船を参考
13	1987.4.21	車持皇子船	艦船	1/12.5	1	右大臣船	リペイント使い回し
14	1987.4.24	大納言船	艦船	1/12.5	1	車持皇子船	リペイント使い回し
15	1987.4.8	人形	フィギュア	1/12.5	多数	ポリ	
16	1987.4.25	竹	情景 SC	フリー	多数	カヤ	
17	1987.4.25	法隆寺五重塔	情景 ST	1/40	1	木キット	
18	1987.4.15	民家	情景 ST	1/40	適量	木	
				計	15		

【26】『さよならの女たち』

No	仕上日	アイテム	区分	スケール	数	主材	メモ
1	1987.11.12	民家セット	情景 ST	1/10	1	木	
				計	1		

【27】『アナザーウェイ D 機関情報』

No	仕上日	アイテム	区分	スケール	数	主材	メモ
1	1988.6.20	なだしお型潜水艦 艦首部分	艦船	1/10	1	木	海自実艦繋がり (本来は伊 51 潜)
2	1988.5.30	なだしお型潜水艦	艦船	1/16	1	木	海自実艦繋がり (本来は伊 51 潜)
3	1988.5.15	なだしお型潜水艦	艦船	1/32	1	アリモノ改造	
4	1988.6.15	戦艦大和	艦船	1/40	1	アリモノ	リニューアル
5	1988.6.7	駆逐艦 A	艦船	5.7m	2	FRP	外注 (マーブリング)
6	1988.6.7	駆逐艦 B	艦船	2m	1	木	
7	1988.6.7	駆逐艦 C	艦船	1/40	1	アリモノ	リニューアル
8	1988.6.2	輸送船 A 半立体	艦船	2m	1	ベニヤ	作画
9	1988.6.2	輸送船 B 半立体	艦船	2m	1	ベニヤ	作画
10	1988.6.2	警備艇	艦船	1m	1	木	
11	1988.6.12	ランチ	艦船	60cm	1	木	
12	1988.6.14	メッサーシュミット Me109E9 戦闘機	航空	1/10	1	アリモノ P39Q 改造	ドイツ空軍仕出し
13	1988.6.3	メッサーシュミット Me109E9 戦闘機	航空	1/20	1	バルサ	ドイツ空軍 仕出し
14	1988.6.24	メッサーシュミット Me109E9 戦闘機	航空	1/32	1	プラモ	ドイツ空軍 仕出し
15	1988.6.23	メッサーシュミット Me109E9 戦闘機	航空	1/48	1	プラモ	ドイツ空軍 仕出し
16	1988.6.15	半島 レリーフ	情景 SC	フリー	1	ベニヤ・ヒムロ	
17	1988.6.15	山 ロング切だし	情景 SC	フリー	1	ヘニヤ	作画
18	1988.6.28	特撮クランクアップ写真タイトル 伊 51 切だし	備品	1.8m	1	ベニヤ	作画 (長沼)
19	1988.6.28	特撮クランクアップ写真タイトル	備品	1.8mx0.9m	1	ベニヤ	作画 (小島)
				計	20		

【28】『ゴジラ vs ビオランテ』

No	仕上日	アイテム	区分	スケール	数	主材	メモ
1		ゴジラ クレイモデル	キャラクター	1/50	1	油土	
2		ゴジラ スーツ A	キャラクター	1/50	1	ウレタン	
3		ゴジラ スーツ B	キャラクター	1/50	1	ウレタン	海用
4	1989.10.5	ゴジラ 上半身	キャラクター	1/50	1	ラテックス	ワイヤーコントロール
5	1989.7.10	ゴジラ クレイモデル	キャラクター	1/100	1	油土	1m
6		ゴジラ	キャラクター	1/100	1	FRP	
7		ゴジラ 泳姿態	キャラクター	1/100	1	ラテックス	
8	1989.10.12	ゴジラ ギニョール	キャラクター		1	シリコン	コマ撮り用 、外注
9	1989.10.10	ゴジラ 表皮	キャラクター	フリー	1	ラテックス	
10	1989.9.7	ビオランテ A	キャラクター	1/50	1	ウレタン	外注 (ビルドアップ)

11	1989.10.19	ビオランテ B	キャラクター	1/50	1	ウレタン	外注 (ビルドアップ)
12	1989.10.19	ビオランテ B 触手	キャラクター	1/50	多数	ウレタン	外注 (ビルドアップ)
13	1989.6.21	スーパー X II クレィモデル デザイン 1	キャラメカ	25cm	1	油土	
14	1989.7.11	スーパー X II スタディモデル デザイン 2	キャラメカ	1/100	1	発泡スチロール	
15	1989.7.11	スーパー X II スタディモデル デザイン 3	キャラメカ	1/100	1	発泡スチロール	
16	1989.7.11	スーパー X II スタディモデル デザイン 4	キャラメカ	1/100	1	発泡スチロール	
17	1989.7.12	スーパー X II コンセプトモデル	キャラメカ	1/100	1	発泡スチロール	決定デザイン
18	1989.7.12	スーパー X II クレィモデル	キャラメカ	1/33	1	油土	
19	1989.8.28	スーパー X II DAG-MBS 02	キャラメカ	1/33	1	FRP	陸自幕幹実験航空隊、外注(ビーグル)
20	1989.8.28	スーパー X II DAG-MBS 02	キャラメカ	1/50	1	FRP	外注 (ビーグル)
21	1989.8.28	スーパー X II DAG-MBS 02	キャラメカ	1/50	1	発泡スチロール	爆破用
22	1989.8.28	スーパー X II 魚雷	キャラメカ	1/33	5	アクリル	赤レーザー電飾付
23	1989.10.27	スーパー X II 艦首内部メカ	キャラメカ	1/33	1	FRP	
24	1989.10.18	スーパー ミサイル (Sx II 搭載)	キャラメカ	1/33	10	バルサ・ジュラ板	
25	1989.10.18	スーパー ナパーム (Sx II 搭載)	キャラメカ	1/33	10	バルサ・ジュラ板	
26	1989.8.19	92 式メーサー戦車 コンセプトモデル	キャラメカ	1/40	1	発泡スチロール	
27	1989.10.16	92 式メーサー戦車 DAG-MB92	キャラメカ	1/18	1	FRP	陸自ムササビ部隊(架空)外注(オガワモデル)
28	1989.10.16	92 式メーサー戦車 DAG-MB92	キャラメカ	1/28	2	FRP	陸自ムササビ部隊(架空)外注(オガワモデル)
29		M6000 サンダービームシステム車	キャラメカ	1/25	2	FRP	陸自 、外注 (クラフトポイント)
30		M6000 サンダービームシステム車	キャラメカ	1/50	適量	FRP	陸自 、外注 (クラフトポイント)
31		M6000 サンダービームシステム車	キャラメカ	1/75	適量	FRP	陸自 、外注 (クラフトポイント)
32		M6000 サンダービームシステム車	キャラメカ	1/100	適量	FRP	陸自 、外注 (クラフトポイント)
33	1989.10.30	M6000TCS グランドポイント	キャラメカ	1/12.5	1	FRP	外注品 (クラフトポイント)
34	1989.10.30	M6000TCS グランドポイント	キャラメカ	1/25 ～ 1/50	多数	FRP	外注 (クラフトポイント)
35		ANB 弾	キャラメカ	1/3	3	真鍮	バクテリア注入回転メカ付
36	1989.10.16	サーチライト車 A	キャラメカ	1/10	1	市販トーイ	陸自
37	1989.10.16	サーチライト車 B	キャラメカ	1/10	1	市販トーイ	陸自
38	1989.8.15	護衛艦 ひえい	艦船	1/50	1	木	3.2m 海自 DD142
39	1989.8.15	護衛艦 はつゆき	艦船	1/65	1	木	2m 海自 DD122
40		水上バス	艦船	1/40	1	プラ	外注 (ビーグル)
41		船外エンジンボート	艦船	1/32	1	木	
42	1989.10.21	ベル AH1S 攻撃ヘリ	航空	1/10	1	アリモノ	リニューアル 、陸自
43		ベル HU1-H ヘリ	航空	1/16	1	トタン	陸自
44		ベル HU1-H ヘリ〔MH-41000〕	航空	1/40	1	バルサ	陸自中部方面ヘリ隊
45		ベル HU1-H ヘリ 迷彩	航空	1/40	1	バルサ	陸自
46		OH1 ヘリ	航空	1/20	1	トタン	陸自
47		アエロスパシアル・エキュルイユ	航空	1/20	1	バルサ	陸自
48		マグダネル・ダグラス F15DJ	航空	1/32	2	プラモ	空自
49		ペトリオット ミサイル車	車両	1/10	1	木	陸自
50		ペトリオット ミサイル	車両	1/10	4	バルサ・ジュラ板	陸自
51	1989.10.18	ペトリオット ミサイル	車両	1/25	6	バルサ・ジュラ板	陸自
52	1989.10.16	90 式戦車	車両	1/10	1	FRP	陸自 、外注 (ビーグル) 台車ありもの
53	1989.10.16	90 式戦車	車両	1/35	11	FRP	陸自 、外注 (ビーグル)
54		自衛隊員	フィギュア	1/32	2	プラモ	陸自
55	1989.7.12	芦ノ湖 プランニングコンタ	情景 SC	60cmx40cm	1	スチレンボード・油土	
56	1989.9.7	芦ノ湖 セット	情景 SC	フリー	1	etc	
57	1989.7.22	大阪中之島プランニングモデル	情景 SC	1mx0.6m	1	スチレンボード	
58		大阪中之島ビジネスパーク セット	情景 ST	フリー	1	etc	
59		中之島 ビル・建物	情景 ST	1/50	多数	木	
60		屋上クレーン	情景 ST	1/50	2	木	
61		中之島 高層ビル	情景 ST	1/50	5	木	オープンセット
62	1989.10.12	関西空港ヘリポートタワー (建設中)	情景 ST	1/50	1	木	
63	若狭 セット	情景シーナリィ	フリー	1	etc		
64	1989.10.27	三友重工 格納庫セット	情景 ST	1/33	1	木・金物	(架空)
65	1989.10.27	スーパー X II メンテドッグドーリー	情景 ST	1/33	1	木	
66	1989.11.3	特撮クランクアップ写真タイトル	備品	1.8mx0.9m	1	ベニヤ	作画 (長沼)
				計	111		

【発掘】『スーパーX2』と『メーサー車』図面

ゴジラVSビオランテより

本書を作成するにあたり、いろいろと資料を整理していたらこんなものがでてきた。皆さんご存知の通り、『ゴジラVSビオランテ』に登場するキャラクターメカ、スーパーX２と91式メーサー車の図面だ。

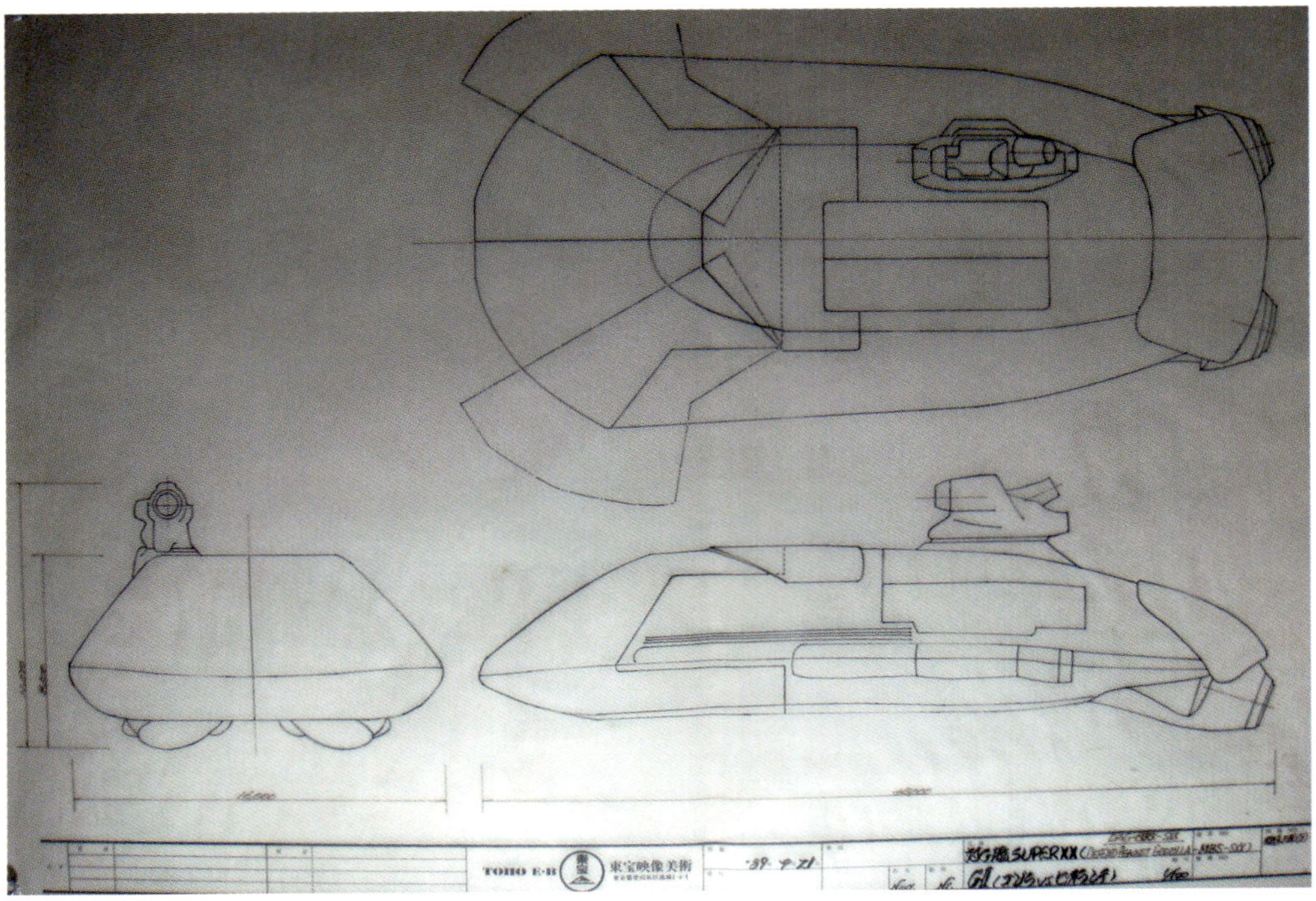

▲▼筆者が当時作図したスーパー X2 の図面。エンジンノズルがハの字になっており、模型もそのように製作したが、川北監督の「後ろから見た時に 2 つ見えなければダメだ」との指示により、撮影時には並行になるように改修されている。

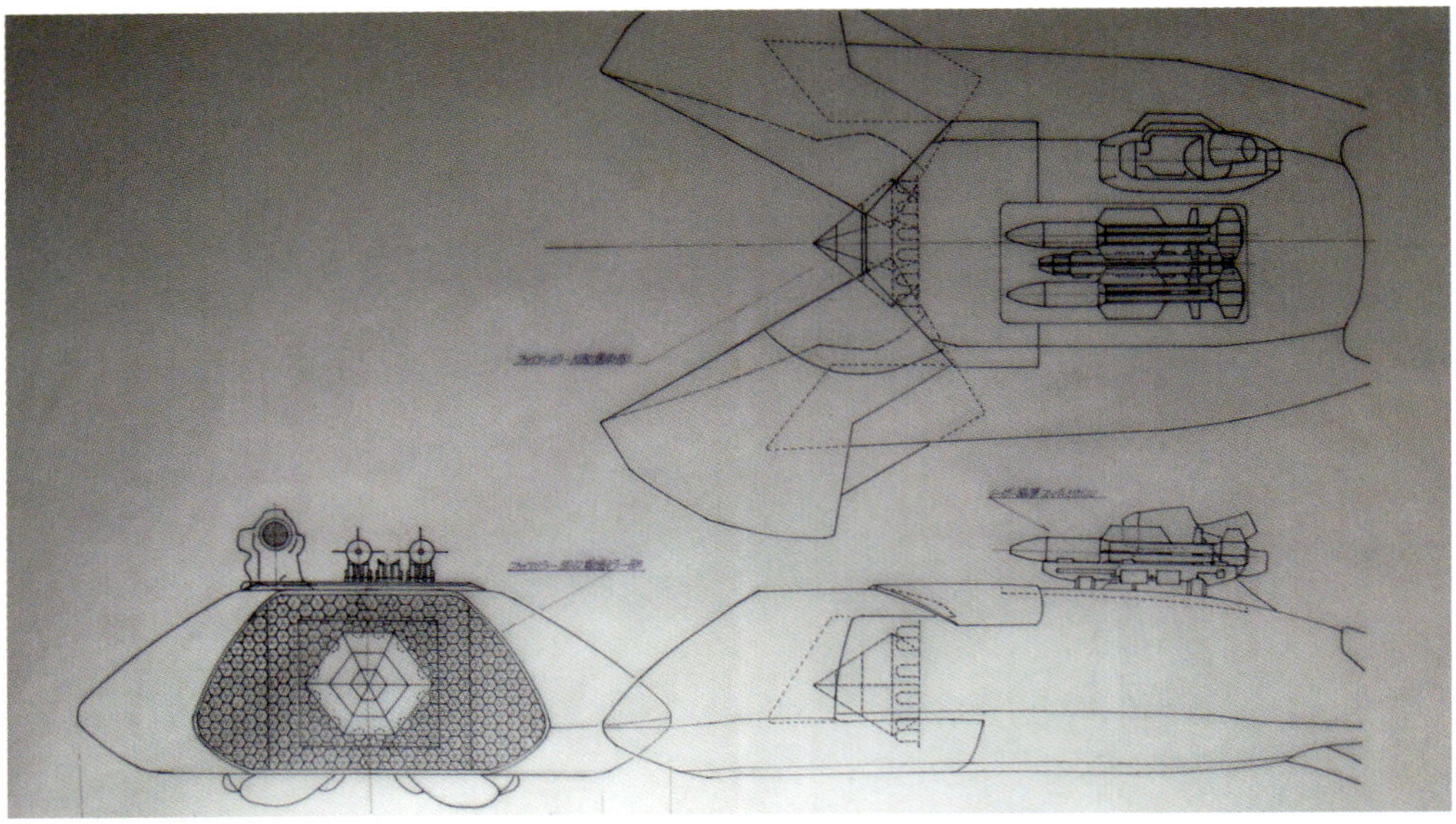

◀こちらは艦首のカバーが一枚めくれた際に露出する不気味な艦首内部。プラモランナーやジャンクパーツを貼付け、ガンメタを吹付けてと……ここまで作ってボツとなる。

▶▼こちらは91式メーサー車の側面図と上面図。模型そのものの製作は外注されたが、最終的には模型少年こと筆者が、太いところは太く、細いところは細くして、より現実味が出るようディテールアップした。

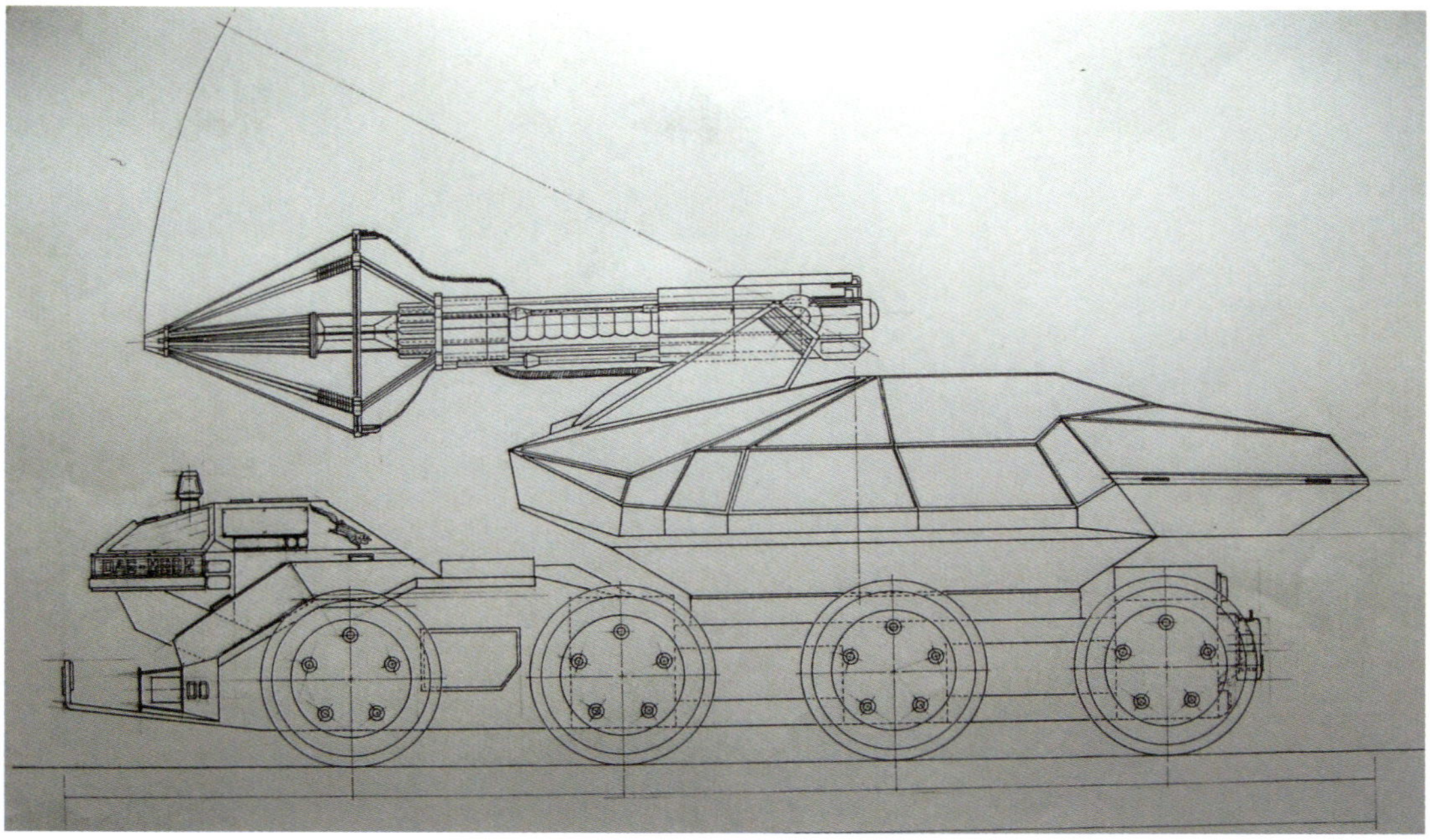

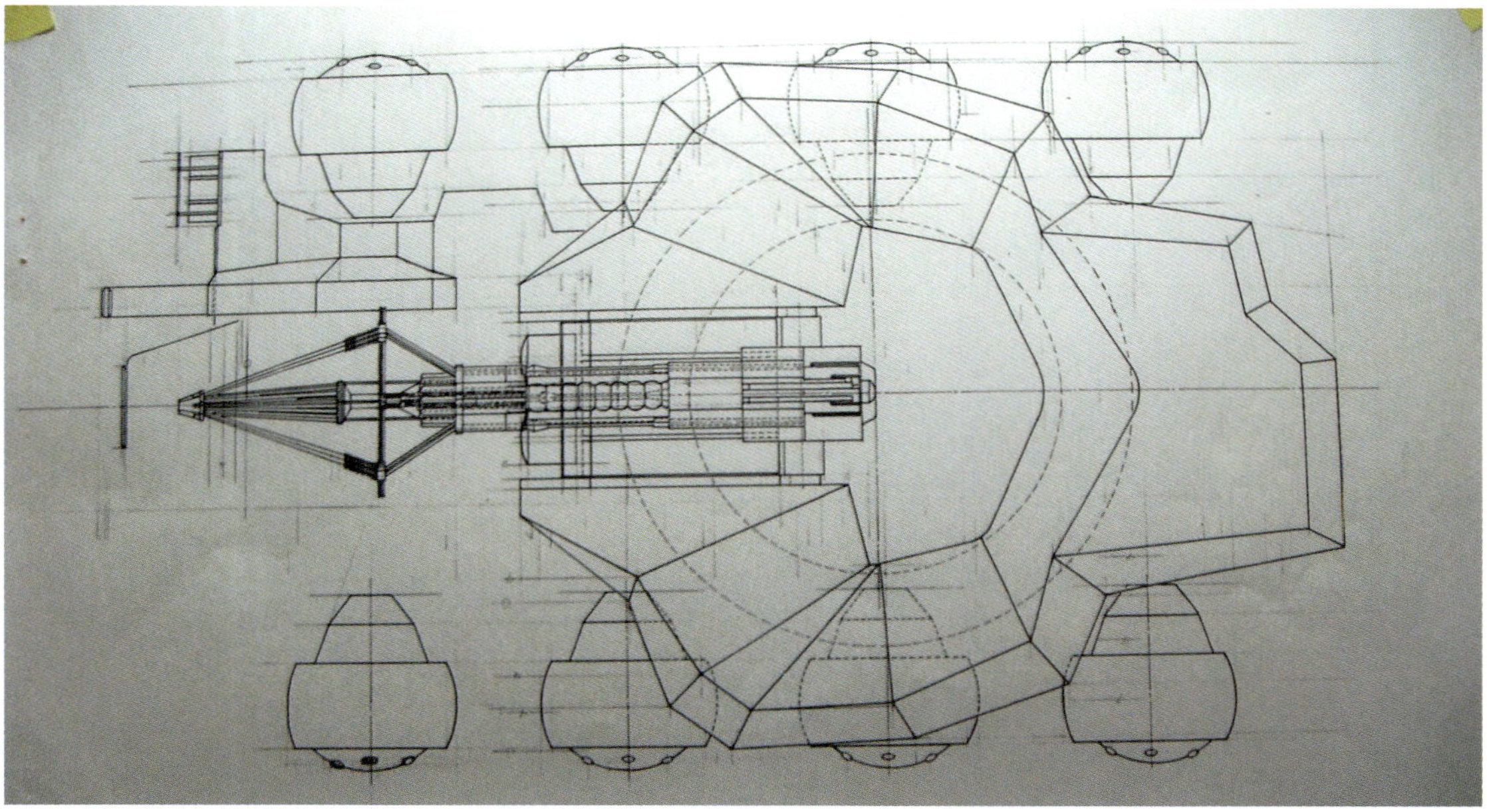

▶撮影終了後、ビオランテを背にして満面の笑みを浮かべる特美スタッフたち。左から2人目、操演助手白石、川北監督、ゴジラ付美術助手清田。川北監督とはよく意見がぶつかったが、筆者にとってよき理解者でもあった。

【番外】『ゴジラ vs キングギドラ』 1989年12月16日公開

本作品が制作された頃には筆者は特美で別の仕事を担当していた。そのため何枚かのスタッフ作業風景を撮影しただけの関わりとなる。

ここでそのうちの何葉かをご覧いただこう。

▲ゴジラのクレイモデル製作。左奥ではキングギドラのクレイモデルも進んでいる。

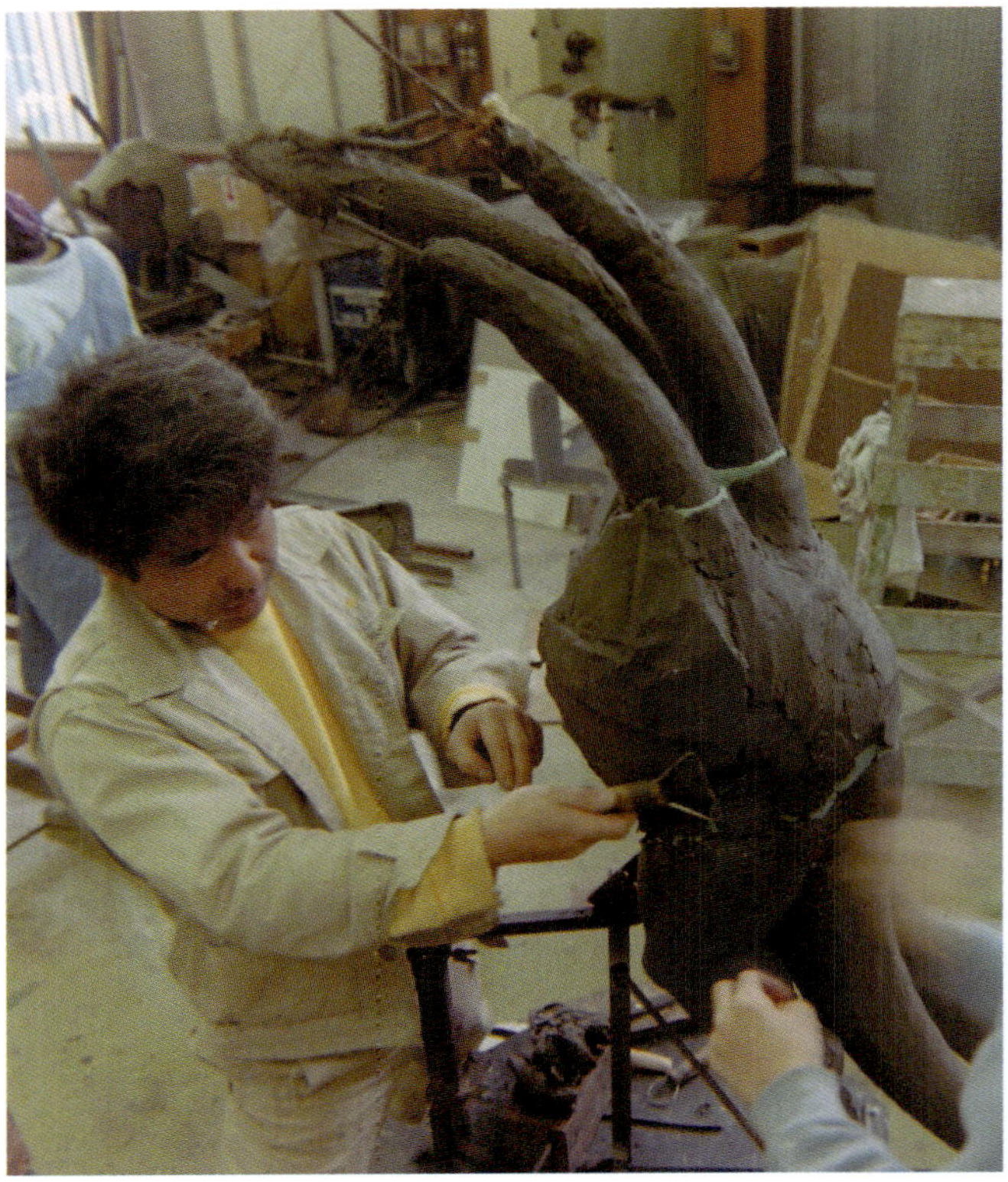

▲キングギドラのクレイモデルを製作する小林とも。安丸さんと、筆者の盟友ともいえる彼が、昭和から平成の始めにかけての東宝特撮怪獣の造型を支えたのです！

▲メカギドラ頭のクレイモデル。耳があるのかな？

▲こちらはキングギドラ頭のクレイモデル。

第2部　特撮映画以外の特撮アイテム

筆者がアルバイトで入った当時、特美はウルトラマンエースの仕事をしていた。TVというのは毎週放送なので、次から次へと作り物が出る。とにかくやたら忙しい職場なのだ。右も左もわからない若造は、ただ追われるだけだった……（このあたりは『外伝』を参照してね）。

特美は特撮映画が入れば美術・特効・操演などのクルーを出すが、当然被写体となる怪獣や模型も作ってきた。勿論テレビドラマの特撮にも拘わったが、そう多くはない。中には被写体となる模型や着ぐるみを受注製作しただけの番組もあった。

入社後、約1年間はカメラを持っていなかったので写真がなく、記録も取っていなかったから、筆者の写真記録は実家から持ってきたハーフサイズカメラの写真から始まるのでピンが甘い写真はご容赦いただきたい。

ここからは、順に本編スタッフにより撮影された特撮、TVドラマの特撮、コマーシャルの特撮、イベントなどのその他特撮、特撮ではないがアイテムが映像化されるもの、つまり映る為に製作された本編小道具、TVアイテム、コマーシャルアイテムの写真を纏めた。

それらのアイテムは、怪獣や人体など造型ものは安丸技師と小林「とも」が、木工品なら大道具の田中さんや野村「やすさん」が、航空機なら筆者や大道具さんが、それぞれ製作する。そしてよりリアルにするための仕上げを、小島耕司さん、通称「こーちゃん」と筆者でこなしていた。

それらは「こんなのを作ってくれ」という発注だから、特撮映画のように特美独自の模型の設定や考証は不要。だからその辺りの楽しみはない。かと言って仕事だから手抜きはなく、それなりに仕上げていた……と思う。

【映画】『星と嵐』〔本編特撮／納品のみ〕●外伝未収録

〔東京消防庁のかもめ号、1/30 スケール〕

No	仕上日	アイテム	区分	スケール	数	主材	メモ
1	1976.09.21	シユド・アルエートⅢ B かもめ号〔JA9071〕	航空	1/30	1	トタン	東京消防庁、外注 (トイダ)
				計	1		

【映画】『夏服のイヴ』〔本編特撮／納品のみ〕●外伝・上・シーン18

〔ボーイング B747、1/144 スケール〕

珍しく小島こーちゃんが飛行機を仕上げている。常は筆者の仕事だから、プラモを仕入れて電飾仕込んで、バリ整形して翼と胴体組んで、資料を用意し、さあ仕上げようか、とその時。「たまには俺がやろうかな」と言ってこーちゃんがその気をみせた。白塗り、銀塗り、色分け、レタリング。こーちゃんはこういった物が嫌いなのに、根気よく仕上げていった。

もっとも筆者が来る前は、こーちゃんは嫌いなものだって自分でやっつけてたんだよね。

No	仕上日	アイテム	区分	スケール	数	主材	メモ
1	1984.03.30	ボーイング B747	航空	1/144	1	ニットウ製プラモ	ニュージーランド航空
				計	1		

【映画】『新・喜びも悲しみも幾歳月』（松竹）【本編特撮】
●外伝未収録

▲▶鉄フレームの架台と金網と石膏の島、木軸の灯台とでかなりの重さになった。このあと手空きスタッフ全員で大プールにセッティング。背景は以前のままだからもう汚れて縦に雨染みが出ている。それでも波がうまい具合に出て実感は出たと思う。

▲▼横から見ると半分だけの島にまるまる作りの灯台というのがわかる。

No	仕上日	アイテム	区分	スケール	数	主材	メモ
1	1986.3.17	豊後水道水ノ子島・灯台 セット	情景 SC	1/28	1	金網・石膏・木	2mh
				計	1		

【映画】『帝都物語』【特撮／納品のみ】
●外伝未収録

●セット設置用のストラクチャーだけを請けて、ステージに設置したら特美の仕事は終わり。

No	仕上日	アイテム	区分	スケール	数	主材	メモ
1	1987.8.10	神社境内廃墟・狛犬セット	情景SC	フリー	1	ウレタン	No9 ステージセッティング
				計	1		

【TV】『ウルトラマンA』〔特撮〕

1972年4月7日〜1973年3月30日 TBS放映
●外伝・上・シーン1

制　作　円谷プロダクション
監　督　筧正典、山際永三、真船禎、他10名
美　術　鈴木儀雄
特殊技術　高野宏一、佐川和夫、川北紘一、田渕吉男、他2名
特殊美術　高橋昭彦、青木利郎
特殊効果　渡辺忠昭、久米攻（関山和昭）
操演技術　松本光司、小川昭二（芳賀眞二）
（塗装仕上　小島耕司、長沼孝、白井準、他）
（造型製作　安丸信行、小林知己、他）

筆者が特美にアルバイトとして入った時の主な仕事がこの『ウルトラマンA』の作り物だった。

製作に負われる毎日で、カメラを持っていなかったこともあり最初のうちに造ったものについては写真がないのでご容赦を。

手元に残っているのは、第50話あたりで造ったものの写真だった。

▲不思議なデザインの円盤。

▲ 1m の宇宙船。

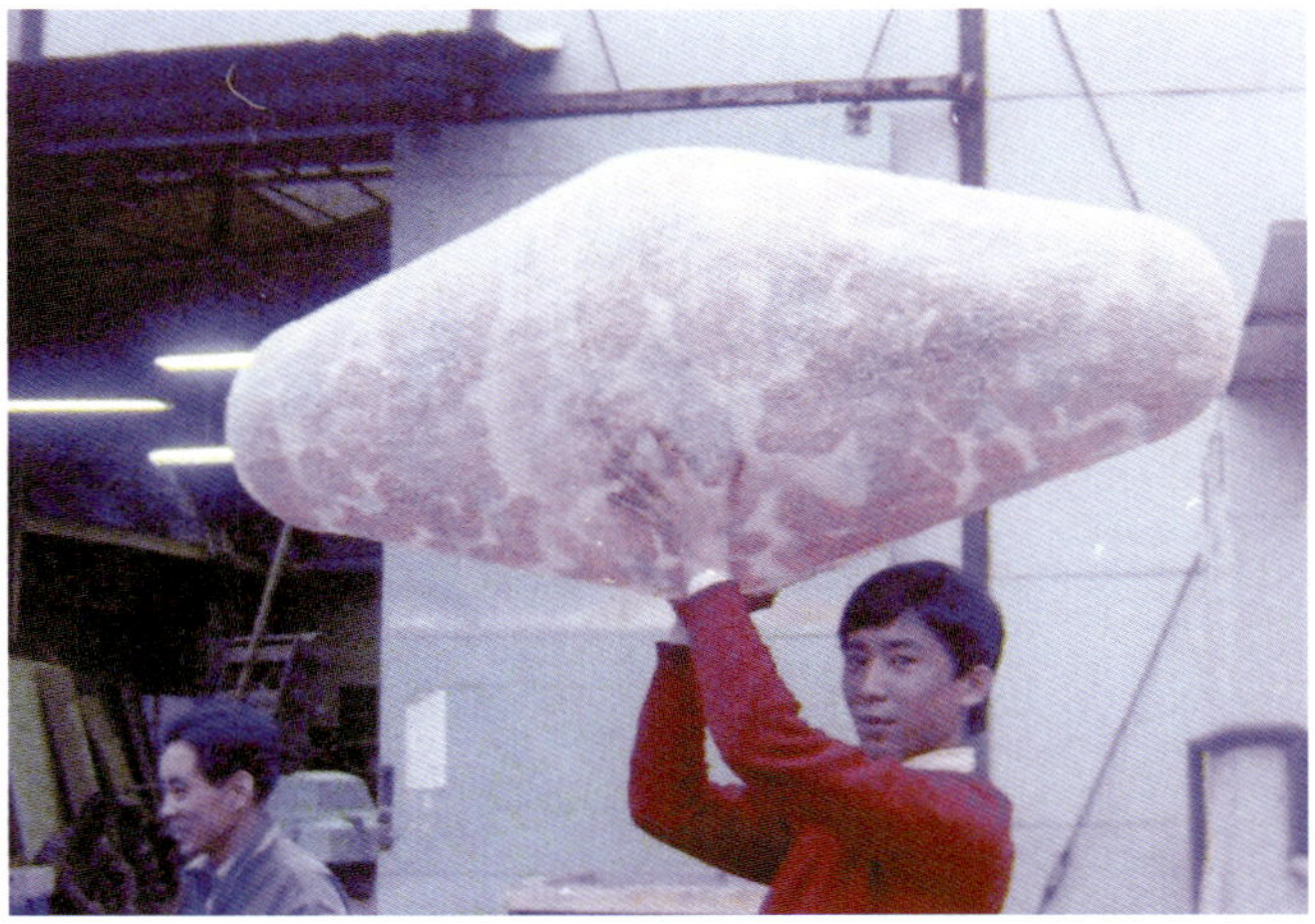

▲操演助手の芳賀くんが持つのは第 50 話「東京大混乱！ 狂った信号」に登場する超獣シグナリオンの卵。

▲光線砲。

▲▶鉛で作った踏み潰し用の 1/25 スケール、いすゞタンクローリーとマツダカペラ。

▶バルサ製には見えないコントラバスと弓。30cm、10cm。

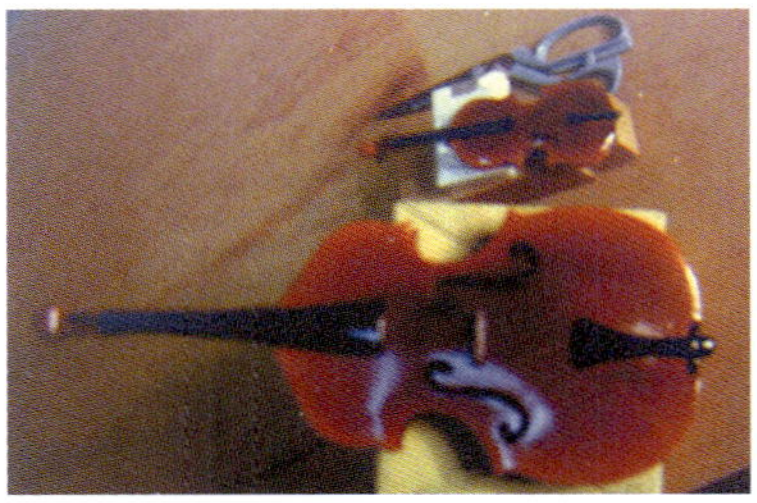

No	仕上日	アイテム	区分	スケール	数	主材	メモ
1	1973.02.27	宇宙船	キャラメカ	1m	1	アクリル	
2	1973.03.02	円盤	キャラメカ	1m	1	ベニヤ・バルサ	
3	1973.02.28	光線砲	キャラメカ	1/25	1	ベニヤ・バルサ	
4	1973.02.17	超獣シグナリオンの卵	怪獣	1.5m	1	アクリル	
5	1973.02.02	セスナスカイホーク	航空	1/20	1	ニチモ製プラモ	
6	1973.02.17	トラック	車両	1/10	9	市販トーイ	
7	1973.02.22	マツダカペラ	車両	1/25	1	鉛	外注 (トイダ)
8	1973.02.22	いすゞタンクローリー	車両	1/25	1	鉛	外注 (トイダ)
9	1973.02.25	コントラバス・弓	楽器	30cm	1	バルサ	
10	1973.02.25	コントラバス・弓	楽器	10cm	1	バルサ	
11	1973.02.21	雲 (ガラスバック)	合成素材	70cmx40cm	1	ガラス板作画	
				計	19		

※1972.4.7-1973.2.1 製作品未写

【TV】『流星人間ゾーン』〔特撮〕

1973年4月2日〜9月24日 日本TV放映 ●外伝・上・シーン3

制　作　東宝映像株式会社
監　督　福田純、本多猪四郎、他4名
特殊技術　中野昭慶、川北紘一、神沢信一
特殊美術　小村完、他2名（好村直行、他）
特殊効果　久米攻
操　演　松本光司
（造型製作　安丸信行、小林知己、他）
（塗装仕上　小島耕司、長沼孝、白井準、梅宮容子、きな）

筆者はまだアルバイトだったけど、本作品のデザイナーに抜擢された小村さんと師匠の小島こーちゃんと一緒に、毎日色々なアイテムを仕上げた。今思うとその数は半端ではなかった。テレビ用だからと手は抜けないし（それでも特撮映画用よりは仕上げ時間は短いかな）で、残業は当たり前だった。

このおかげで、それぞれのアイテムを楽しみながら、速くそれらしく仕上げられる様になっていった。入りたての若造も、小島こーちゃんの代わりに新しいバイトに指示を出すくらいになっていった。

▲ゾーンファイター飛び用。発泡スチロール製。

▲ 1/20 スケール防人家

No	仕上日	アイテム	区分	スケール	数	主材	メモ
1	1973.1.31	ゾーンファイタースーツ	キャラクター	1/1	1	ウェットスーツ	外注
2	1973.5.30	ゾーンファイタースーツ	キャラクター	1/1	1	ウェットスーツ	外注
3	1973.6.16	ゾーンファイタースーツ アトラクション用	キャラクター	1/1	1	ウェットスーツ	外注、
4	1973.3.17	ゾーンファイターヘルメット	キャラクター	1/1	9	FRP	
5	1973.5.29	ゾーンファイターヘルメット	キャラクター	1/1	1	FRP	
6	1973.2.1	ゾーンファイター W ファイトスーツ	キャラクター	1/1	1	ウェットスーツ	外注
7	1973.2.1	ゾーンファイター W ファイトヘルメット	キャラクター	1/1	1	FRP	
8	1973.2.19	ゾーンファイター ボディ	キャラクター	3 倍	1	石膏	UP 用
9	1973.2.28	ゾーンファイター W ファイト改スーツ	キャラクター	1/1	1	ウェットスーツ	外注
10	1973.2.28	ゾーンファイター W ファイト改ヘルメット	キャラクター	1/1	1	FRP	
11	1973.3.12	ゾーンファイター W ファイト改スーツ	キャラクター	1/1	2	ウェットスーツ	外注、アトラクション用
12	1973.3.12	ゾーンファイター W ファイト改ヘルメット	キャラクター	1/1	2	FRP	アトラクション用
13	1973.3.30	ゾーンファイター 指 部分	キャラクター	50 倍	1	発泡スチロール	
14	1973.4.29	ゾーンファイター W ファイト改スーツ	キャラクター	1/1	2	ウェットスーツ	外注、アトラクション用
15	1973.4.29	ゾーンファイター W ファイト改ヘルメット	キャラクター	1/1	2	FRP	アトラクション用
16	1973.6.22	ゾーンファイター W ファイト改スーツ	キャラクター	1/1	1	ウェットスーツ	外注
17	1973.6.22	ゾーンファイター W ファイト改ヘルメット	キャラクター	1/1	1	FRP	
18	1973.6.19	ゾーンファイターヘルメットヘッド	キャラクター	3 倍	1	発泡スチロール	UP 用
19	1973.2.22	ゾーンファイター 飛行態	キャラクター	1m	1	発泡スチロール	飛び用
20	1973.7.10	ペンダント	キャラクター	20 倍	1	FRP	
21	1973.1.31	ゾーンエンジェルスーツ	キャラクター	1/1	1	ウェットスーツ	外注
22	1973.4.10	ゾーンエンジェルスーツ アトラクション用	キャラクター	1/1	2	ウェットスーツ	外注、
23	1973.4.29	ゾーンエンジェルスーツ アトラクション用	キャラクター	1/1	2	ウェットスーツ	外注、
24	1973.5.28	ゾーンエンジェルスーツ	キャラクター	1/1	1	ウェットスーツ	外注
25	1973.3.17	ゾーンエンジェルヘルメット	キャラクター	1/1	9	FRP	
26	1973.4.28	ゾーンエンジェルヘルメット	キャラクター	1/1	2	FRP	
27	1973.5.29	ゾーンエンジェルヘルメット	キャラクター	1/1	1	FRP	
28	1973.1.31	ゾーンジュニアスーツ	キャラクター	1/1	1	ウェットスーツ	外注
29	1973.4.10	ゾーンジュニアスーツ アトラクション用	キャラクター	1/1	1	ウェットスーツ	外注、
30	1973.4.29	ゾーンジュニアスーツ アトラクション用	キャラクター	1/1	1	ウェットスーツ	外注、

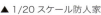

31	1973.5.28	ゾーンジュニアスーツ	キャラクター	1/1	1	ウェットスーツ	外注
32	1973.3.17	ゾーンジュニアヘルメット	キャラクター	1/1	9	FRP	
33	1973.4.28	ゾーンジュニアヘルメット	キャラクター	1/1	1	FRP	
34	1973.1.31	ゴールドガロガスーツ	キャラクター	1/1	1	ウェットスーツ、FRP	ウェットスーツ外注
35	1973.4.11	ゴールドガロガスーツ アトラクション用	キャラクター	1/1	1	ウェットスーツ、FRP	ウエットスーツ外注、
36	1973.6.20	ゴールドガロガスーツ アトラクション用	キャラクター	1/1	1	ウェットスーツ、FRP	ウエットスーツ外注、
37	1973.1.31	シルバーガロガスーツ	キャラクター	1/1	4	ウェットスーツ、FRP	ウェットスーツ外注
38	1973.3.12	シルバーガロガスーツ アトラクション用	キャラクター	1/1	1	ウェットスーツ、FRP	ウェットスーツ外注、
39	1973.4.11	シルバーガロガスーツ アトラクション用	キャラクター	1/1	1	ウェットスーツ、FRP	ウェットスーツ外注、
40	1973.5.29	シルバーガロガスーツ	キャラクター	1/1	1	ウェットスーツ、FRP	ウェットスーツ外注
41	1973.6.20	シルバーガロガスーツ アトラクション用	キャラクター	1/1	1	ウェットスーツ、FRP	ウェットスーツ外注、
42	1973.3.28	レッドガロガスーツ	キャラクター	1/1	1	ウェットスーツ、FRP	ウェットスーツ外注
43	1973.2.2	グレートガロガスーツ	キャラクター	1/1	1	ウェットスーツ、FRP	ウェットスーツ外注
44	1973.3.12	グレートガロガスーツ アトラクション用	キャラクター	1/1	1	ウェットスーツ、FRP	外注、
45	1973.6.22	ガロガガンマーＸスーツ	キャラクター	1/1	4	ウレタン	
46	1973.1.26	ガロガ恐獣ミサイル	キャラクター	65cm	2	バルサ	色・ガロガ文字・数字をデザイン
47	1973.1.13	ガロガ恐獣ミサイル	キャラメカ	32cm	5	バルサ	色・ガロガ文字・数字をデザイン
48	1973.1.13	ガロガ恐獣ミサイル	キャラメカ	15cm	3	バルサ	色・ガロガ文字・数字をデザイン
49	1973.4.11	同 改造ミサイル	キャラメカ	15cm	3	バルサ	色・ガロガ文字・数字をデザイン
50	1973.1.23	ゾボットトランシーバー	キャラメカ	30cm	1	FRP	持道具
51	1973.1.23	ゾボットトランシーバー	キャラメカ	15cm	6	FRP	持道具
52	1973.2. 中旬	ゾボットトランシーバー	キャラメカ	15cm	4	FRP	持道具
53	1973.3.16	ゾボットトランシーバー	キャラメカ	15cm	2	FRP	持道具
54	1973.1.31	メザーショットガン	キャラメカ	1/1 大	3	スチール	外注、持道具
55	1973.1.31	メザーショットガン	キャラメカ	1/1 小	1	スチール	外注、持道具
56	1973.3.12	メザーショットガン	キャラメカ	1/1	2	FRP	持道具
57	1973.4.29	メザーショットガン	キャラメカ	1/1	1	FRP	持道具
58	1973.2.12	恐獣ミサイル ヘッド部分	キャラメカ	56cm	1	石膏	
59	1973.2.28	恐獣ミサイル ヘッド部分	キャラメカ	1m	1	石膏	
60	1973.3.20	恐獣ミサイル ヘッド部分	キャラメカ	35cm	1	バルサ	
61	1973.4.3	恐獣ミサイル ヘッド部分	キャラメカ	30cm	1	バルサ	
62	1973.4.4	恐獣ミサイル ヘッド部分	キャラメカ	40cm	2	石膏	
63	1973.4.11	恐獣ミサイル ヘッド部分	キャラメカ	40cm	2	石膏	
64	1973.6.5	恐獣ミサイル ヘッド部分	キャラメカ	40cm	2	石膏	
65	1973.6.25	恐獣ミサイル ヘッド部分	キャラメカ	40cm	1	石膏	
66	1973.3.21	恐獣ミサイル ヘッド部分	キャラメカ	80cm	1	アクリル	電飾用
67	1973.2.16	恐獣ミサイル ドッキング用	キャラメカ	1m	1	トタン	外注
68	1973.4.19	恐獣ミサイル ドッキング用	キャラメカ	1m	1	トタン	外注、色変塗替
69	1973.2.16	赤のミサイル、ランチャー	キャラメカ	50cm	2	バルサ・ベニヤ	
70	1973.2.16	赤のミサイル、ランチャー	キャラメカ	25cm	3	バルサ・ベニヤ	
71	1973.2.16	赤のミサイル、ランチャー	キャラメカ	8cm	4	バルサ・ベニヤ	
72	1973.2.16	赤のミサイル、ランチャー	キャラメカ	60cm	2	バルサ・ベニヤ	
73	1973.2.16	赤のミサイル、ランチャー	キャラメカ	30cm	5	バルサ・ベニヤ	
74	1973.2.16	赤のミサイル、ランチャー	キャラメカ	10cm	5	バルサ・ベニヤ	
75	1973.2.17	ガロガ宇宙衛星	キャラメカ	2m	1	朴・バルサ・真鍮	
76	1973.2.17	ガロガ宇宙衛星	キャラメカ	1m	1		
77	1973.2.17	ガロガ宇宙衛星	キャラメカ	30cm	1		
78	1973.2.16	ガロガパラシュート	キャラメカ	15cm	4	プラ	
79	1973.3.10	ガロガパラシュート	キャラメカ	40cm	3	FRP	
80	1973.2.17	ガロガシンボルタワー	キャラメカ	50cm	1	ベニヤ	
81	1973.2.17	ガロガシンボルタワー	キャラメカ	30cm	1	ベニヤ	
82	1973.2.17	ガロガシンボルタワー	キャラメカ	20cm	2	ベニヤ	
83	1973.2.19	ゾーンメーター	キャラメカ	3 倍	1	石膏・バルサ	UP 用、持道具
84	1973.2. 中旬	ゾーンメーター 小	キャラメカ	1/1	2	FRP	持道具
85	1973.3.22	ゾーンメーター	キャラメカ	1/1	3	FRP	持道具
86	1973.2.26	地球防衛空軍戦闘機 NIAS1	キャラメカ	1/100	5	ニットウ製プラモ	コンコルド改造
87	1973.2.26	地球防衛空軍戦闘機 NIAS1	キャラメカ	1/132	2	ニットウ製プラモ	コンコルド改造
88	1973.3.29	地球防衛空軍戦闘機 NIAS1	キャラメカ	1/100	3	ニットウ製プラモ	ガロガ機色変塗替
89	1973.2.23	侵略攻撃戦闘機ガロンガー	キャラメカ	1/132	3	ニットウ製プラモ	コンコルド改造
90	1973.2.23	侵略攻撃戦闘機ガロンガー	キャラメカ	1/144	3	ニットウ製プラモ	ツポレフ 144 改造
91	1973.3.5	侵略攻撃戦闘機ガロンガー	キャラメカ	1/48	1	フジミ製プラモ	F4 ファントム改造
92	1973.3.22	スモーキー	キャラメカ	12cm	1	朴	
93	1973.5.10	スモーキー	キャラメカ	20cm	1	朴	
94	1973.6.25	スモーキー 腹部ゾーンマーカー装置	キャラメカ	1/10	1	トタン・ベニヤ	
95	1973.4.29	ガロガ侵略攻撃円盤	キャラメカ	50cm	3	朴・バルサ	
96	1973.5.10	ガロガ侵略攻撃円盤	キャラメカ	175cm	1	朴・バルサ	
97	1973.5.10	ガロガ侵略攻撃円盤	キャラメカ	50cm	1	朴・バルサ	

98	1973.5.26	ガロガ侵略攻撃円盤	キャラメカ	200cm	1	朴・バルサ	
99	1973.6.20	ガロガ侵略攻撃円盤	キャラメカ	50cm	3	朴・バルサ	
100	1973.4.30	ガロガ侵略攻撃円盤 腹部分	キャラメカ	1mD	1	アクリル	UP 用
101	1973.5.29	怪獣喫込口	キャラメカ	1/25	1	アクリル	
102	1973.5.29	怪獣喫込口	キャラメカ	1/250	1	アクリル	
103	1973.6.12	怪獣圧縮装置	キャラメカ	3m	1	アクリル	
104	1973.7.10	ガロガ潜水艦	キャラメカ	1/25	1	ガロガ円盤塗替え	
105	1973.7.10	ガロガ潜水艦	キャラメカ	1/75	1	ガロガ円盤塗替え	
106	1973.7.16	ガロガニュー攻撃侵略戦闘機	キャラメカ	30cm	1	バルサ	
107	1973.7.16	ガロガニュー攻撃侵略戦闘機	キャラメカ	15cm	1	バルサ	
108	1973.7.17	ガロガニュ恐獣ミサイル	キャラメカ	30cm	1	バルサ	
109	1973.7.17	ガロガニュ恐獣ミサイル	キャラメカ	15cm	1	バルサ	
110	1973.2.12	ガロガカー	キャラメカ	1/8	1	市販トーイ	キャラクター艤装
111	1973.6.5	ガロガカー	キャラメカ	1/10	1	バルサ	爆破用
112	1973.6.27	ガロガカー	キャラメカ	1/10	1	バルサ	爆破用
113	1973.2.14	マイテイライナー	キャラメカ	1/10	1	市販トーイ	キャラクター艤装
114	1973.2.25	マイテイライナー	キャラメカ	1/10	1	市販トーイ	キャラクター艤装
115	1973.6.19	マイテイライナーニュータイプ (スカ G)	キャラメカ	1/10	1	バルサ	
116	1973.7.3	マイテイライナーニュータイプ (スカ G)	キャラメカ	1/10	1	バルサ	
117	1973.2.28	マイテイライナー 滑走態	キャラメカ	1/10	1	市販トーイ	キャラクター艤装
118	1973.2.28	マイテイライナー 飛行態	キャラメカ	1/10	1	市販トーイ	キャラクター艤装
119	1973.5.21	マイテイライナー 滑走態	キャラメカ	1/10	2	市販トーイ	キャラクター艤装
120	1973.2.26	マイテイライナー フロントグラス	キャラメカ	1/6	1	ベニヤ	UP 用
121	1973.4.11	バラキドンの卵	怪獣	40cmx20cm	1	FRP	
122	1973.4.11	バラキドンの卵	怪獣	15cmx8cm	1	FRP	
123	1973.3.22	ゲルデラー 頭部	怪獣	50cm	1	発泡スチロール	
124	1973.6.20	怪獣 ジュラー	怪獣	60cm	1	発泡スチロール	
125	1973.5.9	怪獣バルグラス	怪獣	2.3m	1	発泡スチロール	
126	1973.5.11	怪獣ガイガン	怪獣	1m	1	発泡スチロール	
127	1973.2.10	ゾーンジュニア 人形	フィギュア	30cm	1	ゴム	外注
128	1973.2.10	ゾーンジュニア 人形	フィギュア	10cm	1	ゴム	外注
129	1973.2.10	ゾーンエンジェル 人形	フィギュア	30cm	1	ゴム	外注
130	1973.2.10	ゾーンエンジェル 人形	フィギュア	10cm	1	ゴム	外注
131	1973.3.5	ゾ゜ーンファイター 飛行態	フィギュア	30cm	1	ゴム	外注
132	1973.5.22	ゾーンファイター 人形	フィギュア	50cm	1	発泡スチロール	
133	1973.6.15	ゾーンファイター シングルファイト人形	フィギュア	30cm	1	市販 GI 人形改造	外注
134	1973.4.9	シルバーガロガ 人形	フィギュア	12cm	1	シリコンラバー	外注
135	1973.7.13	ガロガガンマー X 人形	フィギュア	1/7	5	市販 GI 人形改造	
136	1973.6.1	帽子	フィギュア	8cm	2	レザーシート	飛び用火薬込
137	1973.6.1	帽子	フィギュア	4cm	2	レザーシート	飛び用火薬込
138	1973.1.23	ボーイング 747	航空	1/100	1	ニットウ製プラモ	
139	1973.2.2	ボーイング 747	航空	1/100	1	ニットウ製プラモ	
140	1973.2.10	モーターボート	艦船	30cm	1	プラモ	
141	1973.3.21	沈没貨物船 部分	艦船	1/40	1	トタン・ベニヤ	
142	1973.3.21	ボート	艦船	1/25	5	ベニヤ	
143	1973.7.10	貨客船 新さくら丸	艦船	2.2m	1	トタン・ベニヤ	(架空)
144	1973.7.10	漁船 大漁丸	艦船	30cm	1	FRP	(架空)
145	1973.7.14	タンカー 図師丸	艦船	2.2m	1	新さくら丸艤装替	(架空)
146	1973.2.23	戦車	車両	1/15	1	バンダイ製プラモ	ドイツⅣ F2
147	1973.2.23	戦車	車両	1/15	3	バンダイ製プラモ	Ⅳシュトルムゲッシェツ 4
148	1973.4.21	保冷車	車両	1/20	1	市販トーイ	
149	1973.5.14	保冷車	車両	1/12	1	ベニヤ	
150	1973.5.21	トヨタハイエース	車両	1/12	1	ベニヤ	
151	1973.6.1	トヨペットコロナ	車両	1/24	1	ヤマダ模型製プラモ	
152	1973.6.1	マツダロータリークーペ	車両	1/24	2	ヤマダ模型製プラモ	
153	1973.2.2	ピースランド星	宇宙	80cmD	1	アクリル	
154	1973.2.21	ピースランド星	宇宙	40cmD	1	アクリル・スチロール	爆破用
155	1973.2.9	ガロガ星	宇宙	80cmD	1	アクリル	
156	1973.3.29	新ガロガ星	宇宙	80cmD	1	アクリル	ガロガ星色変塗替
157	1973.3.22	星	宇宙	40cmD	1	アクリル	電飾用
158	1973.4.2	プリズム星	宇宙	35cmD	1	アクリル	電飾用
159	1973.4.28	バルター遊星	宇宙	30cmD	1	発泡スチロール	
160	1973.5.19	遊星	宇宙	10cmD	2	発泡スチロール	
161	1973.5.19	遊星	宇宙	5cmD	2	発泡スチロール	
162	1973.5.19	遊星	宇宙	3cmD	1	発泡スチロール	
163	1973.5.22	K 彗星	宇宙	75cmx30cm	1	アクリル	
164	1973.6.19	ジュラール星	宇宙	30cmD	1	発泡スチロール	

165	1973.6.22	ジュラール星	宇宙	50cmD	1	アクリル	電飾用
166	1973.1.24	ピースランド星住居	情景 ST	90cm	1	アクリル	
167	1973.1.24	ピースランド星住居	情景 ST	60cm	1	アクリル	
168	1973.1.24	ピースランド星住居	情景 ST	30cm	1	アクリル	
169	1973.1.24	ピースランド星住居	情景 ST	20cm	3	アクリル	
170	1973.1.24	ピースランド星住居	情景 ST	15cm	3	アクリル	
171	1973.2.5	クレーン	情景 ST	1m	2	ベニヤ	
172	1973.2.5	コンビナート石油精製塔	情景 ST	50cm	2	プラパイプ	
173	1973.2.6	コンビナートクレーン	情景 ST	40cm	2	トタン	外注(トイダ)
174	1973.2.6	コンビナート蒸溜塔	情景 ST	20cm	2	トタン	外注(トイダ)
175	1973.2.6	コンビナートダクト	情景 ST	1/25	3	トタン	外注(トイダ)
176	1973.2.6	ビル	情景 ST	1/25	1	ベニヤ	
177	1973.2.6	ビル	情景 ST	1/50	1	ベニヤ	
178	1973.2.6	ガソリンスタンド	情景 ST	1/25	1	ベニヤ	
179	1973.2.6	工場	情景 ST	1/25	1	ベニヤ	
180	1973.2.10	プレハブ民家３種	情景 ST	1/25	3	ベニヤ	
181	1973.2.19	パーキングメーター	情景 ST	5cm	20	朴	
182	1973.2.21	看板各種	情景 ST	1/10 ～ 1/25	50	ベニヤ	
183	1973.2.24	民家	情景 ST	1/25	8	ベニヤ	
184	1973.2.24	歩道橋	情景 ST	1/25	1	ベニヤ	
185	1973.2.24	工事柵	情景 ST	1/25	5	トタン	
186	1973.2.24	公衆電話ボックス	情景 ST	20cm	1	ベニヤ	
187	1973.2.24	公衆電話ボックス	情景 ST	10cm	4	ベニヤ	
188	1973.2.24	地下鉄入口	情景 ST	1/25	2	ベニヤ	
189	1973.2.24	郵便ポスト	情景 ST	1/25	2	ベニヤ	
190	1973.2.27	建築現場 工事中塀	情景 ST	1/25	5	ベニヤ・ダンボール	
191	1973.2.27	建築現場 工事中ビル	情景 ST	1/25	1	ベニヤ・ダンボール	
192	1973.2.27	建築現場 工事中鉄骨	情景 ST	1/25	1	ベニヤ	
193	1973.2.27	高速道路	情景 ST	1/25	2	ベニヤ・ダンボール	
194	1973.2.27	ビル屋上タワー A	情景 ST	60cm	1	トタン	外注(トイダ)
195	1973.2.27	ビル屋上タワー A	情景 ST	30cm	1	トタン	外注(トイダ)
196	1973.2.27	ビル屋上タワー B	情景 ST	30cm	1	トタン	外注(トイダ)
197	1973.2.27	ビル屋上タワー B	情景 ST	20cm	1	トタン	外注(トイダ)
198	1973.2.27	ビル屋上タワー C	情景 ST	10cm	2	トタン	外注(トイダ)
199	1973.2.27	信号	情景 ST	1/25	3	トタン	外注(トイダ)
200	1973.2.27	水銀灯	情景 ST	1/20	18	トタン	外注(トイダ)
201	1973.2.27	送電塔	情景 ST	70cm	2	トタン	外注(トイダ)
202	1973.2.27	送電塔	情景 ST	50cm	2	トタン	外注(トイダ)
203	1973.2.27	送電塔	情景 ST	30cm	1	トタン	外注(トイダ)
204	1973.5.28	送電塔	情景 ST	1/25	1	発泡スチロール	溶かされ用
205	1973.3.1	ガロガ基地入口	情景 ST	60cm	1	アクリル	
206	1973.3.1	ガロガ基地入口	情景 ST	30cm	2	アクリル	
207	1973.3.10	送電トランス、碍子	情景 ST	1/25	6	ベニヤ	
208	1973.3.21	売店	情景 ST	1/25	2	ベニヤ	
209	1973.3.21	看板	情景 ST	1/25	4	ベニヤ	
210	1973.3.21	ベンチ	情景 ST	1/25	20	ベニヤ	
211	1973.3.22	別荘	情景 ST	1/25	3	ベニヤ	
212	1973.3.24	民家	情景 ST	1/25	5	バルサ	爆破用
213	1973.3.27	ガロガ基地指令室コントロールパネル A	情景 ST	1/10	2	ベニヤ	
214	1973.3.27	ガロガ基地指令室コントロールパネル B	情景 ST	1/10	1	ベニヤ	
215	1973.3.27	ガロガ基地指令室内部	情景 ST	1/10	1	ベニヤ	
216	1973.3.27	ガロガ基地指令室電子頭脳	情景 ST	1/10	1	ベニヤ	
217	1973.3.27	ガロガ基地指令室発電ポール	情景 ST	1/10	4	アクリル	
218	1973.4.6	デッキ階段	情景 ST	1/25	1	ベニヤ	
219	1973.4.7	防人家地下研究所内部	情景 ST	1/25	1	ベニヤ	1.3mx1.3mx0.7m
220	1973.4.11	看板各種	情景 ST	1/25	40	ベニヤ	
221	1973.4.13	看板各種	情景 ST	1/25	43	ベニヤ	
222	1973.5.7	ビル屋上	情景 ST	1/20	1	ベニヤ	未写
223	1973.5.14	カーベキュー会社看板	情景 ST	1/25	1	ベニヤ	
224	1973.5.18	観測所	情景 ST	1/50	2	ベニヤ	
225	1973.5.18	居住ハウス	情景 ST	1/50	4	ベニヤ	
226	1973.5.18	燃料タンク	情景 ST	1/50	3	ベニヤ	
227	1973.5.18	民家	情景 ST	1/25	1	ベニヤ	
228	1973.5.23	工事詰所	情景 ST	1/12	1	ベニヤ	UP 用
229	1973.5.23	水道ナガシ	情景 ST	1/12	1	ベニヤ	
230	1973.5.23	テーブル	情景 ST	1/12	4	ベニヤ	
231	1973.5.23	トロッコ	情景 ST	1/12	10	ベニヤ	

232	1973.5.23	トロッコレール	情景 ST	1/12	適量	木	
233	1973.5.23	一輪車	情景 ST	1/12	2	バルサ	
234	1973.5.23	ツルハシ	情景 ST	1/12	2	バルサ	
235	1973.5.23	スコップ	情景 ST	1/12	2	バルサ	
236	1973.5.23	廃屋	情景 ST	1/25	4	ベニヤ	
237	1973.5.23	トタン小屋	情景 ST	1/25	2	ベニヤ	
238	1973.5.23	電柱	情景 ST	1/25	8	木	
239	1973.5.23	足場櫓 A	情景 ST	1/25	3	自然木	
240	1973.5.23	足場櫓 B	情景 ST	1/25	6	自然木	
241	1973.5.24	防人家	情景 ST	1/20	1	ベニヤ	
242	1973.5.29	野呂山不動産 幟	情景 ST	1/25	6	布	
243	1973.5.29	野呂山不動産 椅子	情景 ST	1/25	10	朴	
244	1973.5.29	野呂山不動産 ポール	情景 ST	1/25	6	針金	
245	1973.5.29	野呂山不動産 看板塔	情景 ST	1/25	2	ベニヤ	
246	1973.5.29	野呂山不動産 テーブル	情景 ST	1/25	3	ベニヤ	
247	1973.5.29	野呂山不動産 旗	情景 ST	1/25	6	布	
248	1973.5.29	野呂山不動産 野立看板	情景 ST	1/25	2	ベニヤ	
249	1973.5.29	野呂山不動産 電話ボックス	情景 ST	1/25	6	ベニヤ	
250	1973.5.31	火の見櫓	情景 ST	1/25	1	ベニヤ	未写
251	1973.5.31	水タンク	情景 ST	1/25	1	ベニヤ	未写
252	1973.5.31	看板 2 種	情景 ST	1/25	1	ベニヤ	未写
253	1973.5.31	農家	情景 ST	1/25	2	ベニヤ・麻	
254	1973.6.6	建築中の民家	情景 ST	1/25	1	バルサ	
255	1973.6.6	民家 2 種	情景 ST	1/25	4	発泡スチロール	溶かされ用
256	1973.6.8	ホッパー 2 種	情景 ST	1/25	2	ベニヤ	
257	1973.6.11	工事中ビル	情景 ST	1/25	1	ベニヤ	
258	1973.6.15	吊橋	情景 ST	1/25	1	トタン	外注 (トイダ)
259	1973.6.18	ドラム缶	情景 ST	1/12	2	石膏	
260	1973.6.19	ベルトコンベア	情景 ST	1/12	10	ベニヤ	
261	1973.6.28	ガロガ地上基地	情景 ST	1/50	1	アクリル・ベニヤ	
262	1973.4.21	流星人間ゾーンタイトル切り文字	合成小物	1mx0.6m	1	アクリル	外注
263	1973.7.12	合成シーン用 虹	合成小物	50cmx40xm	1	アクリル板	
				計	708		

▲ゾーン達の持道具メザーショットガン。

▲1m の石膏製恐獣ミサイル。

▲ジュニア・エンジェルフィギュア。

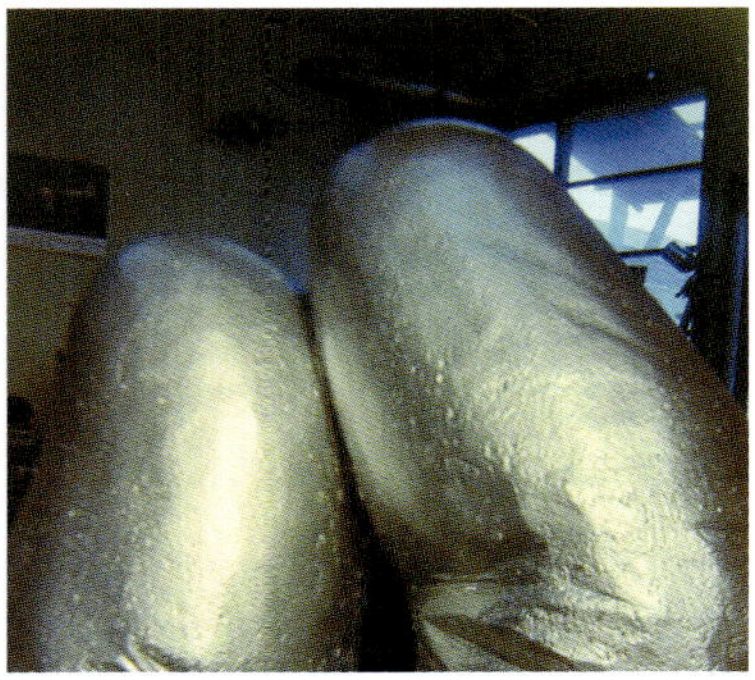

◀50 倍のゾーンファイター指

▲ゾーンファイターシングルファイトフィギュア。顔がまだ隊員の状態だね。

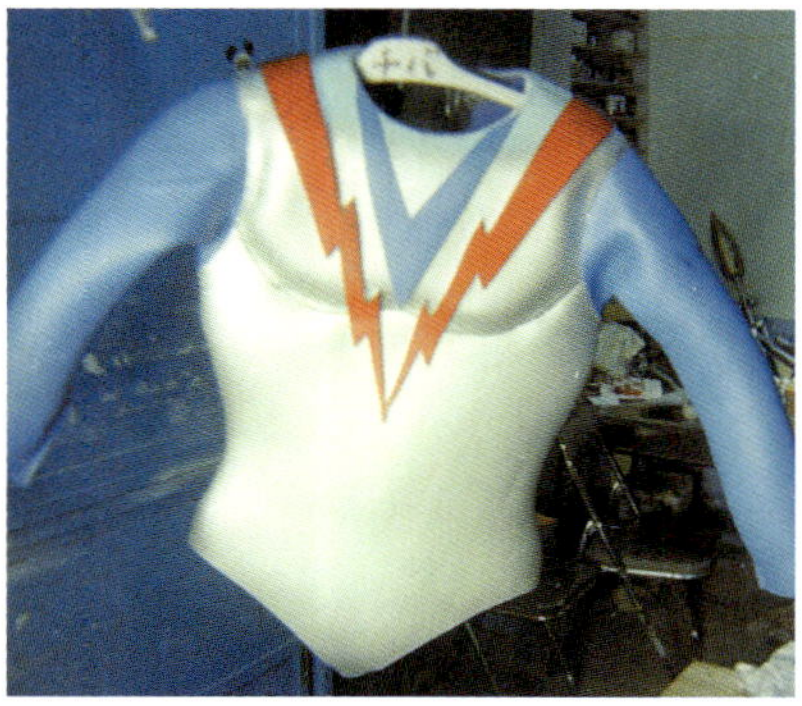

▲ゾーンファイタースーツ。

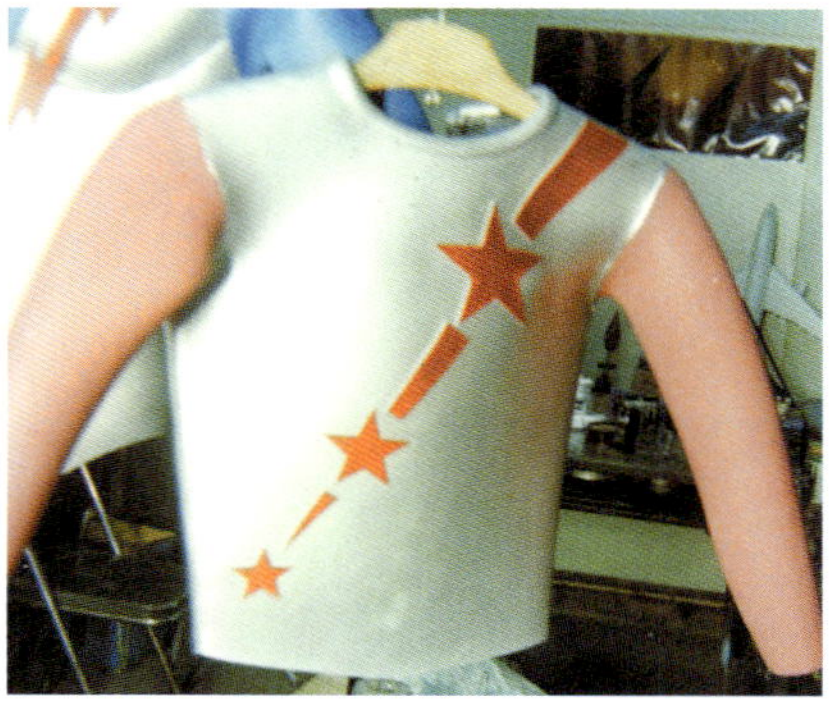

▲ゾーンエンジェルスーツ。

▲ゾーンジュニアスーツ。

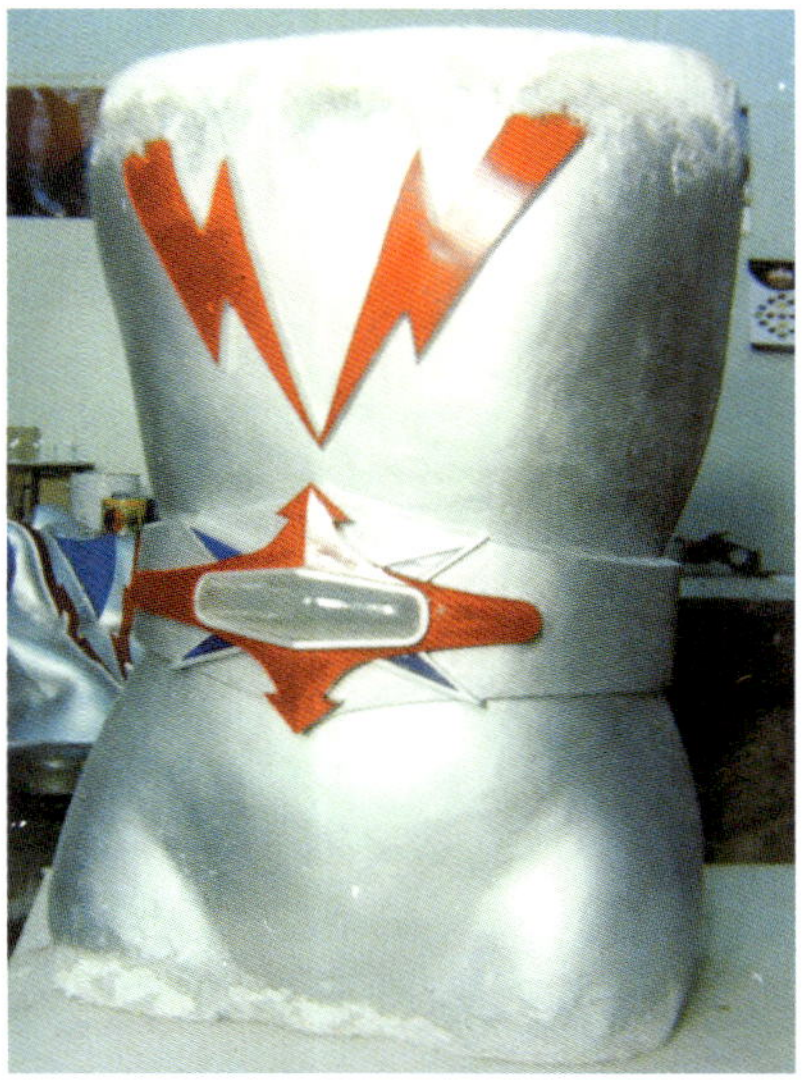

◀３倍大のゾーンファイターボディ。こんなでかいのは勿論アップ用。

▲マイティライナー滑走用、翼付。

▲ゾーンたちのヘルメット。

▼▶ 1/8 ガロガカー 。市販ブリキ玩具にデコパーツ盛って仕上げた。重い感じが出ているかな。

▲ゲルゲラー。

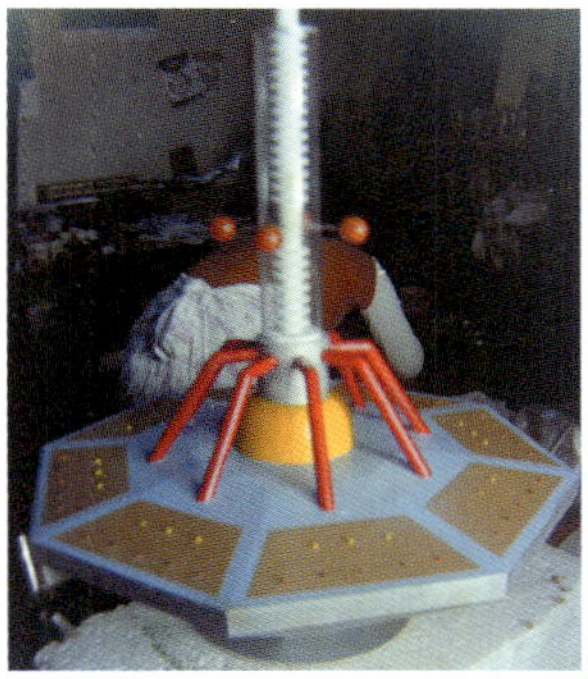

▲ガロガ電子頭脳。

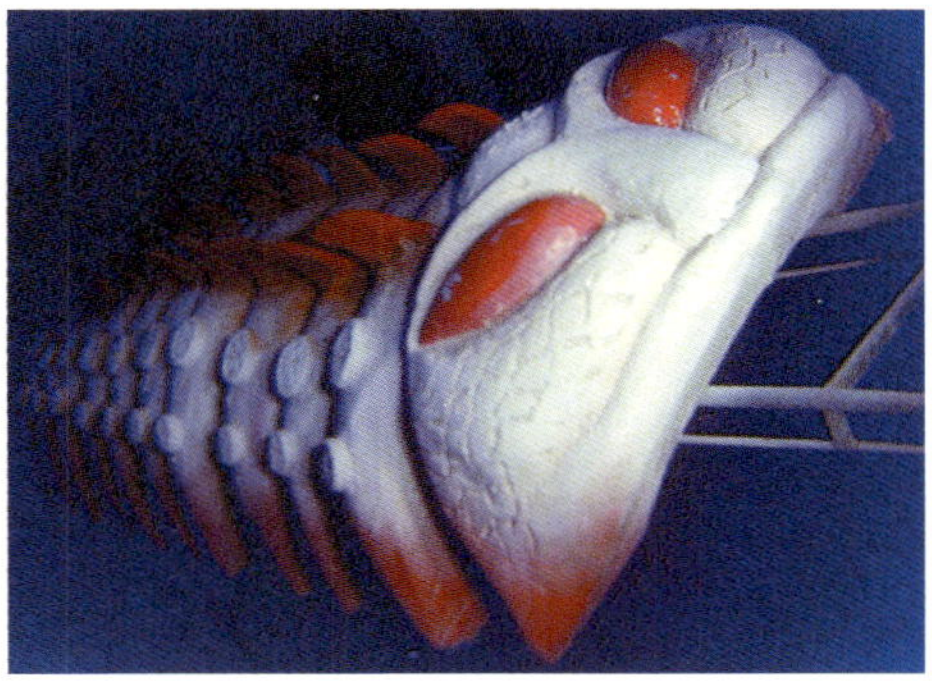

▲怪獣バルグラス、発泡スチロール製。

▲ゴールドガロガスーツ。

▲グレートガロガスーツ。

▲ガロガガンマーXスーツ。

▲シルバーガロガスーツ。

◀ガロガ星。

▲ K 彗星。

▶ GI 人形改造のガロガガンマーXフィギュア。

◀恐獣ミサイルドッキング用、口パク可動。バイト白井準。

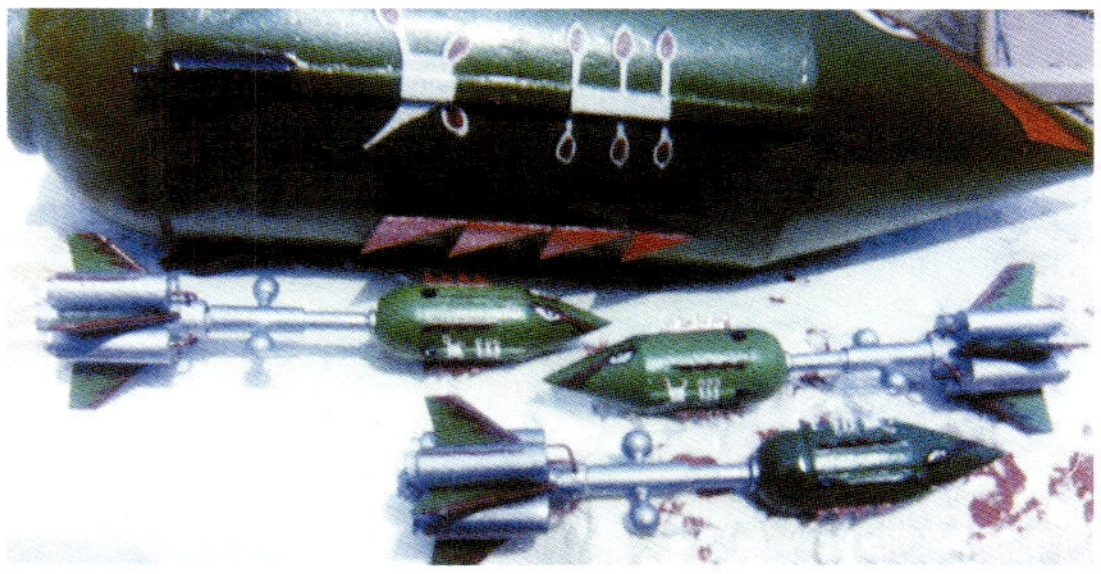

▲ガロガ恐獣ミサイル大小。

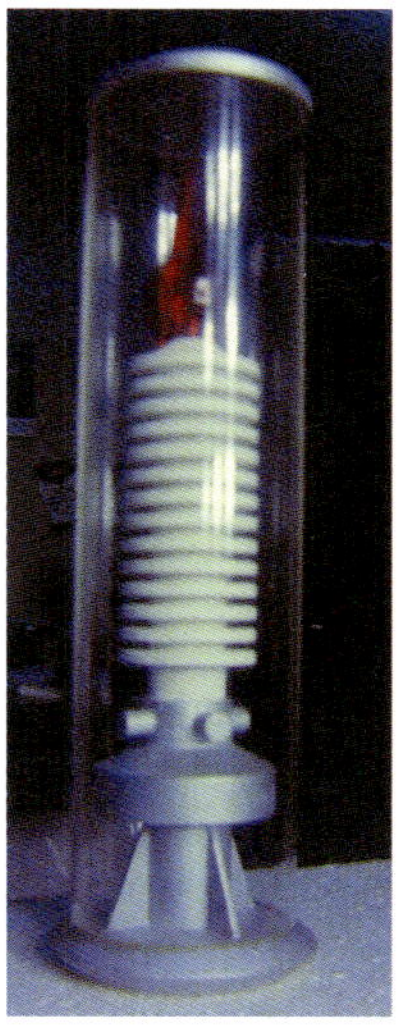

▲ガロガ基地指令室発電ポール。

▲ガロガニュー攻撃侵略戦闘機大小。

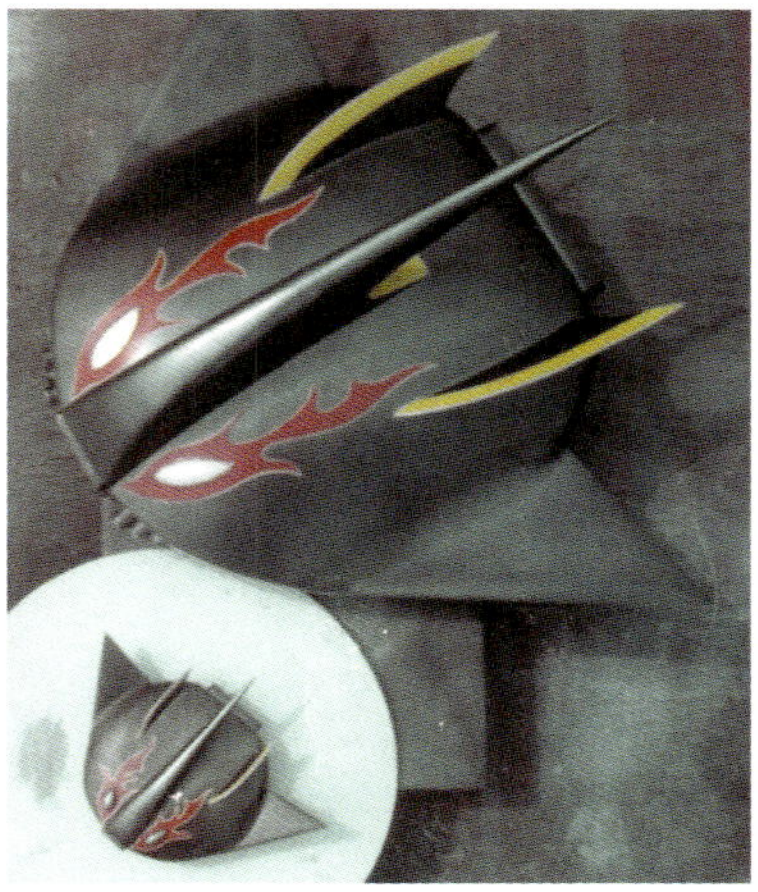

◀1/25 スケールと 1/75 スケールのガロガ潜水艦。

▲発泡スチロールのガイガン、1m。

▲発泡スチロールの怪獣ジュラ—、60cm。

▲ガロガ侵略攻撃円盤。

▼上写真の円盤の腹部分。円盤直径 1m。中心はカメラの絞り構造メカになっている。スモーキーが吸い込まれるってわけ。

▲ジュラール星。

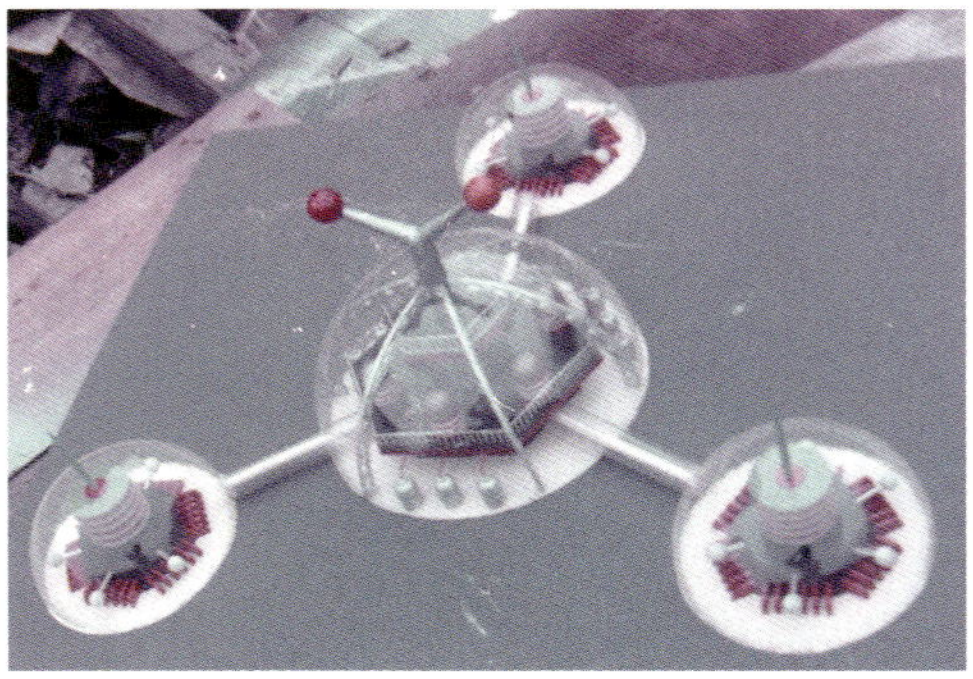

▲ 1/50 ガロガ地上基地。

▲▼木工製作の 1/12 保冷車とハイエース。

◀▲建物各種。上下とも 1/25、壁看板は適当に好きな文言を書いている。特撮セットは円谷監督時代から 1/25 だったから、テレビでも継承している。

▼遊星たち、10cm 〜 3cm。

▲マイテイライナーニュータイプ 1/10。

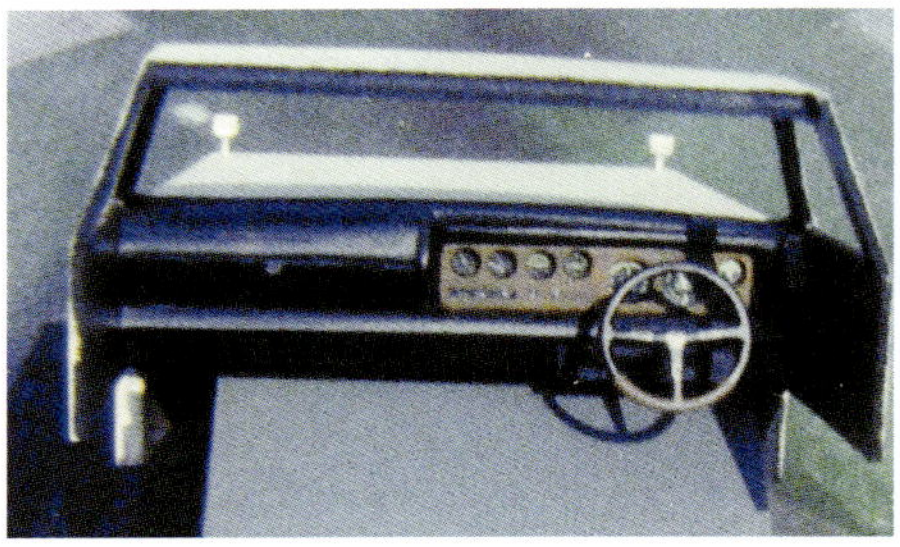

▶マイテイライナーダッシュボード(内引用)1/6。

▼炭鉱の詰所とトロッコ、1/13 スケールだから結構大きい。カメラ前に設置したのだろう。

▲沈没船セット。疑似海底だから、飾り付けは楽だ。

▲3 ステージ特撮セット。

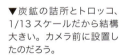

【TV】『ウルトラマンT』〔特撮〕

1973年4月6日〜1974年4月5日 TBSTV放映

●外伝・上・シーン4

制　作　円谷プロダクション
監　督　真船禎、他8名
美　術　鈴木儀雄
特殊技術　高野宏一、佐川和夫、矢島信男、川北紘一、他8名
美　術　青木利郎、桜井克彦、小川富美夫、他1名
（塗装仕上　小島耕司、長沼孝、白井準、ゆう子、他）
（造型製作　安丸信行、小林知己、他）

ウルトラマンとゾーンの特撮班はそれぞれ独立しているが、筆者たち特美内作班はどちらも手掛ける。だから時々どちらの作品用なのかわからなくなってしまう。タロウのキャラクターメカは赤銀なので、その点は区別し易いのだが、街セット用の小物ストラクチャーの類はまとめて仕上げると後が大変。美術担当の青木さんと小村さんの競争もあり、仕上げ順にも気を使う。

TVシリーズは毎週手を変え品を変え、種々な作り物が登場するので、いろんな仕上げ方を学ぶにはうってつけだった。

やたら忙しいのがちょっとね……。撮影スケジュールで優先順を決めていても、間に合わない時も多い。

「わあー、今日も残業だいっ」

▲ZAT隊員フィギュア 30cm。

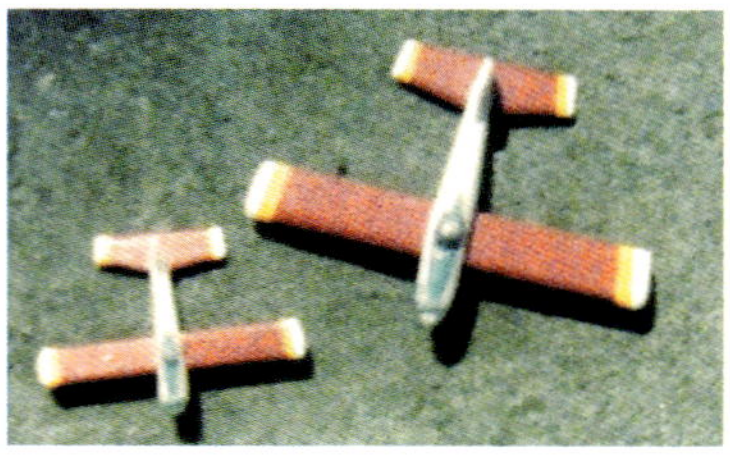

▲ラジコン機 4cm と 8cm。

No	仕上日	アイテム	区分	スケール	数	主材	メモ
1	1973.7.13	ゾフィーの手	キャラクター	1/10	1	石膏・発泡スチロール	
2	1973.3.8	スワロー	キャラメカ	1/25	1	朴・バルサ	爆破用
3	1973.3.10	ZAT 戦闘機搭載超獣迎撃砲	キャラメカ	1/25	1	スチール	外注
4	1973.3.15	怪獣迎撃コショー砲	キャラメカ	16cm	1	トタン・バルサ	
5	1973.3.15	怪獣迎撃コショー砲	キャラメカ	12cm	1	トタン・バルサ	
6	1973.3.15	怪獣迎撃コショー砲	キャラメカ	8cm	1	トタン・バルサ	
7	1973.3.15	怪獣体内の隊員救助ミサイル、ランチャー	キャラメカ	20cm	1	スチール・バルサ	外注
8	1973.3.15	怪獣体内の隊員救助ミサイル、ランチャー	キャラメカ	17cm	1	スチール・バルサ	外注
9	1973.3.15	怪獣体内の隊員救助ミサイル、ランチャー	キャラメカ	13cm	1	スチール・バルサ	外注
10	1973.3.16	ビル解体パンチ弾	キャラメカ	1/25	3	軟球	
11	1973.3.16	ビル解体パンチ弾	キャラメカ	1/50	1	ピンポン玉	
12	1973.3.26	ビル解体パンチ弾	キャラメカ	15cm	1	発泡スチロール	
13	1973.3.26	怪獣迎撃コショー砲 アーム付	キャラメカ	25cm	1	トタン・バルサ	
14	1973.3.27	ホエール UP 用	キャラメカ	3 倍	1	ベニヤ・朴	
15	1973.3.27	ホエール UP 用	キャラメカ	2 倍	1	ベニヤ・朴	
16	1973.7.26	ホエール コクピット	キャラメカ	1/12	1	トタン・ベニヤ	
17	1973.3.7	円盤発射台	キャラメカ	160cm	1	スチール・石膏	
18	1973.4.28	地底戦車ペルミダー	キャラメカ	1/10	1	朴・スチール	
19	1973.4.6	航空爆雷火炎弾	キャラメカ	1/25	12	プラパイプ・朴	
20	1973.4.6	航空爆雷ランチャー	キャラメカ	1/25	2	ベニヤ	
21	1973.4.9	コンドル	キャラメカ	60cm	1	バルサ・ジュラ板	爆破用
22	1973.6.16	コンドル 翼部分	キャラメカ		1	バルサ	爆破用
23	1973.8.18	コンドル 翼部分	キャラメカ		1	発泡スチロール	爆破用
24	1973.4.9	攻撃機用ロケット弾ポッド	キャラメカ	13cmx7.5cm	10	トタン	外注
25	1973.7.20	攻撃機用ロケット弾ポッド	キャラメカ	13cmx7.5cm	17	トタン	外注
26	1973.5.19	ZAT 基地円盤 部分	キャラメカ	1/25	1	バルサ	爆破用
27	1973.6.11	ZAT 宇宙ステーション NOS1009	キャラメカ	1/50	1	アクリル・ベニヤ	
28	1973.6.23	怪獣迎撃装置 (スプレーバルブ)	キャラメカ	1/12	1	エンビパイプ・ラワン	
29	1973.6.23	怪獣迎撃装置 (スプレーバルブ)	キャラメカ	1/25	1	エンビパイプ・ラワン	
30	1973.6.29	ポッドランチャー・手錠弾	キャラメカ	40cm	1	トタン・ベニヤ	

31	1973.6.29	ポッドランチャー・手錠弾	キャラメカ	20cm	1	トタン・ベニヤ	
32	1973.6.29	ポッドランチャー・手錠弾	キャラメカ	10cm	1	トタン・ベニヤ	
33	1973.6.4	水中ロケット弾（魚雷）	キャラメカ	80cm	1	プラパイプ・朴	
34	1973.6.4	水中ロケット弾（魚雷）	キャラメカ	60cm	1	プラパイプ・朴	
35	1973.6.4	水中ロケット弾（魚雷）	キャラメカ	40cm	1	プラパイプ・朴	
36	1973.7.14	とりもち作戦攻撃ポッド	キャラメカ	40cm	1	FRP・バルサ	
37	1973.7.14	とりもち作戦攻撃ポッド	キャラメカ	25cm	1	FRP・バルサ	
38	1973.7.14	とりもち作戦攻撃ポッド	キャラメカ	15cm	1	FRP・バルサ	
39	1973.7.16	ZAT 戦闘パトロールカー ウルフ	キャラメカ	1/12	1	朴・バルサ	
40	1973.7.16	ZAT 戦闘パトロールカー ウルフ	キャラメカ	1/20	1	市販プラモ	改造
41	1973.7.25	錨作戦航空機搭載 投錨	キャラメカ	1/12	2	トタン	外注
42	1973.7.25	錨作戦航空機搭載 投錨	キャラメカ	1/70	2	トタン	外注
43	1973.8.31	ZAT タワー	キャラメカ	1/25	1	ベニヤ	
44	1974.2.23	エアロマシーン発着台	キャラメカ	1/25	4	紙筒・ベニヤ	未写
45	1973.2.19	ラビットパンダ	キャラメカ	1/8	1	ベニヤ・バルサ	
46	1973.5.30	ラビットパンダ	キャラメカ	1/12	1	ベニヤ・バルサ	
47	1973.7.19	ラビットパンダ	キャラメカ	1/20	1	ベニヤ・バルサ	
48	1973.3.14	ラジコン機	航空	8cm	1	朴	
49	1973.3.14	ラジコン機	航空	4cm	4	朴	
50	1973.3.8	セスナスカイホーク	航空	1/20	1	ニチモ製プラモ	
51	1973.3.8	エアロスバル	航空	1/20	1	ニチモ製プラモ	
52	1973.4.6	ロッキード P2V ネプチューン（海上保安庁）	航空	1/72	1	ハセガワ製プラモ	
53	1973.7.9	ボーイング 747 AIR CMONDS	航空	1/100	1	ニットウ製プラモ	電飾、（架空）
54	1973.7.9	ボーイング 747 AIR CMONDS	航空	1/100	1	ニットウ製プラモ	事故残骸、（架空）
55	1973.8.24	ボーイング 747（ロシア航空）	航空	1/100	1	ニットウ製プラモ	（架空）
56	1973.8.24	ボーイング 747（ロシア航空）	航空	1/288	1	ニットウ製プラモ	（架空）
57	1973.3.30	貨物船 第四さくら丸	艦船	1.9m	1	トタン・ベニヤ	（架空）
58	1973.4.3	貨物船 第四さくら丸船尾部分	艦船	1.2m	1	ベニヤ	UP 用（架空）
59	1973.4.6	貨物船 さふらん丸	艦船	2.2m	1	トタン・ベニヤ	（架空）
60	1973.4.6	貨客船 第六福神丸	艦船	2.2m	1	ラワン・ベニヤ	（架空）
61	1973.4.7	漁船 大和丸	艦船	60cm	1	FRP	（架空）
62	1973.4.7	漁船 航友丸	艦船	60cm	1	FRP	（架空）
63	1973.4.7	漁船 第 26 熊田丸	艦船	40cm	1	FRP	（架空）
64	1973.4.7	漁船 御名良丸	艦船	40cm	1	FRP	（架空）
65	1973.4.7	磯舟	艦船	30cm	2	バルサ	
66	1973.5.12	ボート	艦船	44cm	1	バルサ	
67	1973.5.12	ボート	艦船	22cm	1	バルサ	
68	1973.2.12	タンカー マーサー号	艦船	2.8m	1	鉄板・ベニヤ	（架空）
69	1973.3.15	新幹線 先頭車	鉄道	1/25	2	トタン	外注
70	1973.3.15	新幹線 客車	鉄道	1/25	4	トタン	外注
71	1973.6.23	那須ロープウェイ	鉄道	1/12	2	バルサ・トタン	
72	1973.3.10	ブルドーザー	車両	1/10	2	市販トーイ	
73	1973.6.16	ブルドーザー	車両	1/10	2	市販トーイ	
74	1973.3.10	ショベルカー	車両	1/10	2	市販トーイ	
75	1973.6.16	ショベルカー	車両	1/10	1	市販トーイ	
76	1973.3.10	トラック	車両	1/10	2	市販トーイ	
77	1973.5.24	ダンプカー	車両	1/10	2	市販トーイ	ゾーン使用品
78	1973.6.15	三菱扶桑８ｔダンプ T800FD	車両	1/10	2	ベニヤ・朴	
79	1973.6.20	三菱扶桑８ｔダンプ T801FD	車両	1/8	2	市販トーイ	
80	1973.2.24	オイルドリンカー頭部	怪獣	1m	1	発泡スチロール	
81	1973.5.31	怪獣ボルケラーの胃袋	怪獣	80cm	1	ウレタン	
82	1973.6.8	怪獣ボルケラー	怪獣	90cm	1	発泡スチロール	
83	1973.7.3	怪獣 オカリヤン	怪獣	1m	1	発泡スチロール	
84	1973.7.6	ケムジラの繭	怪獣	1mx0.65mD	1	アクリル	
85	1973.8.16	怪獣蛾	怪獣	10cm	20	紙	
86	1973.8.18	怪獣蛾	怪獣	10cm	20	紙	設計変更
87	1973.2.10	蒸溜塔２種	情景 ST	1/25	4	トタン	外注
88	1973.2.10	ドラム缶	情景 ST	10cm	20	トタン	外注
89	1973.2.10	ドラム缶	情景 ST	5cm	40	トタン	外注
90	1973.2.10	給炭塔	情景 ST	1/25	1	トタン	外注
91	1973.2.12	コンテナー	情景 ST	20cm	14	ベニヤ	
92	1973.2.12	コンテナー	情景 ST	10cm	20	ベニヤ	
93	1973.2.12	電柱	情景 ST	30cm	5	朴	
94	1973.2.12	クレーン	情景 ST	2m	1	トタン	外注
95	1973.2.12	クレーン	情景 ST	1m	1	ベニヤ	
96	1973.3.15	クレーン	情景 ST	1/25	1	ベニヤ	
97	1973.4.7	クレーン	情景 ST	1/25	1	トタン	

98	1973.2.12	公園小物 小屋	情景 ST	1/25	1	ベニヤ	
99	1973.2.12	公園小物 藤棚	情景 ST	1/25	1	ベニヤ	
100	1973.2.12	公園小物 ベンチ	情景 ST	1/25	1	ベニヤ	
101	1973.2.12	係留杭	情景 ST	1/25	12	バルサ	
102	1973.2.12	パイプライン支柱	情景 ST	20cm	10	朴	
103	1973.2.12	パイプライン支柱	情景 ST	10cm	10	朴	
104	1973.2.12	パイプライン台床	情景 ST	10cm	5	バルサ	
105	1973.2.12	パイプライン台床	情景 ST	5cm	9	バルサ	
106	1973.2.23	看板各種	情景 ST	1/10 ～ 1/25	30	ベニヤ	
107	1973.2.23	飯場用小物 月桂樹ビン	情景 ST	1/10	6	朴	
108	1973.2.23	飯場用小物 ビールビン	情景 ST	1/10	6	朴	
109	1973.2.23	飯場用小物 ヘルメット	情景 ST	1/10	7	朴	
110	1973.3.19	飯場用テーブル	情景 ST	1/20	3	ベニヤ	
111	1973.3.19	飯場用ベンチ	情景 ST	1/20	6	ベニヤ	
112	1973.2.27	ブロンズレリーフ板	情景 ST	1/25	1	ベニヤ	
113	1973.2.27	モザイク壁画	情景 ST	1/25	1	ベニヤ	
114	1973.2.7	東京タワー	情景 ST	1/165	1	トタン	外注
115	1973.3.1	広告塔 A	情景 ST	20cm	2	ベニヤ	
116	1973.3.1	広告塔 A	情景 ST	10cm	2	ベニヤ	
117	1973.3.1	広告塔 B	情景 ST	10cm	2	ベニヤ	
118	1973.3.1	広告塔 B	情景 ST	5cm	2	ベニヤ	
119	1973.3.1	広告塔 C	情景 ST	30cm	1	ベニヤ	
120	1973.3.1	広告塔 C	情景 ST	15cm	1	ベニヤ	
121	1973.3.1	広告塔 D	情景 ST	15cm	2	ベニヤ	
122	1973.3.1	広告塔 D	情景 ST	8cm	2	ベニヤ	
123	1973.3.1	広告塔 E	情景 ST	30cm	1	ベニヤ	
124	1973.3.1	広告塔 E	情景 ST	20cm	1	ベニヤ	
125	1973.3.11	変電所支柱	情景 ST	1/25	1	ベニヤ	
126	1973.3.11	碍子	情景 ST	1/25	6	朴	
127	1973.3.15	水道本管	情景 ST	1/12	4	プラパイプ	
128	1973.3.15	水道本管	情景 ST	1/25	4	プラパイプ	
129	1973.3.15	トランス	情景 ST	1/25	3	ベニヤ	
130	1973.3.15	プロパンガスタンク	情景 ST	1/25	2	プラパイプ・バルサ	
131	1973.3.17	生コンタワー	情景 ST	1/25	1	ラワン	
132	1973.3.17	石炭ストーブ	情景 ST	1/25	1	朴	
133	1973.3.19	怪獣の鼻穴	情景 ST	1/25	1	シリコンラバー	
134	1973.3.29	団地（現代企画）	情景 ST	1/25	5	ベニヤ	外注
135	1973.3.6	ビル屋上給水塔	情景 ST	1/25	2	ベニヤ・トタン	
136	1973.3.6	ビル屋上給水塔	情景 ST	1/50	2	ベニヤ・トタン	
137	1973.3.6	変電室	情景 ST	1/25	3	ベニヤ	
138	1973.3.6	ビル屋上電波塔 A	情景 ST	1/25	1	ベニヤ	
139	1973.3.6	ビル屋上電波塔 B	情景 ST	1/25	1	ベニヤ	
140	1973.3.6	制御機器室	情景 ST	1/20	5	ベニヤ	
141	1973.3.6	制御機器室	情景 ST	1/25	2	ベニヤ	
142	1973.3.7	歩道橋	情景 ST	1/25	2	ベニヤ	
143	1973.3.7	ビル屋上給水タンク	情景 ST	1/20	3	ベニヤ	
144	1973.3.7	ビル屋上給水タンク	情景 ST	1/25	2	ベニヤ	
145	1973.3.7	ビル屋上貯水タンク	情景 ST	1/20	1	ラワン	
146	1973.3.7	ビル屋上貯水タンク	情景 ST	1/25	1	ラワン	
147	1973.3.8	オブジェ	情景 ST	20cm	2	発泡スチロール	
148	1973.3.8	ブロンズ像	情景 ST	20cm	1	発泡スチロール	
149	1973.3.8	管制塔、吹流し	情景 ST	1/25	1	ベニヤ	
150	1973.3.8	ビル上屋	情景 ST	1/20	1	ベニヤ	
151	1973.3.8	ビル上屋	情景 ST	1/25	1	ベニヤ	
152	1973.3.8	機械室	情景 ST	1/20	1	ベニヤ	
153	1973.3.8	機械室	情景 ST	1/25	1	ベニヤ	
154	1973.4.13	ブリッジ内部と機器	情景 ST	1/25	1	バルサ・朴	
155	1973.4.23	コクピット内部	情景 ST	1/10	1	ベニヤ	未写
156	1973.4.4	送電塔	情景 ST	1/25(1m)	1.5	発泡スチロール	溶かされ用
157	1973.4.4	ビル	情景 ST	1/25	1	石膏	壊され用
158	1973.4.4	ビル	情景 ST	1/25	1	発泡スチロール	溶かされ用
159	1973.4.5	道路標識各種	情景 ST	1/25	25	ボール紙	
160	1973.4.7	乾し網	情景 ST	20cm	5	金網	
161	1973.4.7	乾し網	情景 ST	13cm	6	金網	
162	1973.4.7	乾し網	情景 ST	9cm	10	金網	
163	1973.4.7	漁船用キャピスタン	情景 ST	15cm	3	ラワン	
164	1973.4.7	漁船用キャピスタン	情景 ST	10cm	3	ラワン	

165	1973.4.7	浮き	情景 ST	3cm	20	発泡スチロール	
166	1973.4.7	浮き	情景 ST	2cm	20	発泡スチロール	
167	1973.4.7	木樽	情景 ST	6cm	5	バルサ	
168	1973.4.7	木樽	情景 ST	3.5cm	10	バルサ	
169	1973.4.7	看板３種	情景 ST	1/25	3	ベニヤ	
170	1973.4.9	地下室内暖房パイプダクト	情景 ST	1/25	3	プラパイプ	
171	1973.5.15	墓地小物 墓石各種	情景 ST	1/15	110	木・バルサ・ベニヤ	
172	1973.5.15	墓地小物 墓碑	情景 ST	1/15	30	木・バルサ・ベニヤ	
173	1973.5.15	墓地小物 卒塔婆	情景 ST	1/15	50	木・バルサ・ベニヤ	
174	1973.5.15	墓地小物 卒塔婆立て	情景 ST	1/15	30	木・バルサ・ベニヤ	
175	1973.5.15	墓地小物 花立・線香台・灯籠・墓台	情景 ST	1/15	100	木・バルサ・ベニヤ	
176	1973.5.15	街小物 消火器	情景 ST	1/20	5	ベニヤ・トタン	
177	1973.5.15	街小物 看板各種	情景 ST	1/20	25	ベニヤ・トタン	
178	1973.5.15	街小物 告知板	情景 ST	1/20	3	ベニヤ・トタン	
179	1973.5.15	街小物 垣根・塀各種	情景 ST	1/20	30	ベニヤ・トタン	
180	1973.5.16	捨子塚・線香立て・石像	情景 ST	1/15	1	ベニヤ・石膏	
181	1973.5.28	温泉ボーリング櫓・小物	情景 ST	1/25	1	朴・ベニヤ	
182	1973.5.29	営林局看板と道標	情景 ST	1/15	2	朴・ベニヤ	
183	1973.5.29	営林局看板と道標	情景 ST	1/25	2	朴・ベニヤ	
184	1973.6.15	プロパンガスボンベ	情景 ST	1/20	2	朴	
185	1973.6.28	屋内機器 各種	情景 ST	1/25	1	ラジオシャシー	
186	1973.6.28	踏切小物 遮断機	情景 ST	1/10	2	ベニヤ・朴	
187	1973.6.28	踏切小物 警報機	情景 ST	1/10	2	ベニヤ・朴	
188	1973.6.28	踏切小物 柵	情景 ST	1/10	4	ベニヤ・朴	
189	1973.6.5	電柱	情景 ST	1/25	3	発泡スチロール	溶かされ用
190	1973.6.5	電柱	情景 ST	1/25	5	朴	ゾーン使用品
191	1973.6.7	観覧車	情景 ST	1/25	1	トタン	外注
192	1973.6.8	アーケード	情景 ST	1/25	4	ベニヤ	
193	1973.7.17	公園小物 ブランコ	情景 ST	1/20	2	朴・針金・ベニヤ	
194	1973.7.17	公園小物 鉄棒	情景 ST	1/20	1	朴・針金・ベニヤ	
195	1973.7.17	公園小物 ジャングルジム	情景 ST	1/20	1	朴・針金・ベニヤ	
196	1973.7.17	公園小物 滑り台	情景 ST	1/20	2	朴・針金・ベニヤ	
197	1973.7.19	家具 テレビ	情景 ST	1/12	2	市販トーイ	
198	1973.7.19	家具 タンス	情景 ST	1/12	1	市販トーイ	
199	1973.7.19	家具 サイドテーブル	情景 ST	1/12	1	市販トーイ	
200	1973.7.19	家具 鏡台	情景 ST	1/12	1	市販トーイ	
201	1973.7.21	食器 各種	情景 ST	1/12	30	市販トーイ	
202	1973.7.24	コンクリートアーチ橋	情景 ST	1/25	1	ベニヤ	
203	1973.7.24	農家	情景 ST	1/25	4	ベニヤ	
204	1973.7.24	農家	情景 ST	1/25	2	バルサ	
205	1973.7.24	小屋	情景 ST	1/25	2	ジュラ板	
206	1973.7.24	小屋	情景 ST	1/25	2	ベニヤ	
207	1973.7.24	火の見櫓	情景 ST	1/25	1	トタン	外注
208	1973.7.25	水車小屋	情景 ST	1/25	1	ベニヤ	
209	1973.7.28	家具 各種	情景 ST	1/12	24	市販トーイ	
210	1973.7.28	団地 部分	情景 ST	1/10	1	ベニヤ	UP 用
211	1973.7.7	神代団地	情景 ST	1/25	5	ベニヤ	
212	1973.8.16	送電塔	情景 ST	85cm	1	発泡スチロール	溶かされ用
213	1973.8.16	工場内サイン 歩行禁煙	情景 ST	1/25	3	ベニヤ	
214	1973.8.16	工場内サイン 頭上注意	情景 ST	1/25	3	ベニヤ	
215	1973.8.16	工場内サイン 安全マーク	情景 ST	1/25	5	ベニヤ	
216	1973.8.18	コンビナートユニット	情景 ST	1/20	1	トタン	外注
217	1973.9.4	石燈籠	情景 ST	15cm	1	バルサ	
218	1973.9.4	狛犬	情景 ST	15cm	2	バルサ	
219	1973.4.13	月切だし	宇宙	40cm	1	アクリル板	
220	1973.4.13	月切だし	宇宙	20cm	1	アクリル板	
221	1973.8.22	ムルロア星	宇宙	50cmD	1	アクリルボール	
222	1973.5.31	枇榔樹	情景 SC	1/25	適量	羽毛・ウレタン	
223	1973.6.9	珊瑚	情景 SC	30cm	30	ラテックス	
224	1973.8.16	街路灯	情景 SC	40cm	10	トタン	外注
225	1973.8.16	街路灯	情景 SC	30cm	15	トタン	外注
226	1973.2.14	花	造花	5cmD	60	ホンコンフラワー	
227	1973.2.16	花弁	造花	50cmD	1	スポンジ	
228	1973.4.10	八丈島	地形	1.3mx0.8m	1	石膏・発泡スチロール	外注
229	1973.4.10	八丈小島	地形	0.3mx0.15m	1	石膏・発泡スチロール	外注
230	1973.8.23	関東・東海地形	地形	1/20 万	1	ベニヤ台・ボンド紙粘土	
231	1973.4.9	大蛸の足１本	動物	1.2m	1	スポンジ	

232	1973.6.9	魚 5 種	動物	8cm	75	市販品	
233	1973.7.13	豚肉と牛肉	動物	1/12	6	ウレタン	
234	1973.3.8	豚	動物	1/25	3	油土	
235	1973.3.8	犬	動物	1/25	1	油土	
236	1973.3.14	ZAT 隊員 (光太郎) 人形	フィギュア	30cm	2	市販人形	改造
237	1973.3.14	ZAT 隊員 (光太郎) 人形	フィギュア	20cm	2	ゴム	
238	1973.3.14	ZAT 隊員 (光太郎) 人形	フィギュア	13cm	2	ゴム	
239	1973.3.17	ZAT 隊員 (光太郎) 人形	フィギュア	30cm	1	市販人形	改造
240	1973.3.30	ZAT 隊員 (光太郎) 人形	フィギュア	13cm	1	ゴム	
241	1973.4.11	ZAT 隊員 (光太郎) 人形	フィギュア	6cm	3	ウレタン	
242	1973.4.4	ZAT 隊員 (光太郎) 人形	フィギュア	20cm	1	ゴム	
243	1973.4.9	ZAT 隊員 (光太郎) 人形	フィギュア	13cm	3	ゴム	
244	1973.4.2	脱出用 ZAT 隊員人形	フィギュア	1/25	3	鉛	外注
245	1973.4.7	脱出用 ZAT 隊員人形	フィギュア	1/50	3	鉛	外注
246	1973.3.25	雲バック	撮影備品	3.6mx1.7m	1	ホリゾンパネル	
			計	1340.5			

▲地底戦車ペルミダーII世、1/10。

▲ ZAT 隊の車輌。1/8 ～ 1/20。ウルフ 777、ラビットパンダなど。

▲海上保安庁のネプチューン 1/72。

▲ラビットパンダ本編車

▲ﾗﾋﾞｯﾄﾊﾟﾝﾀﾞ 1/12、バイトのゆうこ。

▼セスナスカイフォーク 1/20 とエアロスバル 1/20 と筆者。

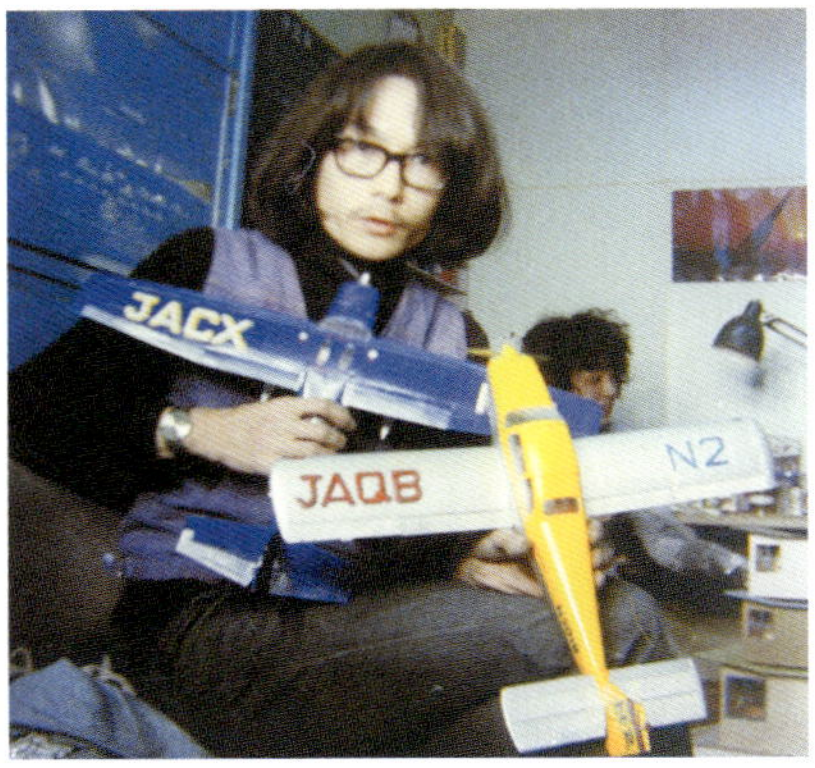

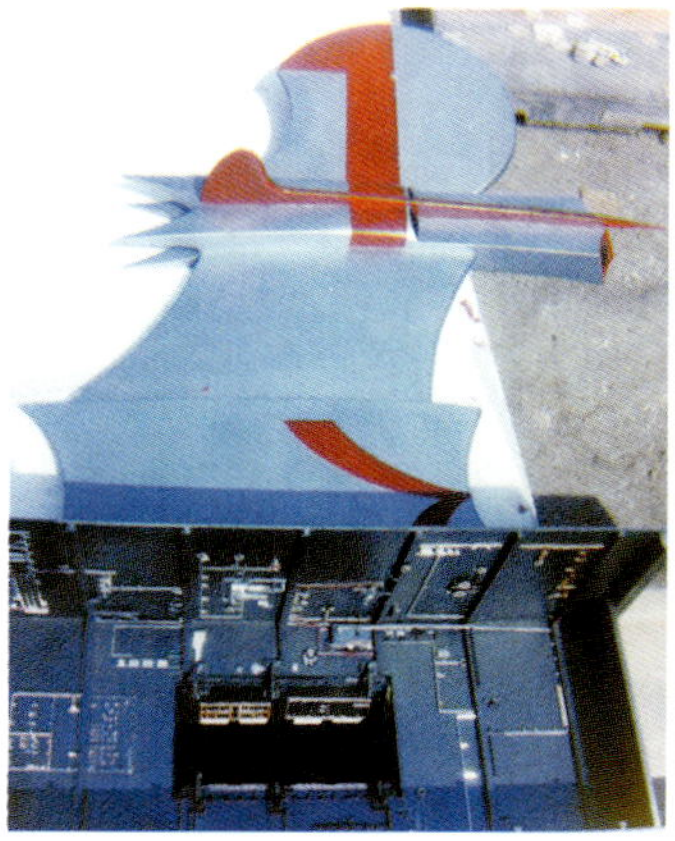

▲ホエール UP 用 3 倍。

▲ ZAT 基地円盤 部分 1/25 爆破用。

▲水中ロケット弾 (魚雷) 原案、80cm。

▶水中ロケット弾 (魚雷)、改案、60cm。

〔ZAT アイテム〕

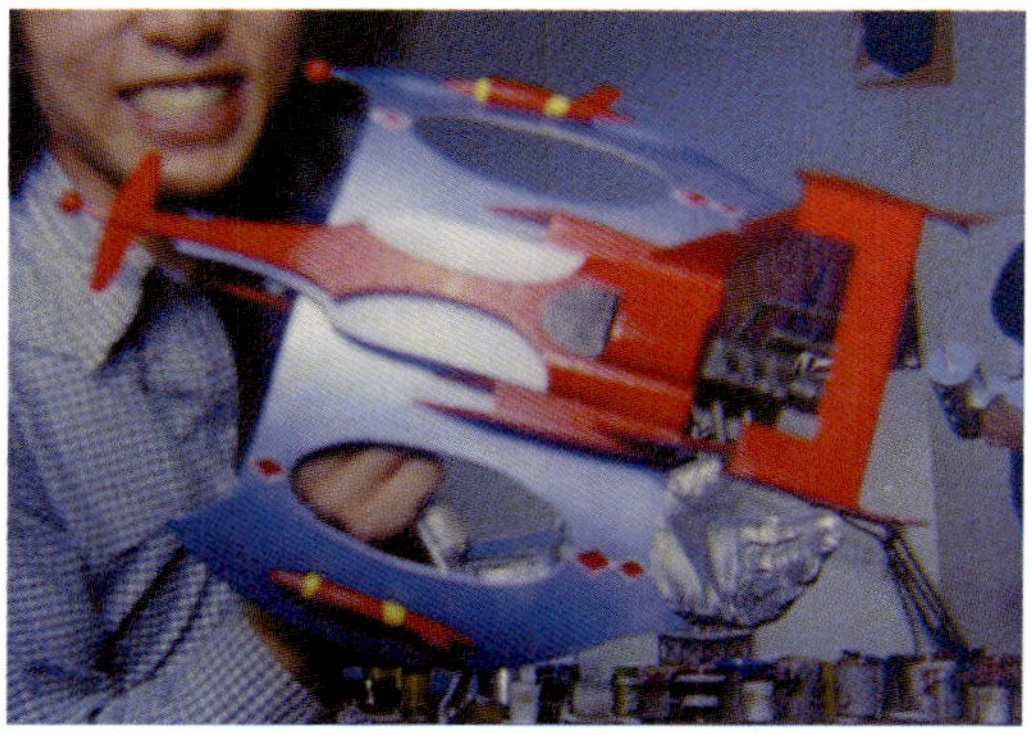

▲スーパースワロー 1/25 爆破用。

▲コンドル 1 号 60cm 爆破用。

◀ 1/50 スケールの ZAT 宇宙ステーション。

▶とりもち作戦攻撃ポット 40cm と 25cm。

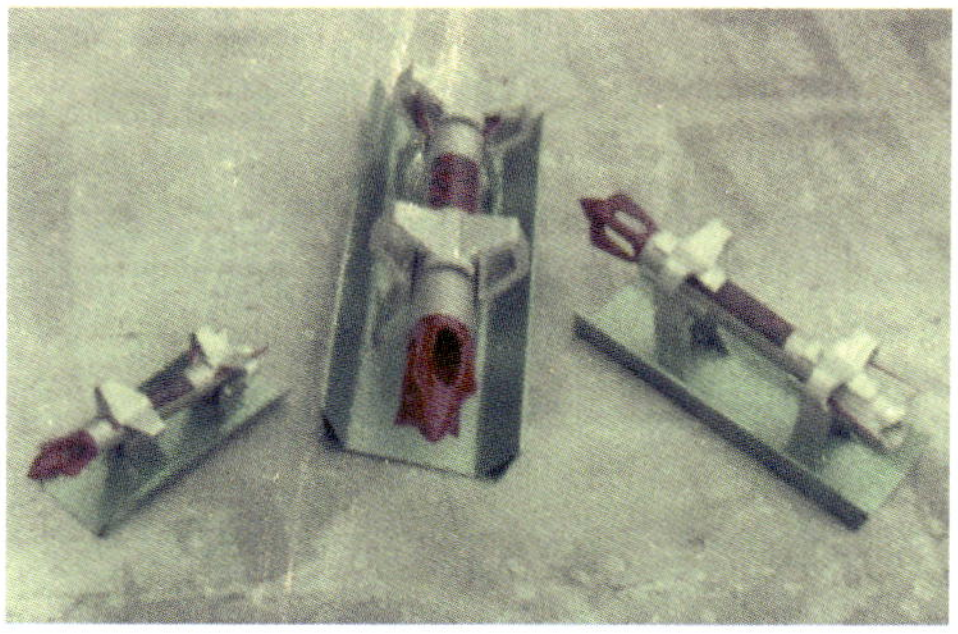

▲怪獣体内隊員救助ミサイルとランチャー各サイズ。

▲怪獣迎撃コショー砲 16cm、12cm、8cm。

▲怪獣捕獲手錠弾 40cm。

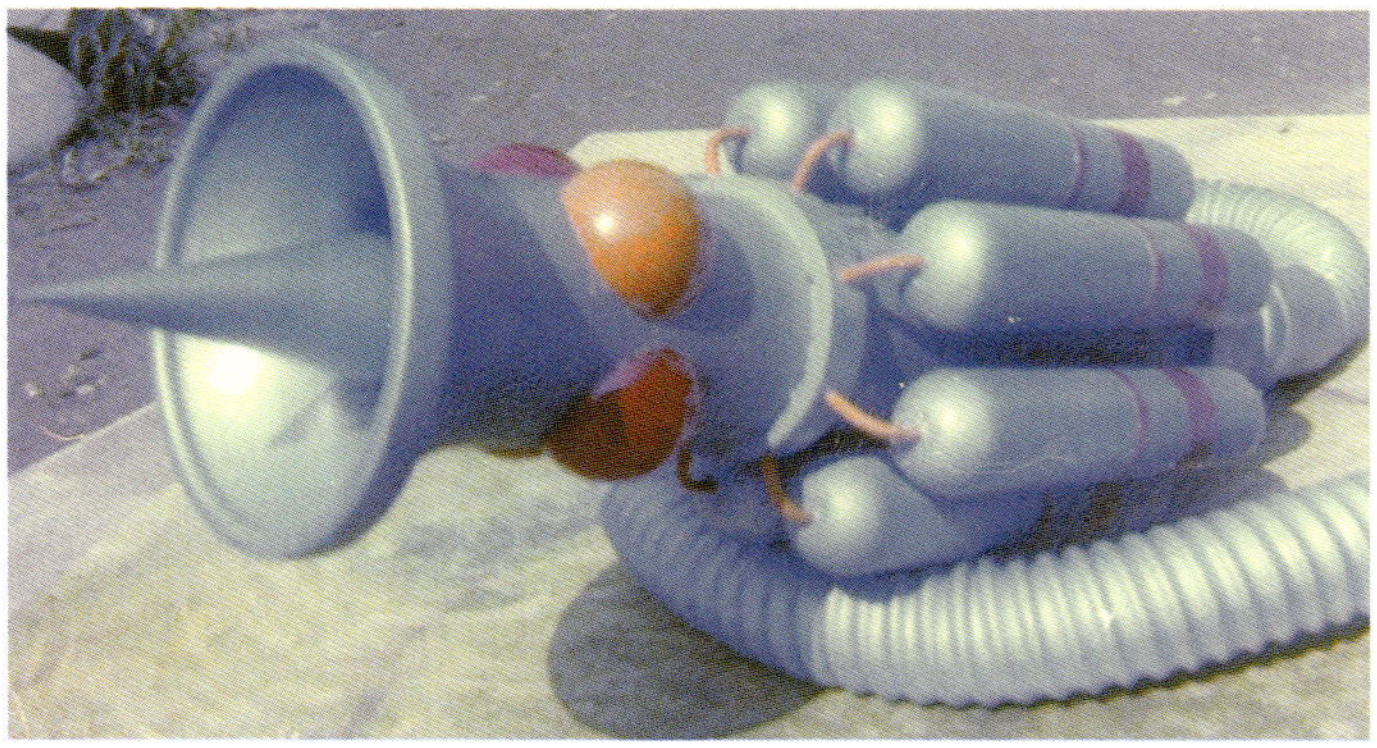

▲怪獣迎撃装置スプレーバルブ（特殊噴霧装置ノズル部分）、1/12。

▲怪獣迎撃コショー砲、25cm。

▲怪獣オカリヤン 90cm、発泡スチロール製。

▲怪獣ボルケラー 90cm、発泡スチロール製。

▲ ZAT 基地用の支柱。

▼スポンジ製大蛸の足と仕上師小島こーちゃん。

▼怪獣ボルケラーの胃袋。

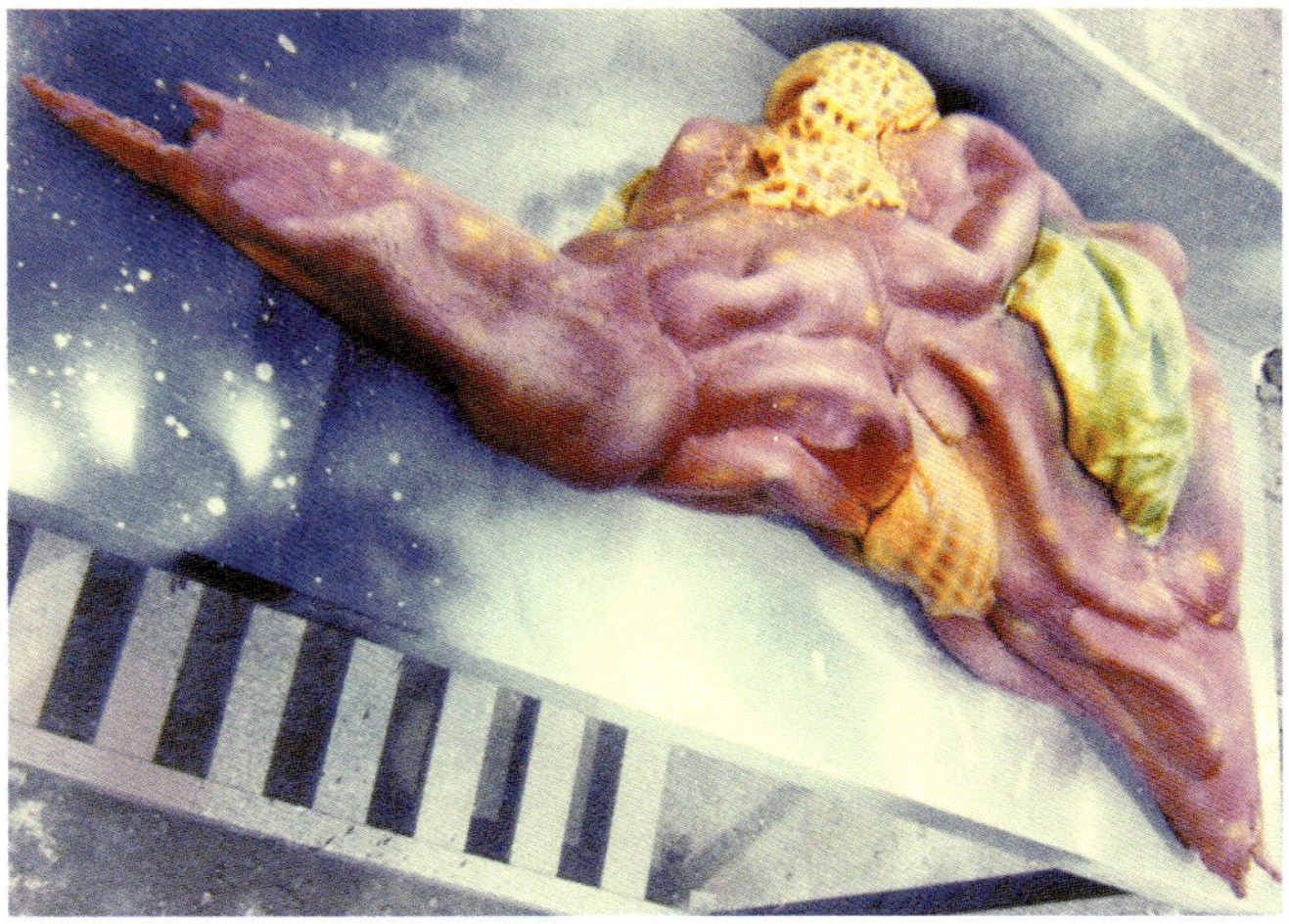

▲ 1/25 農家。後ろのネッシーは町田大丸展示用。

◀生コンタワー 1/25。こうした波板壁の部分へのレタリングは面倒だ。

▼給炭塔 1/25。

▶水車小屋 1/25。

▲貨客船 第六福神丸、2.2m。

▲貨物船 第四さくら丸船尾部分、1.2m。

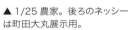

▲墓石の群れ。

▲1/25 スケールの０系新幹線。

▲プロパンガスタンク、1/25。

▲ブリッジ内部、1/25。

【TV】『マッハバロン』【納品のみ】

●外伝未収録

こんな小さな模型で特撮用というのでビックリ。でもエイジングやウェザリングは不要とのこと。

どんな使われ方をしたのか知らないが、出来としては本編の商社デスクに置くような、展示用としてのグレードかなぁ？

No	仕上日	アイテム	区分	スケール	数	主材	メモ
1	1974.8.16	客船 第一白富士丸	船舶	90cm	1	FRP・木	
				計	1		

【TV】『恐竜探検隊ボーンフリー』〔納品のみ〕
●外伝未収録

この年は細かいものを含めた数多くの仕事が特美に入った。特撮映画が4本、CFが25本、単品製作が18件、イベント展示が7件、博物館展示が2件と多忙を極めた。　この研究所と内部作り物は、撮影ステージに建込みに行ったのか、TVクルーが特美へ取りに来たのか、忘れてしまったけれど、左写真の様に実景の空で写すと1／50の小さな模型には見えない。写真を大きくするとボロが出るけどね。

No	仕上日	アイテム	区分	スケール	数	主材	メモ
1	1976.8.17	研究所 エレベーター部分・壁	ストラクチャー	1/10	1	木軸・ベニヤ	
2	1976.8.17	研究所	ストラクチャー	1/50	1	木軸・ベニヤ	
				計	2		

【TV】『雄気堂々若き日の渋沢栄一』〔特撮〕
1982年1月3日 NHK TV放映　●外伝未収録

制作　NHK
監督　重光亨彦
（塗装仕上　小島耕司、長沼孝）

大プールの特撮に就いたハズだが、記録ノートにあるのはここに書かれているメモのみ。珍しくスタッフ名も記録されていない。が、たぶん中野組だったと思う。

▶▼船名は覚えていない。形状的には南蛮船だけど、日の丸があったから日本国籍なのだろうと思うが……。

No	仕上日	アイテム	区分	スケール	数	主材	メモ
1	1981.9.24	南蛮船	艦船	3.6m	1	木	
				計	1		

【TV】『海にかける虹』（特撮）

1983年1月2日　TV東京放映　●外伝・上・シーン27

制　作　テレビ東京、東映
監　督　渡邊祐介、村山新治、鷹森立一
特殊技術　中野昭慶
特殊美術　小村完（長沼孝、林和久）
（塗装仕上　小島耕司）

▲本編ロケ地、旧霞ヶ浦航空隊。戦記物得意な筆者にとり聖地のような場所だ。繋がりでこの飛行場セットを製作するので、行く事が出来た。特撮模型は、ボロな格納庫？の脇に駐機している複葉機を作る。

◀『外伝』でも述べたけど、この練習機（13式艦攻を改造した設定。ホントかな?）を作図するのに結構手間取った。複葉機のパーツは割と繊細だから。まぁどうせ自分で仕上げるのだから後から幾らでも手を入れられる。左の離陸滑走時と飛行中の写真を見比べると、補助翼を可動するように作ってあるのがわかるはず。テレビ画面（当時はブラウン管）で見えるかどうかは不明。模型少年のこだわりだね。

▲ラバウル基地に駐機する１式陸攻、1/20スケール。

▲ラバウル基地セット、一式陸攻が吊ってある。滑走路に埃を撒く。

No	仕上日	アイテム	区分	スケール	数	主材	メモ
1	1982.11.24	三菱一式陸上攻撃機 11 型 (G3M1)	航空	1/20	1	バルサ	ラバウル基地隊 323
2	1982.11.24	三菱一式陸上攻撃機 11 型 (G3M1)	航空	1/20	1	バルサ	ラバウル基地隊 352
3	1982.11.24	赤トンボ練習機　（霞ヶ浦航空隊）	航空	1/15	1	バルサ	一三式艦攻改造代用
4	1982.11.24	ラバウル基地 セット 、小物	情景シーナリィ	適当	1	ベニヤ・ヒムロ・椰子	
5	1982.11.24	霞ヶ浦航空隊基地セット 、小物	情景シーナリィ	適当	1		ラバウル基地飾替え
				計	5		

【TV】『山河燃ゆ』〔本編特撮／納品のみ〕

NHK TV放映 ●外伝未収録

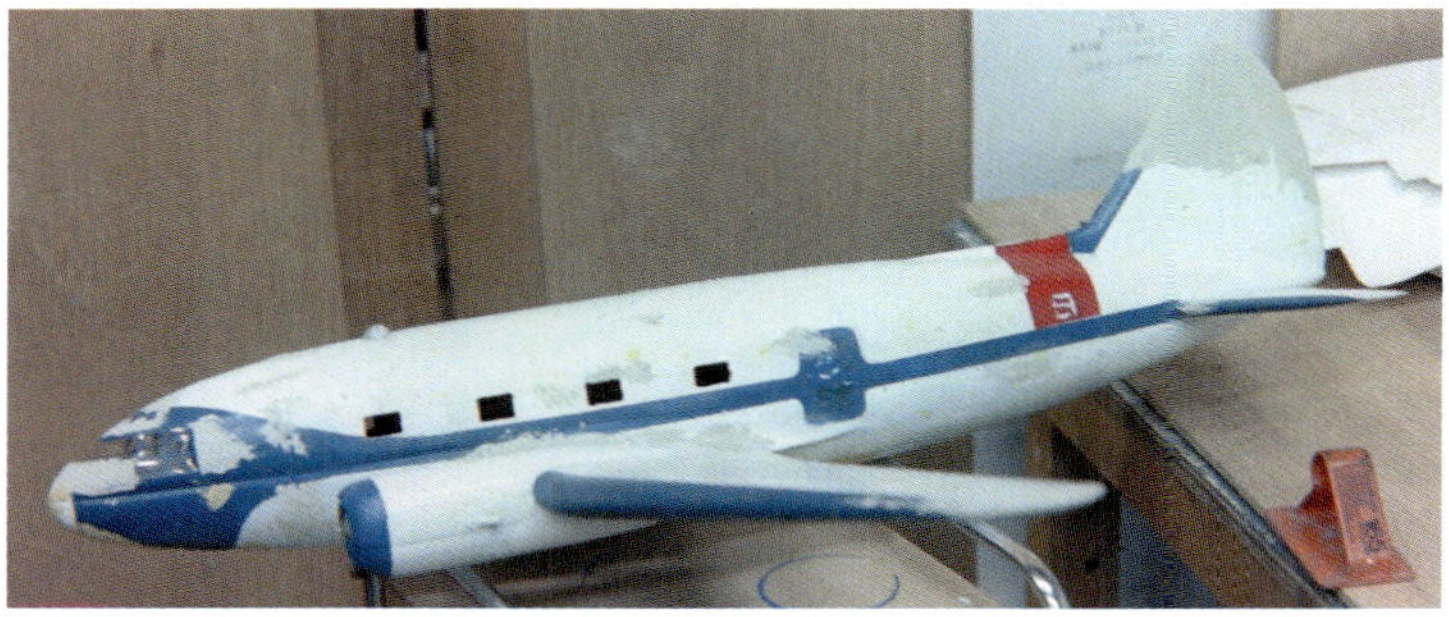

◀▲倉庫にあった機体を、筆者なりに削ったりしてシャープにシェイプアップした。下地塗装完了写真しかなかった。

No	仕上日	アイテム	区分	スケール	数	主材	メモ
1	1984.10.15	カーチス C46 コマンド 極東空軍機	航空	1/20	1	バルサ	アリモノ補修
				計	1		

【TV】『五稜郭』〔特撮〕

1988年12月30日〜31日 日本TV放映 ●外伝・下・シーン46

制作　ユニオン映画
監督　斎藤光正
特技監督　川北紘一
特殊美術　小村完（高橋勲）
特殊効果　鳴海聡
操演　鳴海聡（白石雅彦）
塗装仕上　小島耕司

▶幕府海軍旗艦開陽丸。全長3.6m。本作品主役の艦だから登場も多い。

昭和の終わり頃は12月30日と大晦日に二夜連続で年末時代劇を放送するのが日テレさんの慣例となっていた。

この『五稜郭』はその4作目で、幕臣榎本武揚を軸に戊辰・箱館戦争を描いたものだったが、旧幕府海軍艦隊と新政府軍艦隊の海戦シーンがあることもあり、旗艦開陽ほかの艦艇も製作され、特撮が大きく起用されていた。

戊辰／明治期の五稜郭が撮影所のオープンに製作されたのもまた見どころのひとつだった。

▲国産初の軍艦と言われる千代田形も製作された。

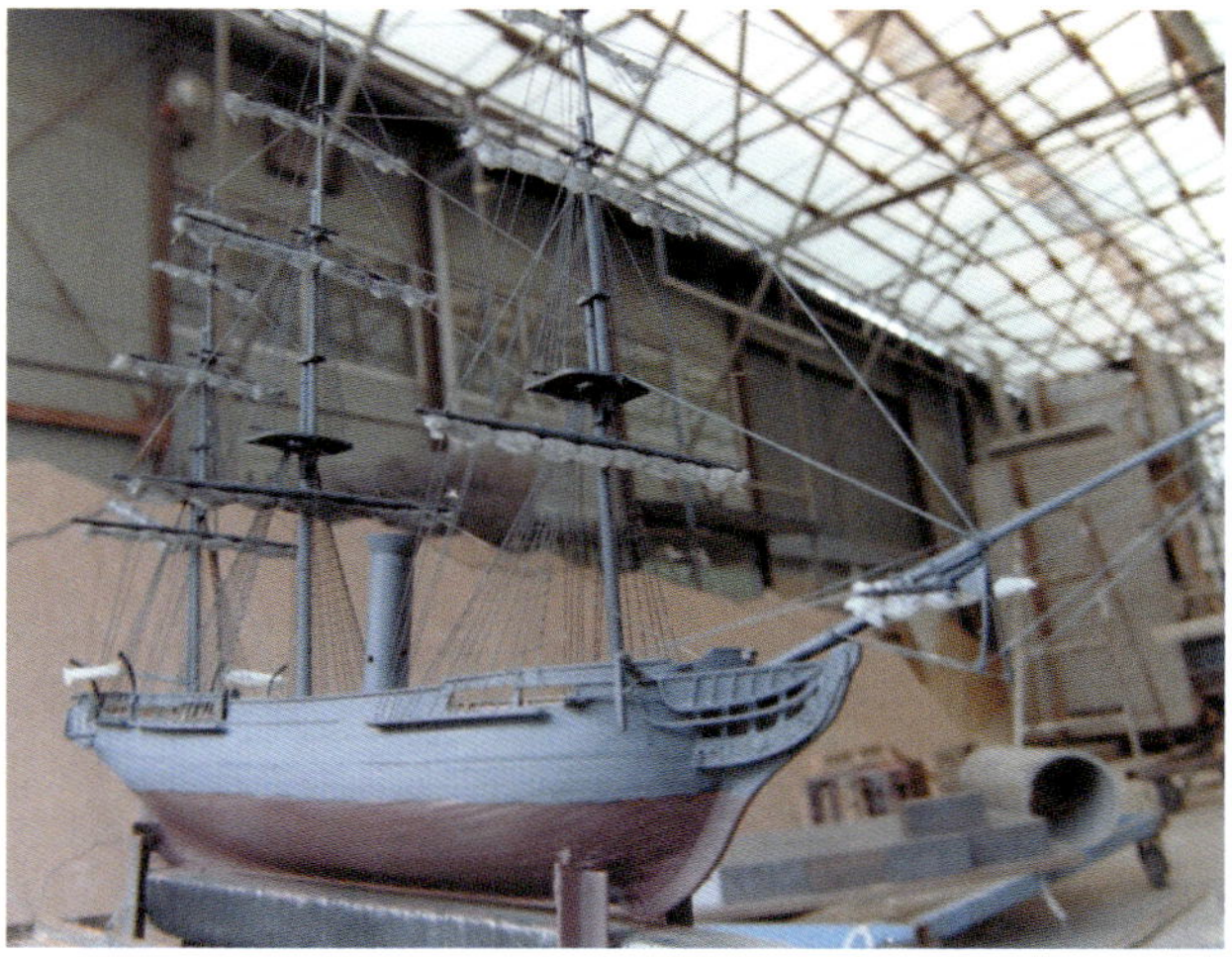

▶スクリュー船 咸臨丸、2.5m。アメリカへ渡った有名な船だ。

▲▶続々と進水していく幕府艦隊模型艦たち。

▲左には手持ち無沙汰な松本操演技師。

No	仕上日	アイテム	区分	スケール	数	主材	メモ
1	1988.11.14	旧幕府海軍 回天丸	艦船	1/20	1	FRP	3.5m、外注
2	1988.11.14	旧幕府海軍 開陽丸	艦船	1/20	1	FRP	3.6m、外注
3	1988.11.14	旧幕府海軍 千代田形	艦船	1/20	1	FRP	1.6m、外注
4	1988.11.14	旧幕府海軍 咸臨丸	艦船	1/20	1	FRP	2.5m、外注
5	1988.11.14	旧幕府海軍 外輪艦	艦船	1/20	1	FRP	2.8m、艦名不明 、外注
6	1988.11.28	函館五稜郭 セット	情景 SC	1/150	1	etc	オープン全面
				計	6		

▲五稜郭全景。新政府軍の砲撃によって壊されるセットと判っていても、特美スタッフは撮影に間に合わせるためにもくもくと働く。

◀東宝撮影所最奥の原っぱ、通称「オープン」に広大な五稜郭と周辺のミニチュアセットの最終調整。この日はTVが取材撮影に来ていた。多分日本テレビの速報クルーだろうね。

▶埃色の入った霧吹きで調子を整える川北監督（写真左の人物）。こうして川北監督が取材カメラに写ることにより、宣伝効果も上がるというもの。

【TV】『愛と哀しみの海』〔本編特撮〕

1990年8月15日 TBS放映 ●外伝・下・シーン48

制　作　TBS
監　督　堀川弘通
大和セッティング　長沼孝（林谷和志）

このドラマのほんの一部、戦艦大和建艦中の呉工廠の景色をセッティングしたのが、筆者が関わった特撮用模型の最後となる。

この後しばらくして営業部へと異動となり、展示・テーマパーク担当となってしまったからだ。雰囲気が出ればね、との事で装飾したが……。

▲呉海軍工廠で最終艤装中の戦艦大和という設定だが、新造時にあった15.5㎝副砲のパーツがどこにも見当たらず、建物を配置してその部分を隠すようにした。

No	仕上日	アイテム	区分	スケール	数	主材	メモ
1	1990.7.13	呉軍港艤装ポンツーンセット	情景ST	1/40	1	FRP	3.5m
2	1990.7.13	戦艦大和	艦船	1/40	1	アリモノ	昭和16年10月艤装中に改装
3	1990.7.13	空バック	背景	4.5mx3m	1	ベニヤパネル	作画
				計	3		

【CF】『中島トーイ』〔特撮〕

●外伝未収録

ステージにセッティングし、セットを建て込むまでが特美の仕事。撮影は外のスタッフがやる。特美として現場付きがないから、使用した塗料を小分けして渡しておく。撮影中のタッチアップ補修用として。
　ドームの赤ライン引きにマスキングテープを使う。ただ石膏製なので仕上げの色が載らないから、クリアーラッカーをバンバン浸み込ませ、表面のモロモロ肌を硬くする。銀というかアルミ色を吹いて、ベース色完了。これでやっとマスキングテープが貼れる。この硬肌工程をさぼるとテープを剥がす時にベース色も剥がれてしまう。石膏に色を塗るというのはなかなかに厄介なのですよ。

No	仕上日	アイテム	区分	スケール	数	主材	メモ
1	1973.6.9	ドーム型基地	情景 ST	1/50	1	石膏、針金	30cmD
2	1973.6.9	ドーム型基地	情景 ST	1/50	1	石膏、針金	20cmD
3	1973.6.9	惑星岩山	情景 SC	フリー	1	発泡スチロール	
4	1973.6.9	ロケットサイドタワー	情景 ST	1/50	1	トタン	
				計	4		

【CF】『ブリジストンタイア』〔特撮〕

●外伝未収録

● BS（ブリジストン）タイアの
CF だから
車模型がメインだ。

▼「にに」コネ網を使ってやっと手に入れたガマのワーゲン。

▲▶筆者が生まれた村名を運輸会社とした。

No	仕上日	アイテム	区分	スケール	数	主材	メモ
1	1974.8.27	フォルクスワーゲン	車両	1/24	2	西ドイツ・ガマ製ミニカー	30cmD
2	1974.8.27	ピータービルトキャブオーバートラック	車両	1/25	2	アメリカ AMT 製プラモ	潟東運輸（架空）
3	1974.8.27	フォードダンプトラック	車両	1/25	1	アメリカ AMT 製プラモ	
4	1974.8.27	フォードショートホーラートラック	車両	1/25	1	アメリカ AMT 製プラモ	大原称名運輸（架空）
5	1974.8.27	乗用車 各種	車両	1/24～28	47	ヤマダ、レベル製プラモ	
6	1974.8.27	道路標識	情景 ST	1/25	9	ボール紙	
7	1974.8.27	街路灯	情景 ST	1/25	6	トタン	外注（トイダ）
8	1974.8.27	ガードロープ	情景 ST	1/25	16	針金	25cm、外注（トイダ）
9	1974.8.27	カーブラーメン橋	情景 ST	1/25	1	ベニヤ	2m
10	1974.8.27	ガードレール	情景 ST	1/25	18	トタン	外注（トイダ）
11	1974.8.27	スキー・ザック	情景 ST	1/25	10	バルサ	
12	1974.8.27	送電塔	情景 ST	1/70	7	トタン	外注（トイダ）
				計	120		

【CF】『グッドイヤー スノータイア』〔特撮〕

●外伝・上・シーン25

川北監督のCFだ。現場付き美術たちの出番は殆どない。リハーサルや本番カットがかかる度にイエテイが雪原を歩いた跡、つまり穴になった足跡を埋めて均すだけだ。右写真のような穴をね。

イエテイはキングコングなど類人猿と異なり、より人間に近いという事が写真でわかる。切なそうな表情をしている。何度もリハーサルをやらせた監督へのまだかなーという訴えかもしれない。

No	仕上日	アイテム	区分	スケール	数	主材	メモ
1	1980.8.14	雪山セット	情景 SC	フリー	1	発泡スチロール・塩	30cmD
2	1980.8.14	雪男スーツ	キャラクター	1/1	1	モヘア・ウレタン	20cmD
				計	2		

【CF】『ソニービデオ』〔特撮〕

●外伝未収録

「連合艦隊」で製作の大和を流用。本編での発射シーンがなかった主砲斉射。これでやっと気分爽快だ。

このCFの後、全国をキャンペーン行脚した

No	仕上日	アイテム	区分	スケール	数	主材	メモ
1	1981.4.15	戦艦大和	艦船	1/20	1	ありもの	リペイント
				計	1		

【CF】『トミー キングマン』〔特撮〕

●外伝未収録

このころ特美は、湾岸パークの仕事を請けていたので、コマーシャル他製作組とパーク組に分かれていた。

小島こーちゃんと筆者は両方の製作品仕上げをしていたので、所内と湾岸を交互に行ききしていた。だからこのCFの現場付はしていない。筆者は森永CF用のガンダムを作っていたので、このCFでどんな内容の撮影が行なわれたのか記憶にない。この写真があるからセット現場には行っているのにね。写真だけ撮りに行ったんだろうと思う。

◀美術小村さん作画のイメージコンテ。エアドーム内はスポンサー意向によりデザインが決定する。イラストは背景となるセットのデザイン。

▶こちらが完成した岩山基地セット。

No	仕上日	アイテム	区分	スケール	数	主材	メモ
1	1982.7.23	キングマン岩山基地 セット	情景	フリー	1	発泡スチロール・ベニヤ	
2	1982.7.23	基地建物 2 種	情景 ST	フリー	2	アクリル	
				計	2		

【CF】『三田コピー』〔特撮〕

●外伝未収録

バカでかい空母エンタープライズは三田コピーのCF用。本体製作は本編美術担当、筆者は周辺パーツをディテールアップ、エイジングやウェザリングを施しただけ。撮影では他社製作のF8クルーセイダーが甲板に並んだ（ホントはこっちを造りたかった!）。

◀▼部分的とはいえ1/10という縮尺はかなりのビックスケール。画面右下の著者らと比べてもその大きさは歴然。

No	仕上日	アイテム	区分	スケール	数	主材	メモ
1	1984.11.不明	エンタープライズ 艦首部分	艦船	1/10	1	木軸 FRP	ディテールUP、リアリング
				計	1		

【PV】『トミー メカ生体ZOIDS』【特撮】

●外伝・下・シーン48

古くからの仲間である浅ちゃん（浅田英一）初監督作品。特撮クルーは気のいい仲間達、模型担当の筆者も張りきらざるを得ない。

▲組みあがった商品たち。

▲美術助手総動員で商品のパチパチキット組立から始める。

▲大道具の野村やすさんが石膏でリアルなミニセットを作る。

▲特別な商品カット用やアップ用は、筆者の作業机でディテールアップなどリアリングが施される。

No	仕上日	アイテム	区分	スケール	数	主材	メモ
1	1985.8.24	ゴジュラス	商品	1/72	1	トミー製キット	リアリング
2	1985.8.24	サラマンダー 飛行用	商品	1/72	1	トミー製キット	リアリング
3	1985.8.24	サラマンダー UP 用	商品	1/72	1	トミー製キット	リアリング
4	1985.8.24	サラマンダー エレベーター用	商品	1/72	1	トミー製キット	リアリング
5	1985.8.24	サラマンダー 機首部分	商品	1/72	1	トミー製キット	リアリング
6	1985.8.24	レッドホーン	商品	1/72	多数	トミー製キット	リアリング
7	1985.8.24	アイアンコング	商品	1/72	1	トミー製キット	リアリング
8	1985.8.24	シンカー	商品	1/72	多数	トミー製キット	リアリング
9	1985.8.24	ゴドス	商品	1/72	多数	トミー製キット	リアリング
10	1985.8.24	モルガ	商品	1/72	多数	トミー製キット	リアリング
11	1985.8.24	バリゲーター	商品	1/72	多数	トミー製キット	リアリング
12	1985.8.24	ガイサック	商品	1/72	多数	トミー製キット	リアリング
13	1985.8.24	スパイカー	商品	1/72	多数	トミー製キット	リアリング
14	1985.8.24	ペガサロス	商品	1/72	多数	トミー製キット	リアリング
15	1985.8.24	ゲルダー	商品	1/72	多数	トミー製キット	リアリング
16	1985.8.24	ゲーター	商品	1/72	多数	トミー製キット	リアリング
17	1985.8.24	共和国基地作業車 NINI02 号	キャラメカ	1/72	1	フルスクラッチ	
18	1985.8.24	アイアンコング台車	キャラメカ	1/72	1	フルスクラッチ	
19	1985.8.24	惑星地表 セット	情景 SC	フリー	1	ベニヤ・石膏	
20	1985.8.24	共和国基地地表	情景 SC	フリー	1	ベニヤ・石膏	
21	1985.8.24	共和国基地 内部セット	情景 ST	1/72	1	ベニヤ・木	
22	1985.8.24	帝国基地 内部セット	情景 ST	1/72	1	ベニヤ・木	
				計	-		

〔共和国主力 ZOIDS〕

◀サラマンダー各部位。上からコクピット。機首ロパク。翼動力部。コマーシャルの照明に負けない墨入れ加工をしている。

▶サラマンダー。

▲ゴジュラス。

◀▼撮影所見学にきた筆者のファミリー。急遽組立助手に。 高田賢くん。

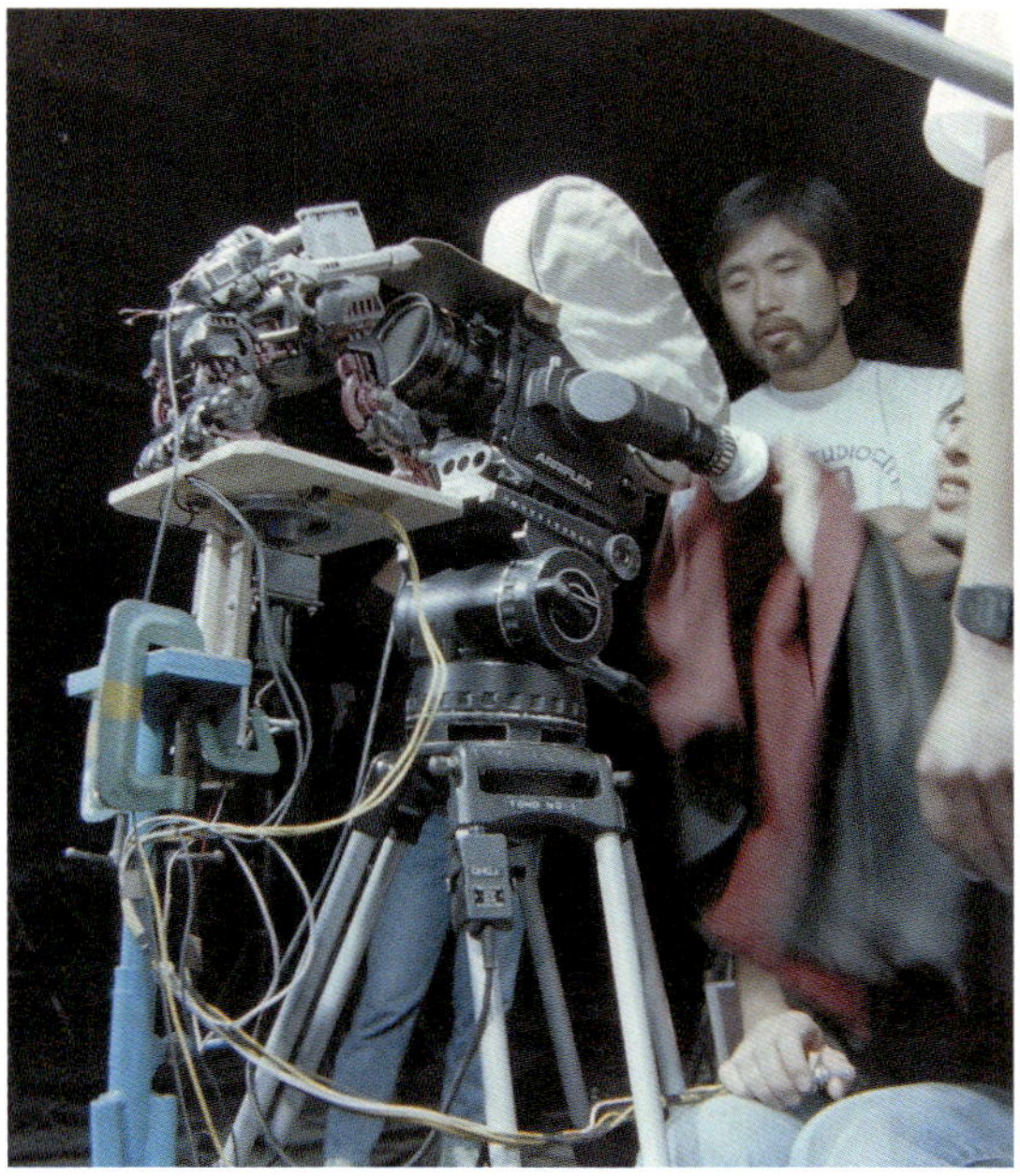

◀アイアンコングの超接写。「こんなに近くでピンは OKか」と、浅田監督。

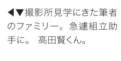

〔撮影風景エトセトラ〕

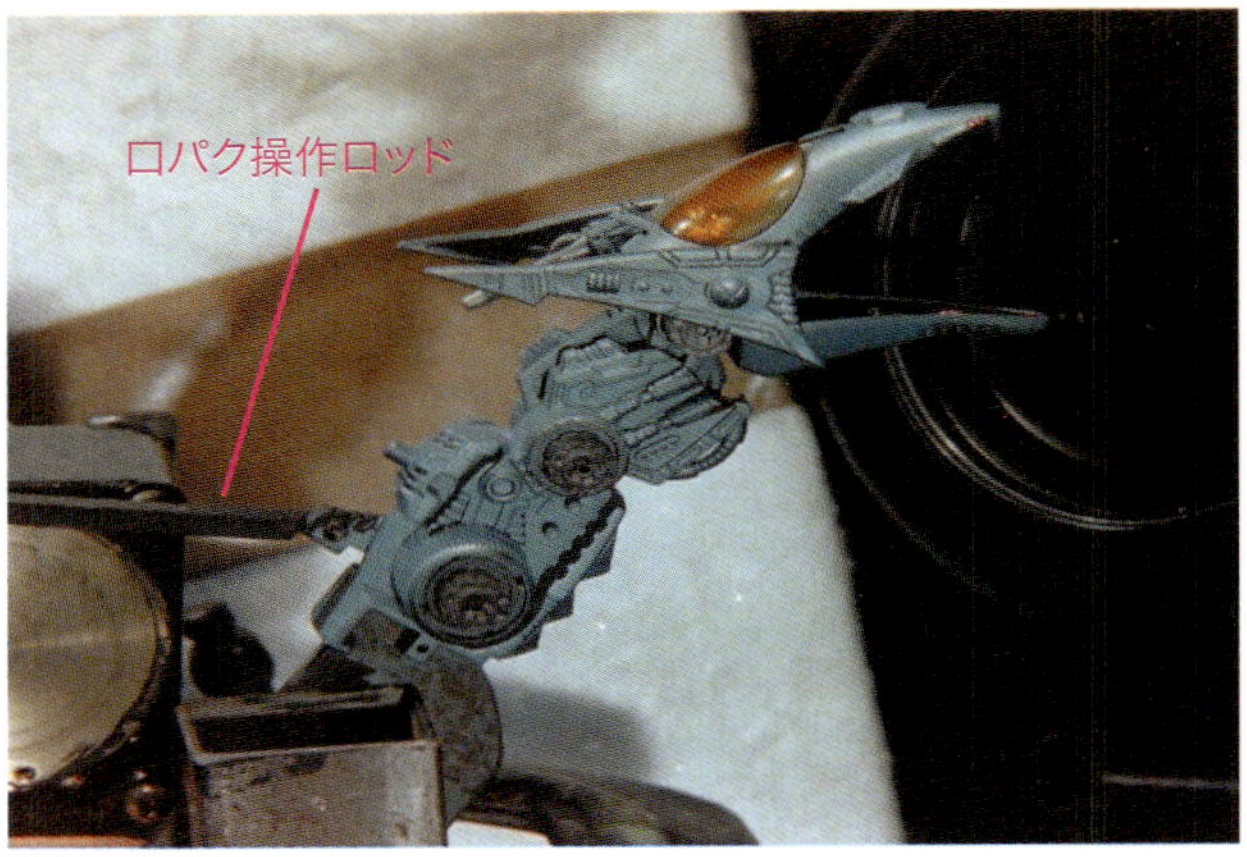

▲サラマンダー機首どアップ。

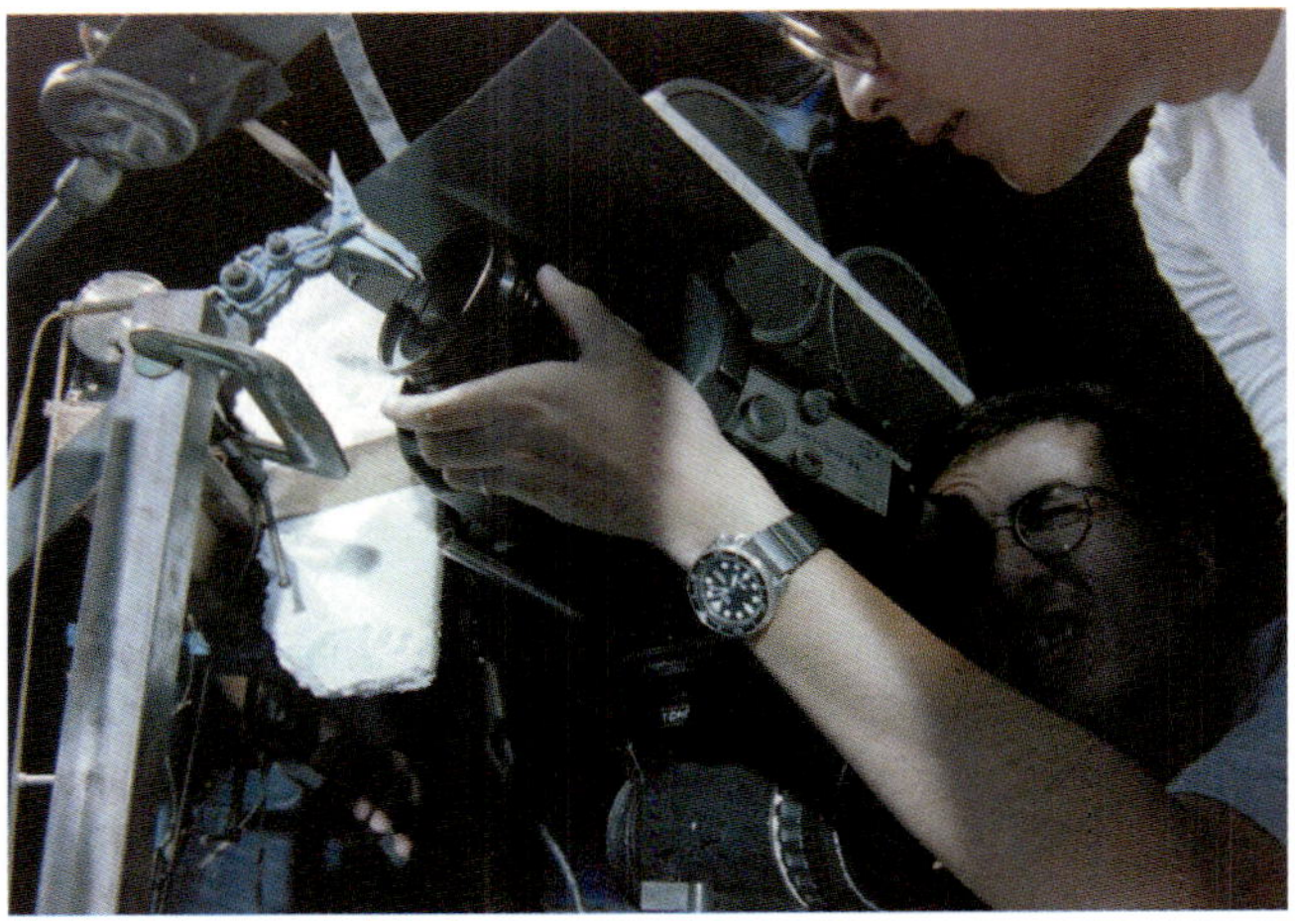

▲桜井カメラマンは特撮が趣味のようで、仕事をしている様には見えない。有る種マニアックさを持った「おたく」といえる。模型少年の筆者と同じ人種!?

▲フルスクラッチ NINI02 号作業車。

▲レッドフォーン隊進撃。

▲ゴジュラス。

〔アイアンコング誕生 !! 出撃す〕

コマーシャルはなんとなくドラマ仕立てとなっていた。

▶ヘッドラインで頭搬送。

◀合体。

▼ボディラインで胴スタンバイ。

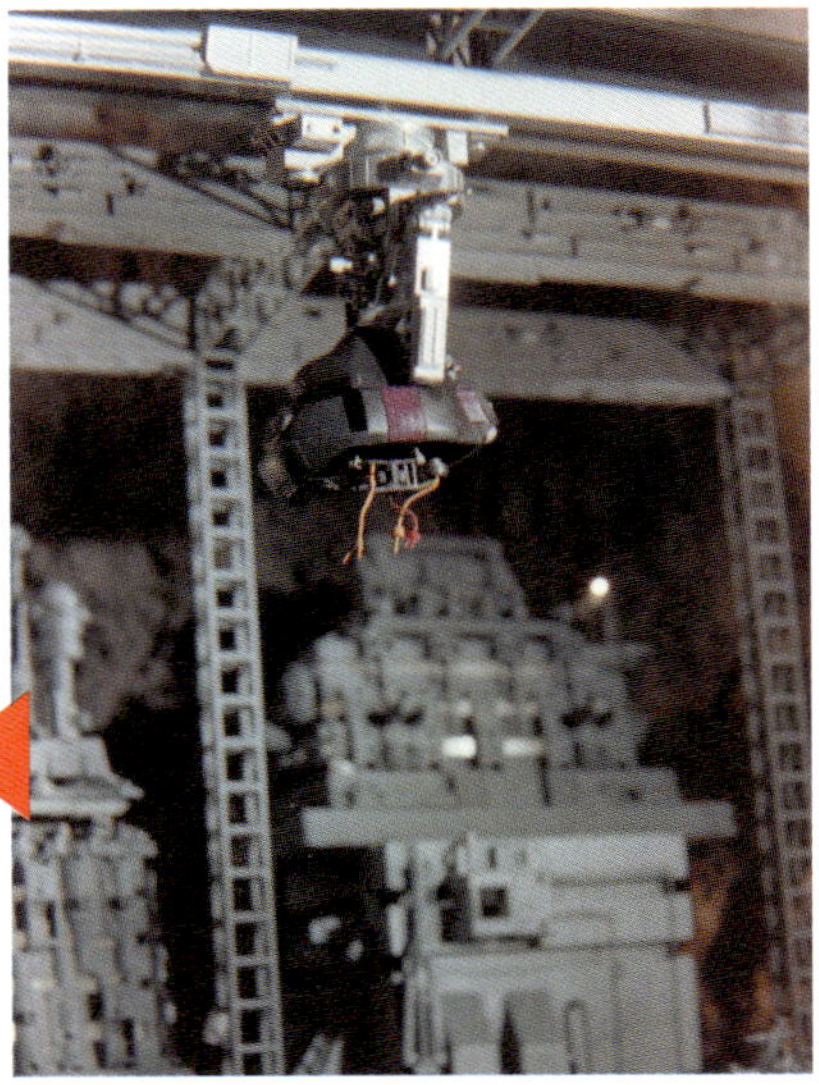

▲帝国基地地上に上がって、いざ出撃。

▲ドーリーに載って出撃口へ。

▲コマーシャル撮影用セットは概ね小さいので、撮影が始まるとカメラ前には大勢がたむろする状態となる。写真左から操演松本、特効渡辺、監督浅田、操演助手鈴木、撮影桜井（ファインダーを覗いている）、照明三上、美術助手清水など各パートのスタッフの顔が見える。

▲浅田英一監督デビューインタビュー。

【CF】『東洋ゴム スタッドレスタイア』〔特撮〕

●外伝・下・シーン48

国際放映には何度か遊びに行った事はあったが、ゴジラを連れてのコマーシャル撮影に出向いたのは初めてだった。

博報堂の仕切りで順調に進み、弁当になった。我が所内より格段に弁当が旨い。

No	仕上日	アイテム	区分	スケール	数	主材	メモ
1	1990.7.19	ゴジラスーツ（アクター薩摩剣八郎派遣）	キャラクター	1/1	1	ありもの	リペイント
				計	1		

【広告】『東京ガス』〔スチールセット撮影〕

●外伝・下・フェードアウト

この撮影は通常のゴジラが暴れる特撮ではなく、暴れ回ったあと撮影が済んで、ミニチュアセット前で着ぐるみを脱ぐ薩摩くんのスチール写真撮影との事。

ひと仕事終えた役者が「さあ風呂に入ろう、東京ガスで沸かした風呂に」というものでちょっと変わった撮影だった。

No	仕上日	アイテム	区分	スケール	数	主材	メモ
1	1993.9.9	ゴジラスーツ	キャラクター	1/1	1	ありもの	リペイント
2	1993.9.9	ゴジラに壊された東京の街 セット	情景	1/40	1	ありもの	リペイント
3	1993.9.9	ビル 各種	情景 ST	1/40	適量	ありもの	リペイント
4	1993.9.9	車 各種	車両	1/40	多数	市販品	
5	1993.9.9	各種ストラクチャー	情景 ST	1/40	多数	木	
				計	-		

【番外】後楽園ゆうえんち（現東京ドームシティアトラクションズ）
『世界初のシミュレーションライドフライングキャビンUFO』
〔特撮〕●外伝・下・シーン35

たった1日だけ、旧砧ラボのちんまい部屋で行なわれた特撮。後楽園遊園地のアトラクション「フライングキャビンUFO」は、映像に合わせてライドが動くアトラクションのはしりといえ、特美ではその映像を担当した。

中野監督、桜井カメラマン、特効は渡辺さんと錚々たるスタッフで撮影された。リアリングフィニッシュは模型少年こと筆者でした。

▲筆者のごちゃな工作台。とても仕事が出来る様には見えない。すいませんね。

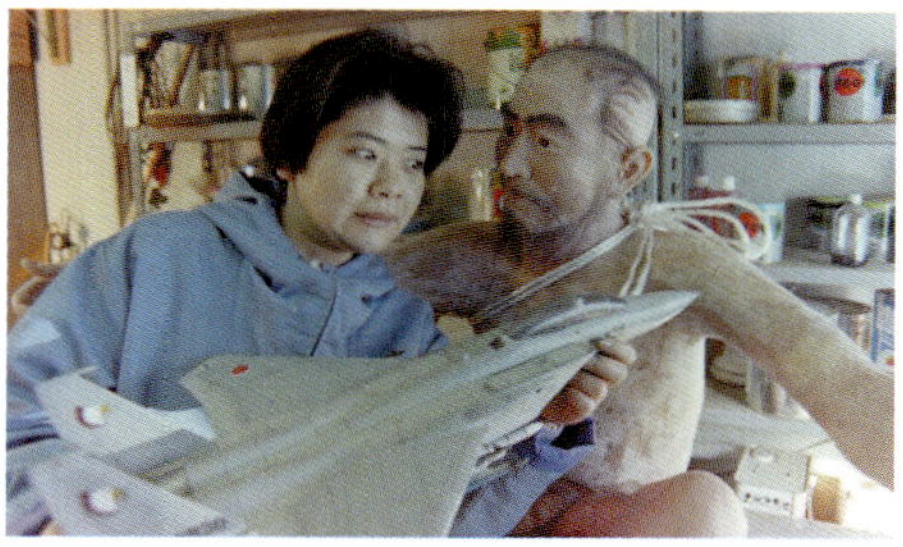
▶おまけ。空自機を持つ造型助手の渡辺たか子と変なおじさん。

▲ F15 は一応ウェポン全装備。　▼アフターバーナー飛行シーン。

▲▼ 1/100 スケールプラモの B747 は日本航空仕様で製作。

No	仕上日	アイテム	区分	スケール	数	主材	メモ
1	1985.1.12	マグダネルダグラス F15J イーグル	航空	1/32	1	レベル製プラモ改造	空自百里第 204 航空隊 42-8838 機
2	1985.1.12	マグダネルダグラス F15J イーグル	航空	1/32	1	レベル製プラモ改造	空自百里第 204 航空隊 42-8839 機
3	1985.1.12	マグダネルダグラス F15J イーグル	航空	1/72	2	ハセガワ製プラモ	空自百里第 204 航空隊
4	1985.1.12	ボーイング B747 旅客機	航空	1/100	1	ニットー製プラモ	日本航空 JA8120 機
				計	5		

【番外】『大ハレー彗星展』〔2061年ハレー彗星の旅特撮〕
●外伝未収録

▲ハレー尻尾撮影。

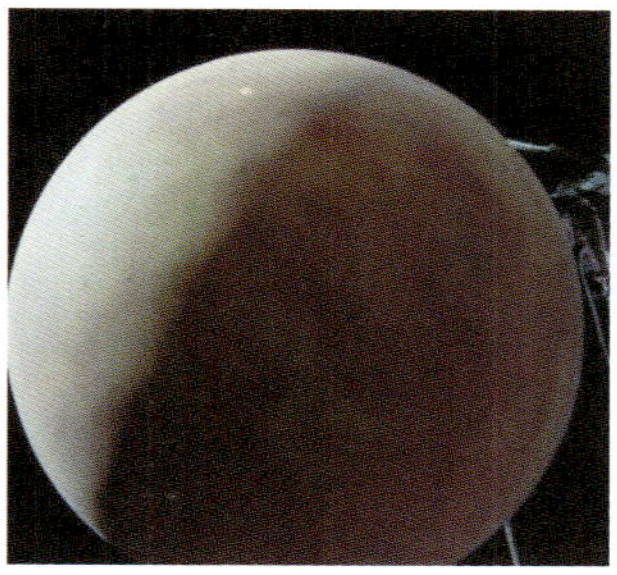
▲衛星イオ。

▲ハレー彗星の核。

▲ハレー地表撮影。

▲地球。

▲月。

▲ハレー地表撮影。

▲小惑星地表。誰も見たこと無いのによく作るものだ。

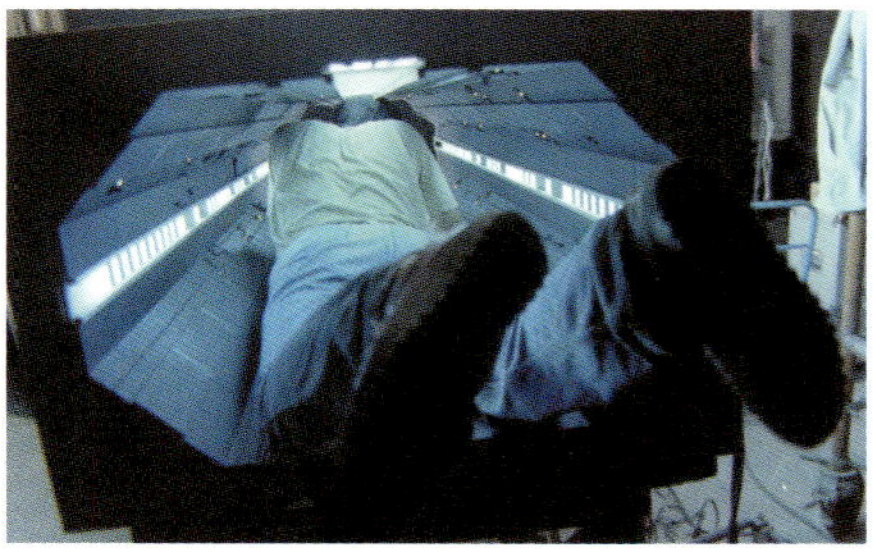

◀▶発射口にカメラをセット。撮影技師桜井。割と奥まで入っていた。

No	仕上日	アイテム	区分	スケール	数	主材	メモ
1	1985.7.11	小惑星地表	情景	フリー	1	木軸・発泡スチロール	
2	1985.7.11	月	天体	フリー	1	FRP 球	
3	1985.7.11	ハレー彗星 核	天体	フリー	1	発泡スチロール	
4	1985.7.11	ハレー彗星 地表	情景	フリー	1	木軸・発泡スチロール	
5	1985.7.11	地球	天体	フリー	1	FRP 球	
6	1985.7.11	宇宙船 発射口 内引セット	情景	フリー	1	木軸・アクリル	
7	1985.7.11	イオ	天体	フリー	1	FRP 球	
				計	1		

【番外】『青年』【バックムービー用特撮】

●外伝未収録

これは舞台での背景用の映像ソフトの特撮という仕事だった。大プール縁から艦隊ショットを狙う。奥のロング連山はベニヤ切だし。右の角材に固定されているのは、艦体を引張るワイヤーの滑車。左の板はカメラへの遮光用。ホリゾントは相変わらず使い回しだ。

▼▶撮影：小村完

No	仕上日	アイテム	区分	スケール	数	主材	メモ
1	1986.8.12	イギリス東インド会社砲艦	艦船	3.6m	1	木軸・FRP	外注
2	1986.8.12	イギリス東インド会社砲艦	艦船	1.8m	1	木軸・FRP	外注
3	1986.8.12	イギリス東インド会社砲艦	艦船	1.2m	2	木軸	外注
4	1986.8.12	島	情景 SC	フリー	2	木軸・石膏・ヒムロ	
5	1986.8.12	連山切だし	情景 SC	フリー	1	ベニヤ	
				計	7		

【番外】『招き猫と豪徳寺』〔16ミリフィルム映画人形劇特撮〕

1987年11月19日製作 ●外伝・下・シーン43

制作 東京都世田谷区教育委員会
監督 野崎貞雄、伊東万里子
美術 長沼孝
人形演技 劇団貝の火

世田谷区にある豪徳寺は昔「弘徳庵」と呼ばれていた。ある日、松の大木の下に雨宿りした井伊家の殿様・直孝は、白ネコ「たま」においでおいでと庫裏に誘われた。その直後に松に落雷、幹は真っ二つ。命びろいした殿様はお礼に「豪徳寺」を建立した、という民話を人形劇映画化したもの。「たま」は招き猫と呼ばれ、めでたしめでたし…。

人形劇を撮影するのは特撮とはいえないかもしれないが、セットの配置にパースをつけているので、特撮セットと言えないことはない。

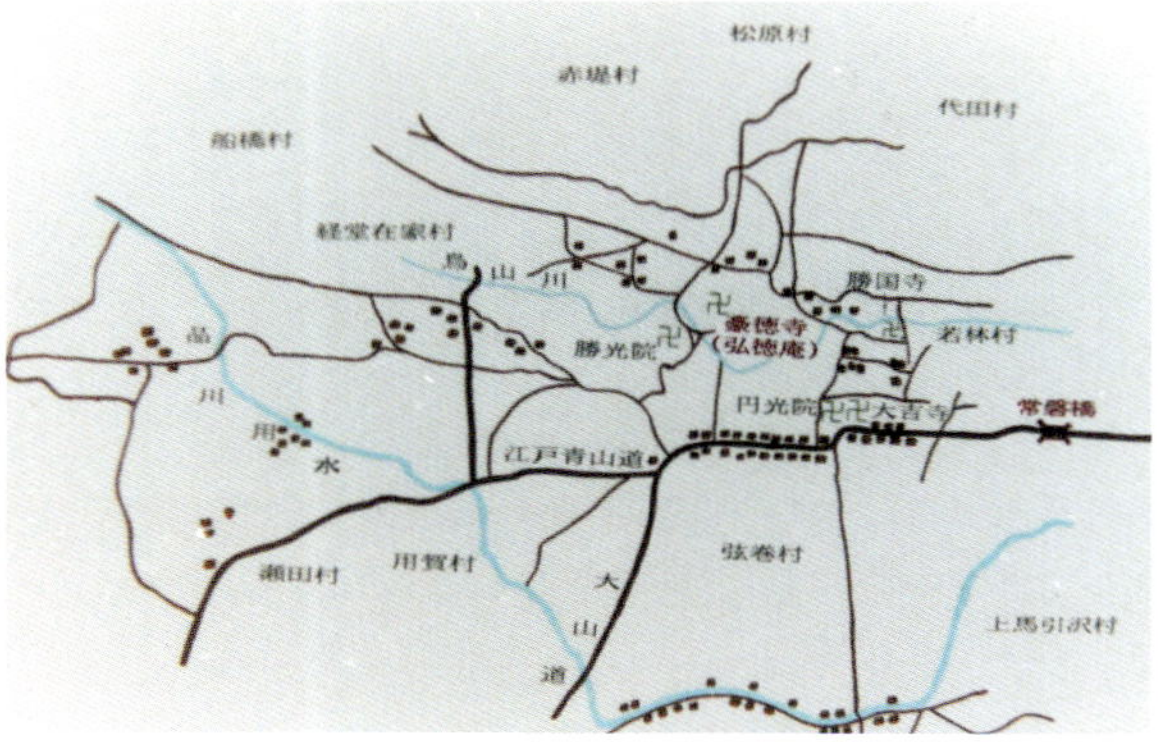

▲映像素材としての当時の街道図を作画。

▶珍年と主人公たま。

No	仕上日	アイテム	区分	スケール	数	主材	メモ
01		キャスト人形 たま（猫）	キャラクター	1			伊東万里子と劇団貝の火、製作・演技
02		キャスト人形 珍年	キャラクター	1			
03		キャスト人形 和尚	キャラクター	1			
04		キャスト人形 井伊家殿様	キャラクター	1			
05		キャスト人形 馬	キャラクター	1			
06		キャスト人形 井伊家供侍 A	キャラクター	1			
07		キャスト人形 井伊家供侍 B	キャラクター	1			
08		キャスト人形 大工 A	キャラクター	1			
09		キャスト人形 大工 B	キャラクター	1			
010		キャスト人形 大工 C	キャラクター	1			
1	1987.11.17	弘徳庵庫裏　内部部分セット	情景 ST	1/2	1	木	
2	1987.11.17	障子	情景 ST	1/2	2	木	
3	1987.11.17	本尊仏像	情景 ST	1m	1	レンタル	
4	1987.11.17	木魚	情景 ST	1/1	1	レンタル	
5	1987.11.17	燭台	情景 ST	1/1	2	レンタル	
6	1987.11.17	お膳・食器	情景 ST	1/1	2	レンタル	
7	1987.11.17	線香立て	情景 ST	1/1	1	レンタル	
8	1987.11.17	庭木・草	情景 SC	1/2	1	針金・スポンジ	
9	1987.11.18	弘徳庵全景 セット	情景 SC	フリー	1	木・発泡スチロール	
10	1987.11.18	本堂	情景 ST	フリー	1	木・発泡スチロール	
11	1987.11.18	庫裏	情景 ST	フリー	1	木・発泡スチロール	
12	1987.11.18	門柱	情景 ST	フリー	2	発泡スチロール	
13	1987.11.18	松の大木	情景 SC	2m	1	発泡スチロール	被雷アップ用兼用
14	1987.11.18	庭木・草	情景 SC	フリー	1	針金・スポンジ	
15	1987.11.19	豪徳寺 新築現場 大八車	情景 ST	フリー	1	木	
16	1987.11.19	豪徳寺 新築現場 カンナ台	情景 ST	フリー	1	木	
17	1987.11.19	豪徳寺 新築現場 本堂柱組	情景 ST	フリー	1	木	
18	1987.10.28	世田谷地図 2 種	素材	A3	2	イラストボード	作画（長沼）
19	1987.11.19	クランクアップ写真タイトル	備品	1.8mx0.9m	1	ベニヤ	作画（長沼）

▲大八車と大工さん C。

▲大工さん B。画面左奥に黒子さんが見える。

▲大工さん A、デフォルメが絶妙。

▲▶全体はこんなセットだった。

▲門前の小僧見よう見まねで経をあげ。

▶▼領内巡回の井伊家一行、雲ゆきあやしからんと、松の大木の下へと雨宿りせんとす

◀松の大木 2 枚おろし

▲庫裏 食事風景。

▲こんなセットも。仏像をバラして庫裏へと飾り替え

▲実物の 1/2 で製作したセット。

▲演者はしゃがんで人形を操作する。

▲ 16 ㎜映画だから割と少人数のオールスタッフ。後列左から撮影大根田、撮影技師佐藤、照明スタッフ、照明スタッフ、照明スタッフ、照明技師白川、貝の火団員、和尚、前列左から制作柿沼、井伊直孝、貝の火団員、野崎監督、伊東監督、たま、珍年、貝の火団員、美術長沼。あれ？ 貝の火の女の子たちがいない。速書でにに文字を、乾く間もなくパチリと…。

▲「たま」の手招きで命拾いした殿様が「和尚、お礼に寺を建てて進ぜよう」で、めでたしめでたし。

【TV】『クレクレタコラ』【納品のみ】

●外伝未収録

これらの着ぐるみは補修とリペイントを請けたもので、番組の美術製作や撮影にはタッチしていない。

けっこう使いこんでおり、塗膜はガビガビだった。例により特美特製のGボンドカラーで仕上げる。顔料の岩絵の具を乳鉢で擂り潰し、きめ細かにしたものをラッカーシンナーで希釈したGボンドに混ぜていくのだが、金や銀と異なり発色度合が悪く、小島こーちゃんはかなり苦労した。

▲イカリー。

▲ヘララ。

▲シクシク。

◀デブラ。

▶ウナギー。

No	仕上日	アイテム	区分	スケール	数	主材	メモ
1	1973.8.10	トリオ怪物 1 シクシク スーツ	キャラクター	1.8m	2	シリコン・ラテックス	外注（ツェニー）
2	1973.8.10	トリオ怪物 2 ヘララ スーツ	キャラクター	1.8m	2	シリコン・ラテックス	外注（ツェニー）
3	1973.8.10	トリオ怪物 3 イカリー スーツ	キャラクター	1.8m	2	シリコン・ラテックス	外注（ツェニー）
4	1973.8.10	デブラ スーツ	キャラクター	1.8m	2	シリコン・ラテックス	外注（ツェニー）
5	1973.8.10	ウナギー スーツ	キャラクター	1.8m	2	シリコン・ラテックス	外注（ツェニー）
					8		

【番外】『奈良ドリームランドのショー用怪獣』

●外伝・上・シーン9

奈良ドリームランドのショー用に製作した発泡スチロール製怪獣たち。全員身長2m。造型は安丸、小林。知っているのはいるかな？

▲ギャオポン。

◀コチーラ。

▲ギョロタン。

▶ラムダー。ギャオポンとラムダーの2体は良く似ているね。

◀ガニメロン。

【映画】『狼の紋章』【本編小道具】

●外伝・上・シーン5

これらの製品は造型班の力作と言っていい。実際木刀で叩かれてみたけど、本物に比べはるかに柔らかい。グニャに作れば殴られても全く痛くない。でもそれだと「自立」しないから芝居では使えない。役者が木刀を構えた時に"シンニャー"とシナ垂れたら欠陥品なのだ。だから中の心材を吟味し、ギリギリ自立する様に作っている。そしてその仕上げだ。バットや木刀の色もさることながら、こーちゃんのレタリングが絶妙で、触らないかぎりこれはもう現物なのだ。

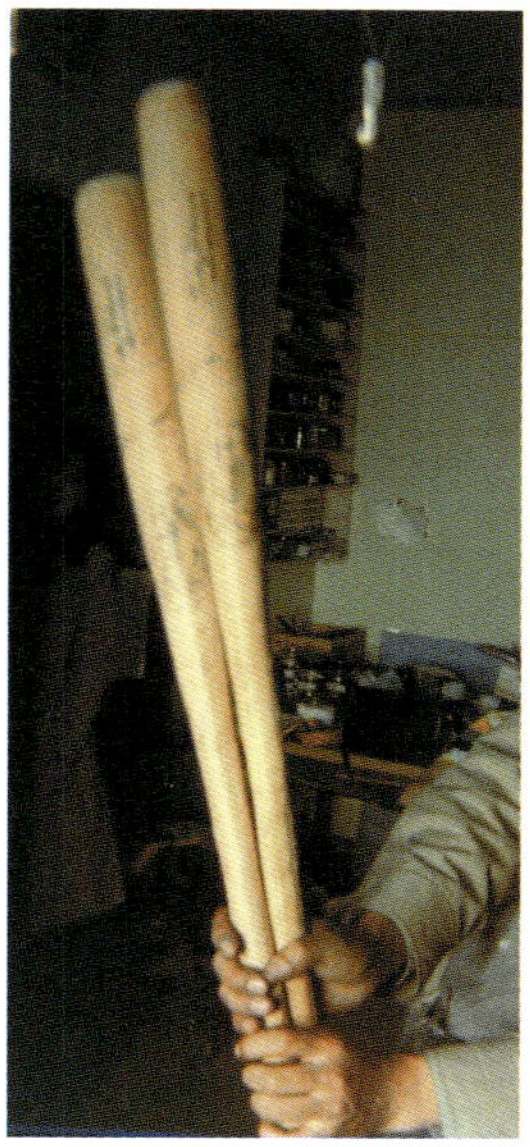

No	仕上日	アイテム	区分	スケール	数	主材	メモ
1	1973.4.11	狼ジンギスカンの頭	キャラクター	1/1	1	狼毛、ウレタン	被り物
2	1973.3.28	バット	小道具	1/1	2	ビニールパイプ・ラテックス	アクション用
3	1973.3.28	木刀	小道具	1/1	2	ビニールパイプ・ラテックス	アクション用
4	1973.4.3	チェーン	小道具	1/1	2	ゴム	アクション用
5	1973.5.9	生腕と切断された指	小道具	1/1	1	シリコン	切断指スペア４本
					8		

【映画】『野獣狩り』【本編小道具】

●外伝未収録

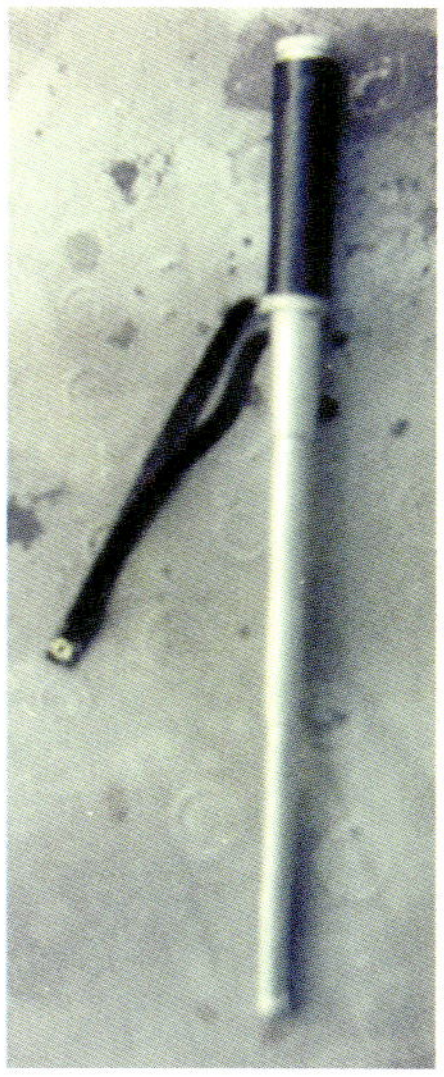

▲警棒はグニャなアクション用。これなら気兼ねなく相手役を叩ける。

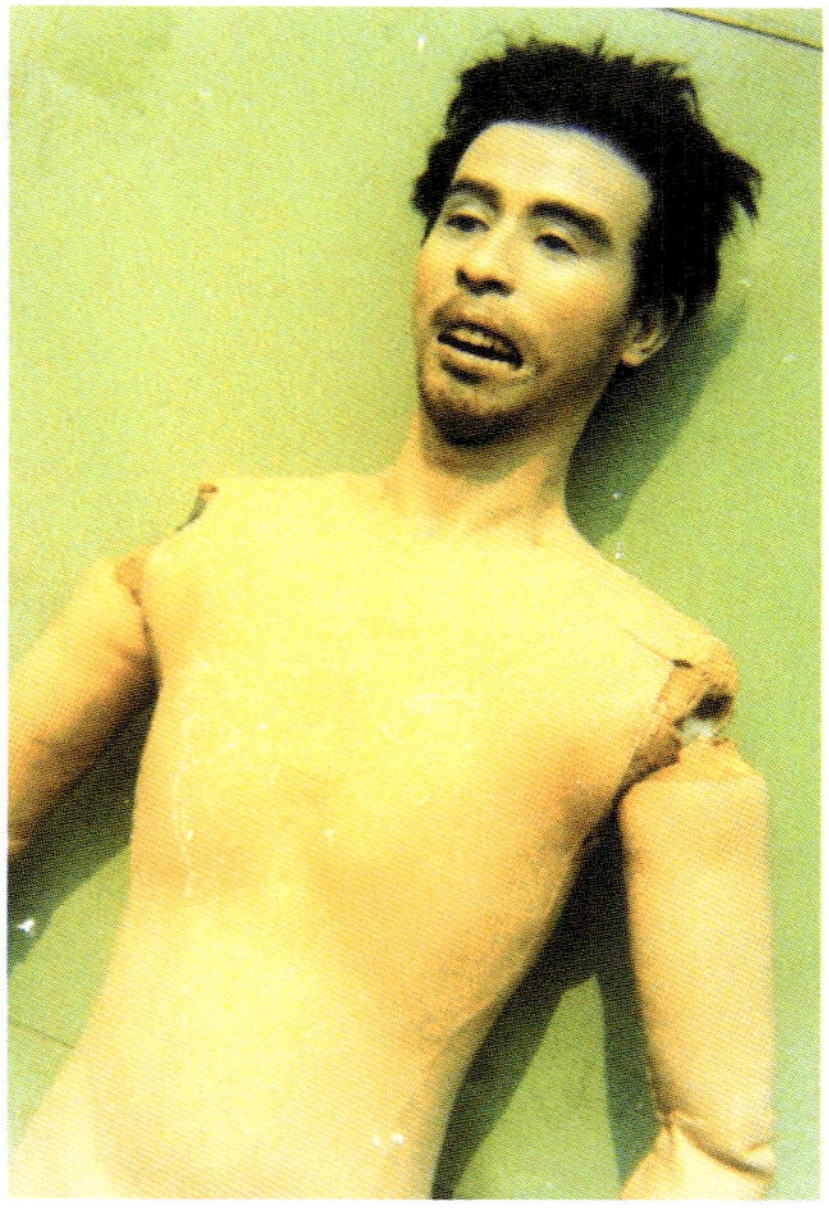

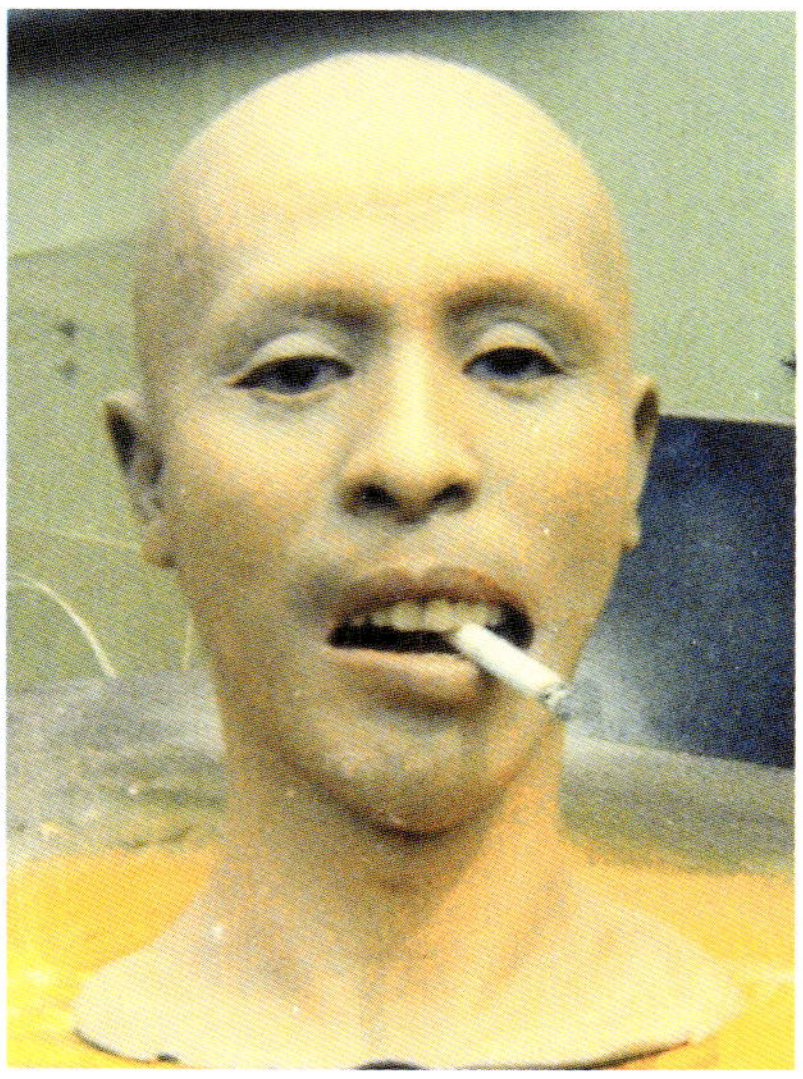

▲◀俳優に造型室へ来てもらって取った顔と、ウレタンで作ったボディを組み合わせた、吊下げ用人体。

No	仕上日	アイテム	区分	スケール	数	主材	メモ
1	1973.5.21	伸縮フリー警棒	小道具	1/1	2	シリコン	アクション用
2	1973.6.11	人体	小道具	1/1	1	シリコン	吊下げ用
				計	3		

【映画】『修羅雪姫 怨み恋歌』〔本編小道具〕

●外伝未収録

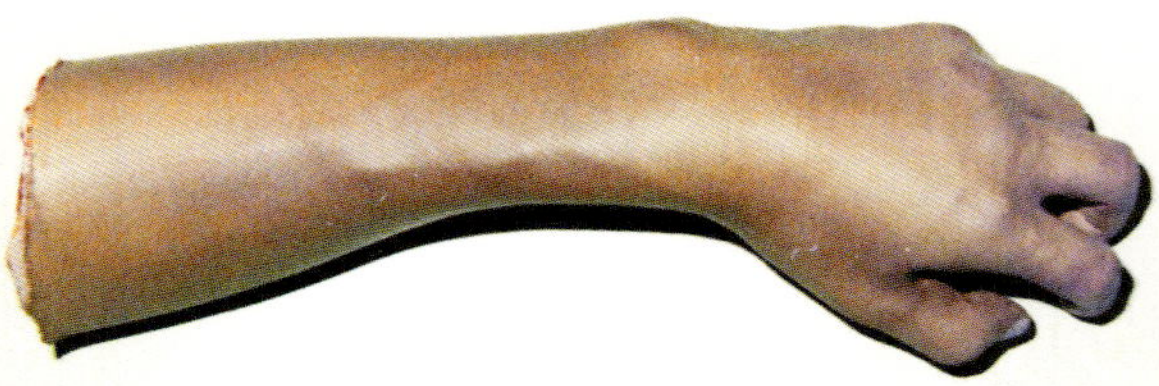

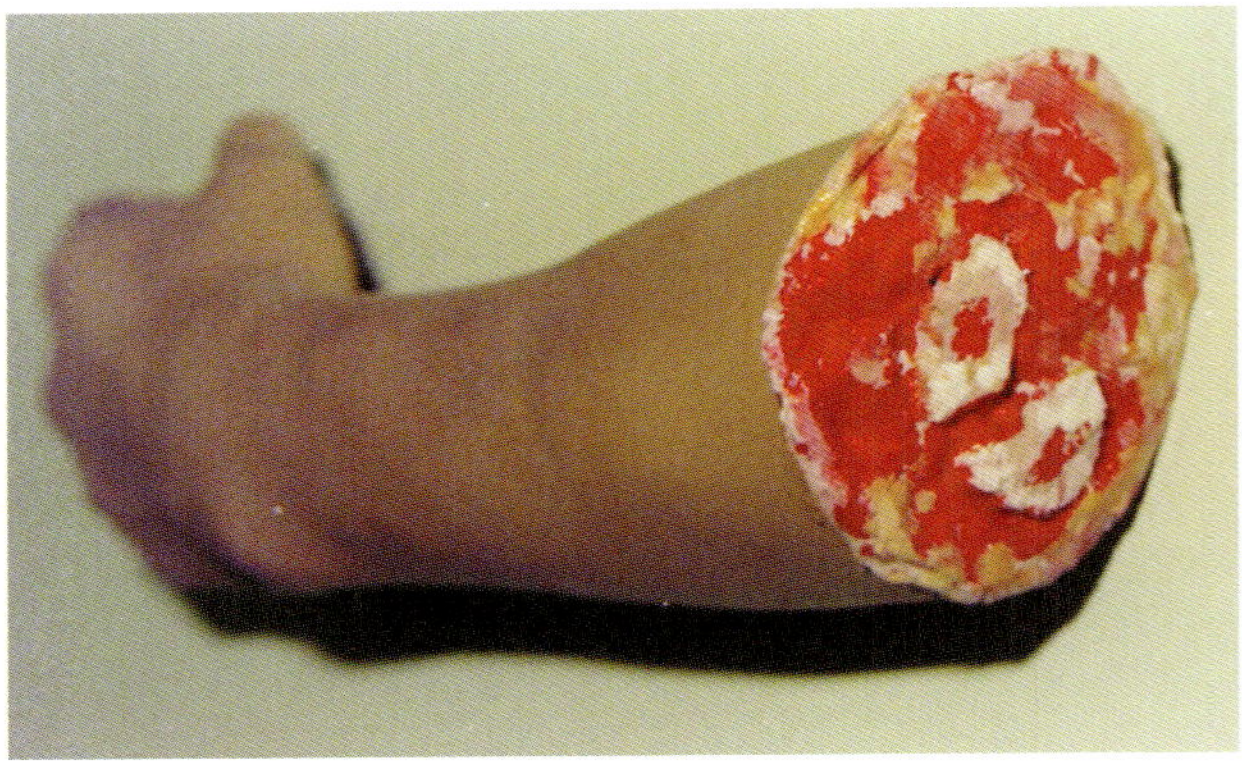

●切断された腕として使うのか、切られてソデからボトンと落ちるのか、使い方は映画を観ていないのでわからないが、仕上げはリアルに越したことはない。写真上は小島こーちゃんが爪を仕上げているところ。リアルすぎて腕が３本あるように見える。

No	仕上日	アイテム	区分	スケール	数	主材	メモ
1	1974.5.9	切断された左腕	小道具	1/1	1	ニッタイト	
				計	1		

【映画】『恋の空中ブランコ』〔本編小道具〕

●外伝・下・シーン18

▲主役の恋人たちが将来の夢を語る場面に登場するコンセプトモデル。

No	仕上日	アイテム	区分	スケール	数	主材	メモ
1	1976.11.29	ひかりサーカス 全景ディオラマ	情景 SC	1/670	1	ベニヤ・朴・バルサ	1mx0.8m、ミニホリゾン付
				計	1		

▶製作期間が大幅に縮小され、徹夜で仕上げた朝。なんとなく眠そうだ。左から小村、安丸、小島、左後ろは筆者。

【映画】『ハウス』【本編小道具】

●外伝・下・シーン20

▲▶グニャなピアノ。カバーを外しているので、補強木軸が見えている。

No	仕上日	アイテム	区分	スケール	数	主材	メモ
1	1977.3.7	スイカ	小道具	1/1	1	発泡スチロール	30cmD
2	1977.3.18	スイカ	小道具	1/1	5	発泡スチロール	25cmD
3	1977.3.18	黒電話(ダイアル)	小道具	1/1	1	ゴム	未写
4	1977.3.16	佐藤ミエコの生首	小道具	1/1	1	FRP	未写
5	1977.4.5	生腕	小道具	1/1	1	FRP	未写
6	1977.3.23	お化けスイカ	小道具	1/1	1	地球儀改造	30cmD、未写
7	1977.4.22	女の片足	小道具	1/1	1	ウレタン	外注、未写
8	1977.4.7	小型グランドピアノ	小道具	1/1	1	ウレタン	外注
9	1977.4.13	タイガーポット	小道具	1/1	1	FRP・ラテックス	
					13		

【映画】『子象物語 地上に降りた天使』【本編小道具】

●外伝未収録

特美そばのオープンに突然、象舎が建ち、親子の象がやってきた。

本編で象の鼻にいろいろ芝居をさせたいので鼻だけ作ってくれと特美に依頼があり、安丸技師と小林ともが製作に拘わった。

No	仕上日	アイテム	区分	スケール	数	主材	メモ
1	1986.5.27	象の鼻	小道具	1/1	1	ウレタン	
				計	1		

【TV】『カリキュラマシーン』〔納品のみ〕

●外伝未収録

▲ゴリラはやっぱり森の中が似合う。

No	仕上日	アイテム	区分	スケール	数	主材	メモ
1	1974.2.11	ゴリラ スーツ	衣装	1/1	1	ウレタン・モヘア・シリコン	アクション用
				計	1		

【VHS】『カメラは見た』〔納品のみ〕

●外伝未収録

▲ FRP 製作だから、研磨が大変。安丸さんも小島こーちゃんもせっせと磨く。やっぱり安丸さんは上手だ。タイトルバックに使われるだけなので、なんか勿体ないね。

No	仕上日	アイテム	区分	スケール	数	主材	メモ
1	1986.2.28	自由の女神像 胸像	彫像	2m	1	FRP	タイトルバック用
					1		

【PV】『日本特殊陶業超音波浮揚装置』

【スタジオセッティング】●外伝・下・シーン36

この話は『特殊美術部外伝』に詳しいが、少し加えておこう。

仕事の話が入ってから初めにサンプルを提出してくれと言うので、左上の写真でわかる通り、紙質を替えて紙ヒコーキをいくつか製作。ケースも作って打合せした。

が、本番になり装置にセットしても浮かないのだ。用意したものは全滅。

その場でせっせと作ると……良かった——!。浮いた浮いた。

あらかじめ用意した品が全滅した原因は、どうやら湿気だった。

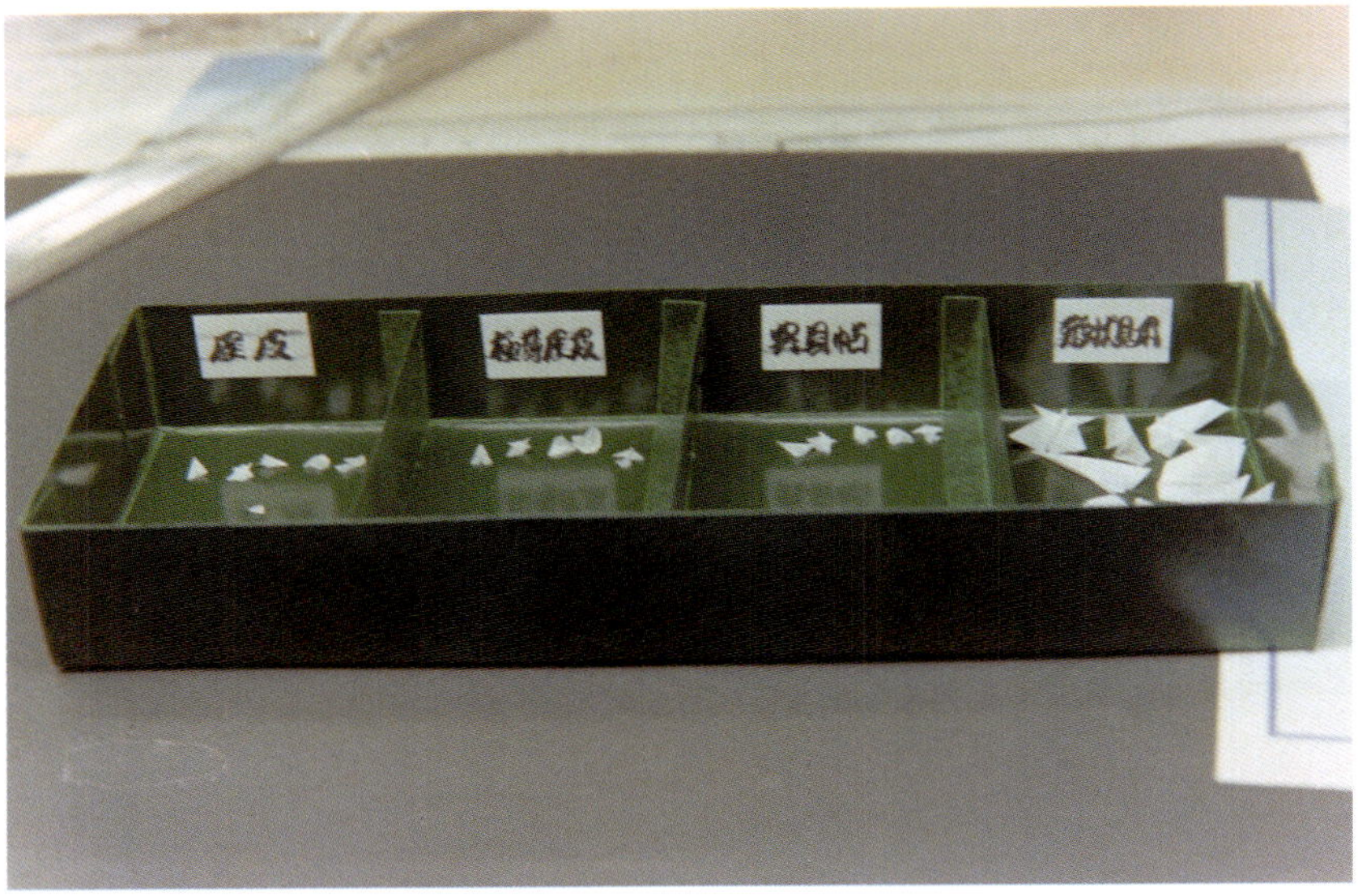

▲雁皮（がんぴ）、極薄雁皮で製作した紙飛行機たち。右端は形状見本として少し大きめに造ったもの。

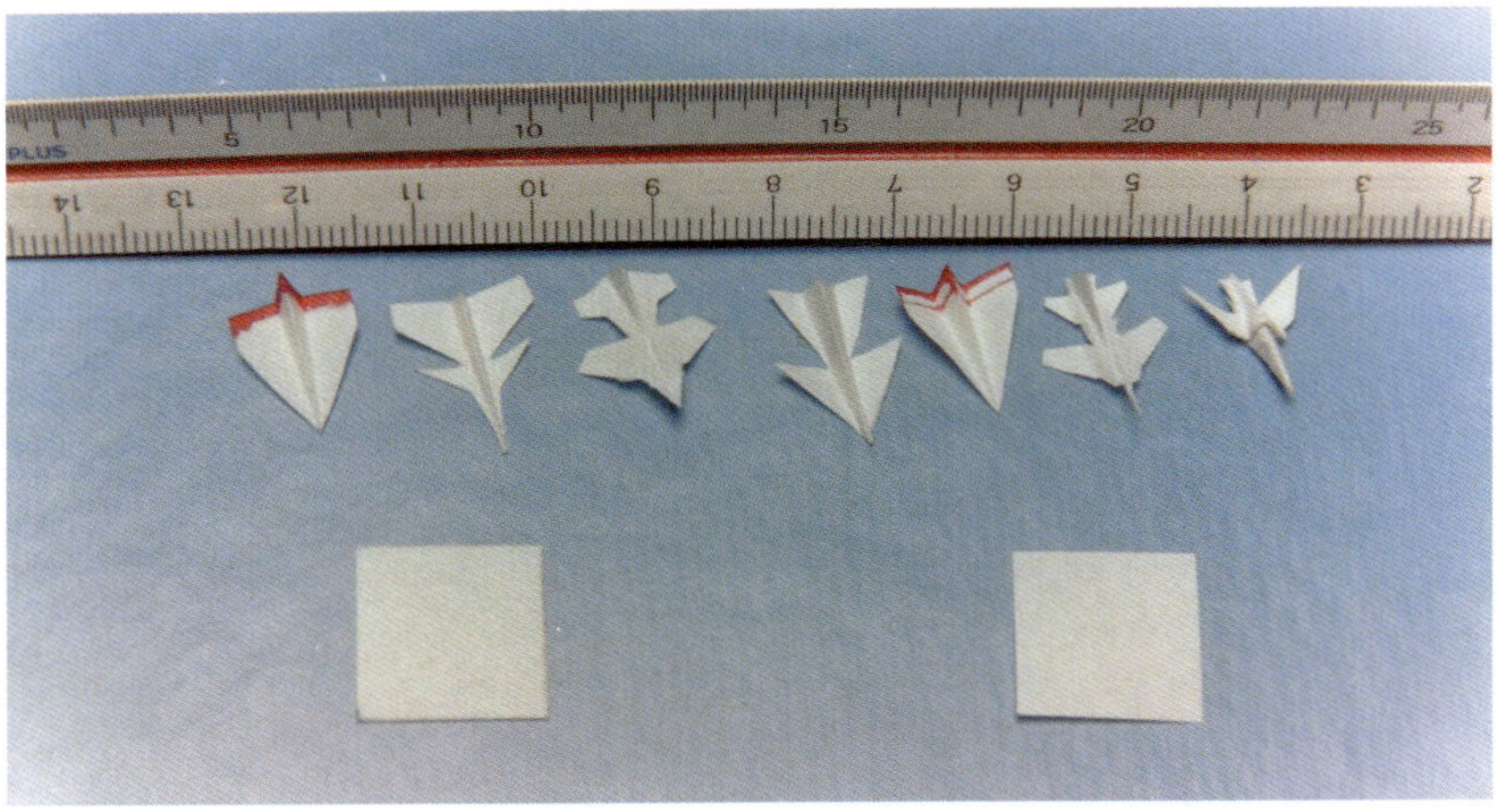

◀その大きさはスケール（定規）と一緒に撮影したこの写真でおわかりいただけるだろう。手前が折る前の雁皮で、１辺は 1.5cm ほど。

▶撮影当日、発振器中央で見事に浮いてくれた極小紙飛行機。

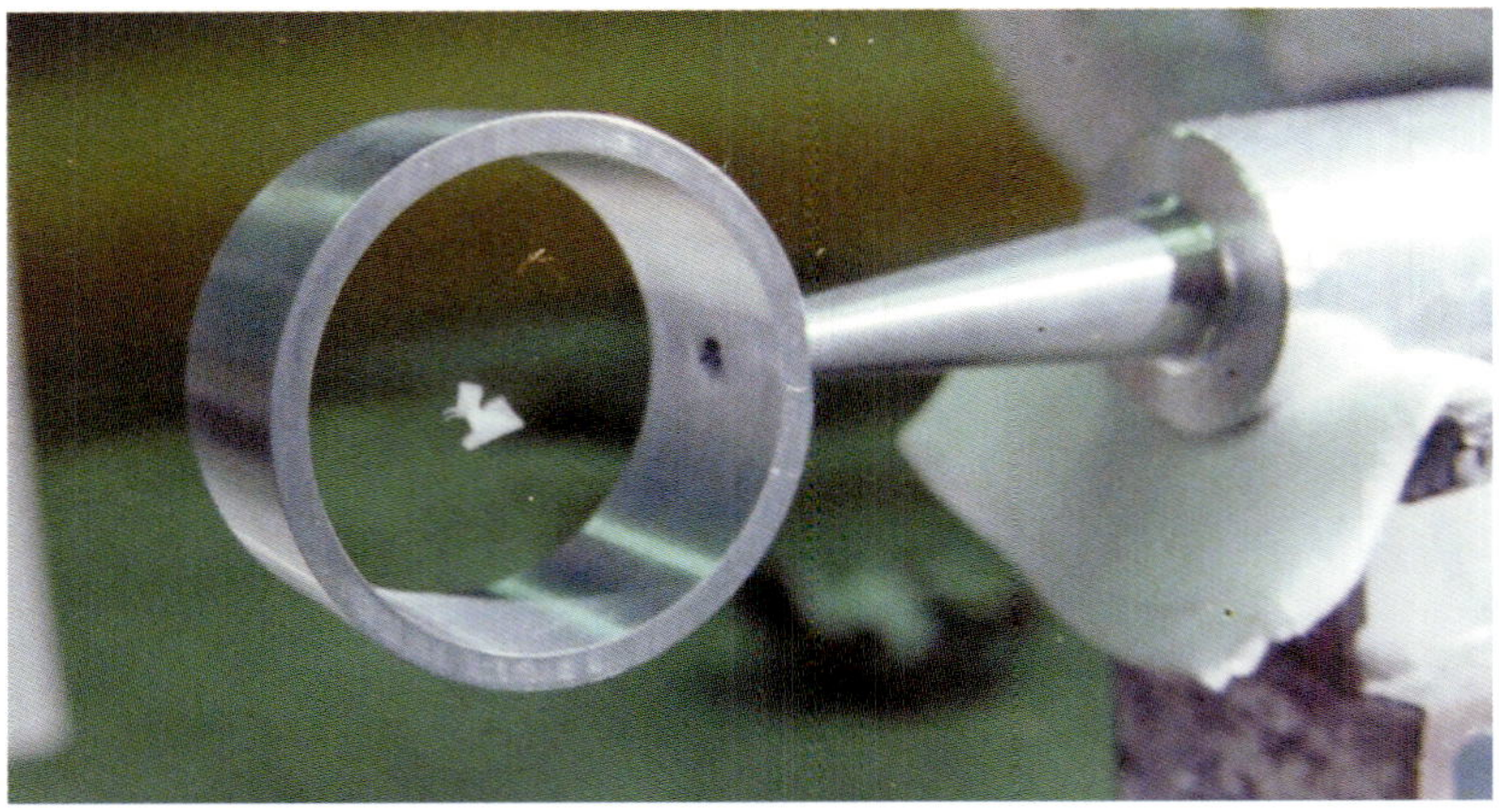

※『外伝』で日本特殊陶業さんを NGK と書いたがこれは誤りで、この略称は日本ガイシさんのもの。日本特殊陶業さんは NGK スパークプラグという筆者お馴染みの商品を作っているので勘違いしてしまった。この場を借りてお詫び申し上げます。

No	仕上日	アイテム	区分	スケール	数	主材	メモ
1	1985.7.5	ミクロの折紙飛行機 各種	撮影素材	1cm	106	トレーシングペーパー他	超音波で浮かせる
					106		

【CF】『カーウォッシュ』〔納品のみ〕

●外伝未収録

▶カーウォッシュの地球。

No	仕上日	アイテム	区分	スケール	数	主材	メモ
1	1973.4.13	地球	宇宙	70cmD	1	アクリル、リゴラック樹脂	アクション用
				計	1		

【CF】『バスピカ』〔納品のみ〕

●外伝未収録

◀▲市販の発泡スチロールプレーン（ゴム動力で飛ぶ）をちょっと改造しコマーシャルに。

No	仕上日	アイテム	区分	スケール	数	主材	メモ
1	1974.3.29	スタント複葉機	航空	20cm	1	市販スチロールプレーン	改造
					1		

【CF】『野菜（スポンサー不明）』〔納品のみ〕

●外伝未収録

コマーシャルの撮影では強い照明にあてられるため、本物の野菜では、萎びたりして不具合が生じるのでポリ複製品を使うわけだ。実物を型どりしてポリで抜けば形は実物通りになる。だが本物に見せる為には、仕上げが重要となってくる。筆者の師匠小島こーちゃんの腕は確かだ。本物と混ぜても判別は出来ないだろう。

▲瑞瑞しいトマトはおいしそう。粉がふいたキュウリは味噌が欲しくなる。

【CF】『ノムラトーイ』〔CF／建込みセット付き〕

●外伝未収録

▶▼特撮でリアルなのばかり作ってきたけど、幼児向けの童話チックな物作りもたまには良い。用意がかかり、チビちゃんたちがゾロゾロ舞台にあがってノムラトーイで遊び始め、カメラが回り始めた……。

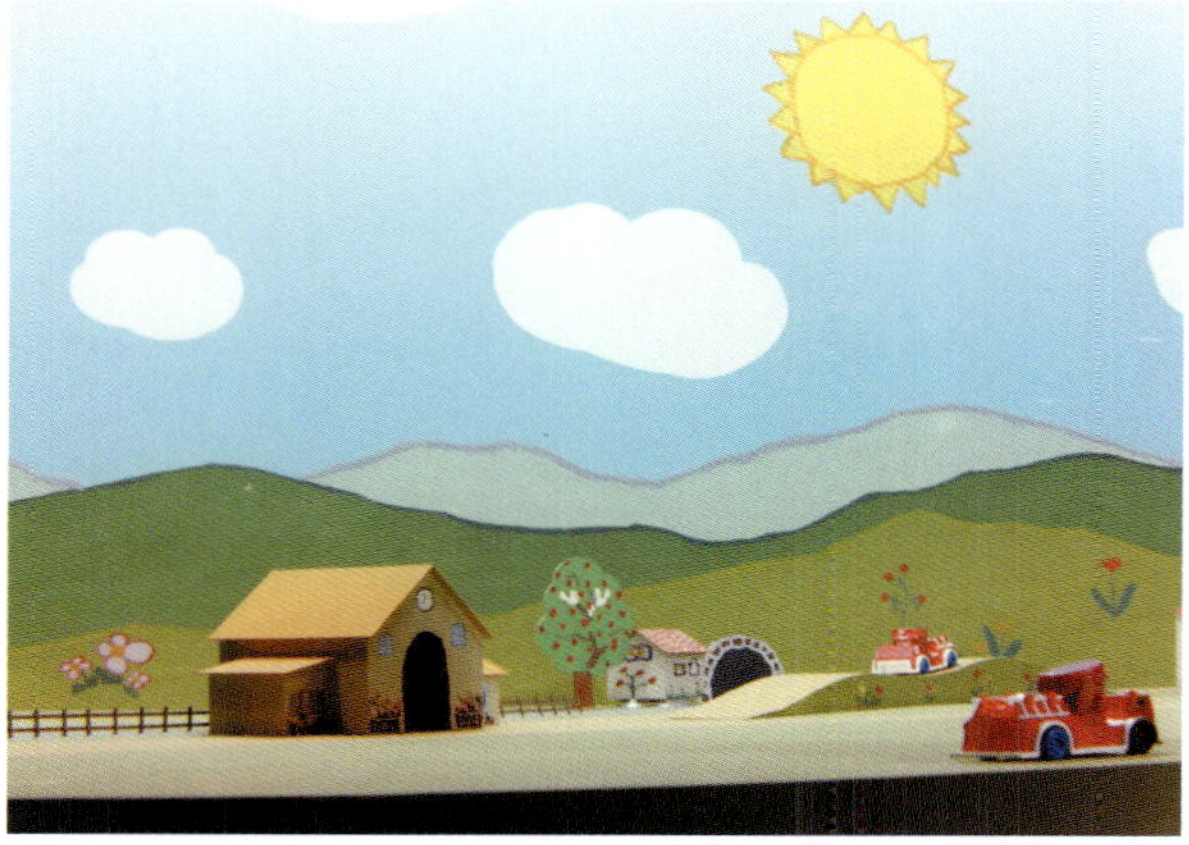

No	仕上日	アイテム	区分	スケール	数	主材	メモ
1	1975.3.14	幼児向けおもちゃセットステージ	大道具	3.6mx9m	1	木・ベニヤ	
2	1975.3.14	ホリゾント	背景	3.6mx7.2m	1	木・ベニヤ	
3	1975.3.14	山切だし	情景 SC	フリー	6	木・ベニヤ	
4	1975.3.14	樹木	情景 SC	1/30	4	木・ベニヤ	
5	1975.3.14	築堤	情景 SC	1/30	2	木・ベニヤ	
6	1975.3.14	民家	情景 ST	1/30	2	木・ベニヤ	
7	1975.3.14	駅	情景 ST	1/30	1	木・ベニヤ	
					17		

【CF】『日立ルームエアコン 白くまくん』〔納品のみ〕●外伝未収録

これもまた童話チックな造型品だ。全体が60㎝しかないから氷山や白熊は小さくて可愛い。ただし、これはセットのプランニングモデルで、これを撮影するわけではない。スポンサー他が気に入れば大きなセットを製作設置するのだけれど……。筆者はその後を知らない。果たしてセットは受注できたのか!?

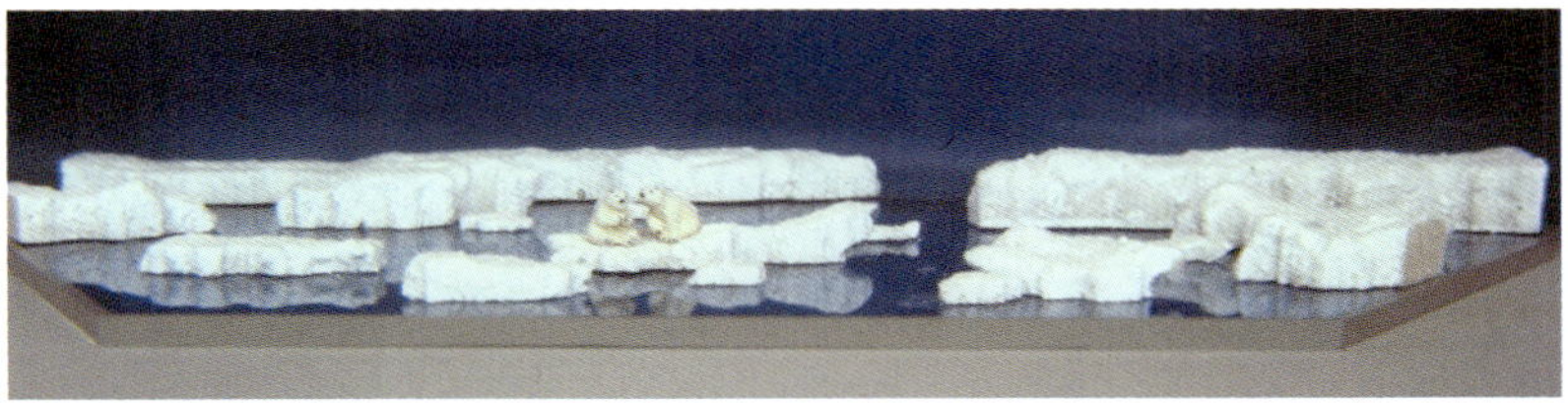

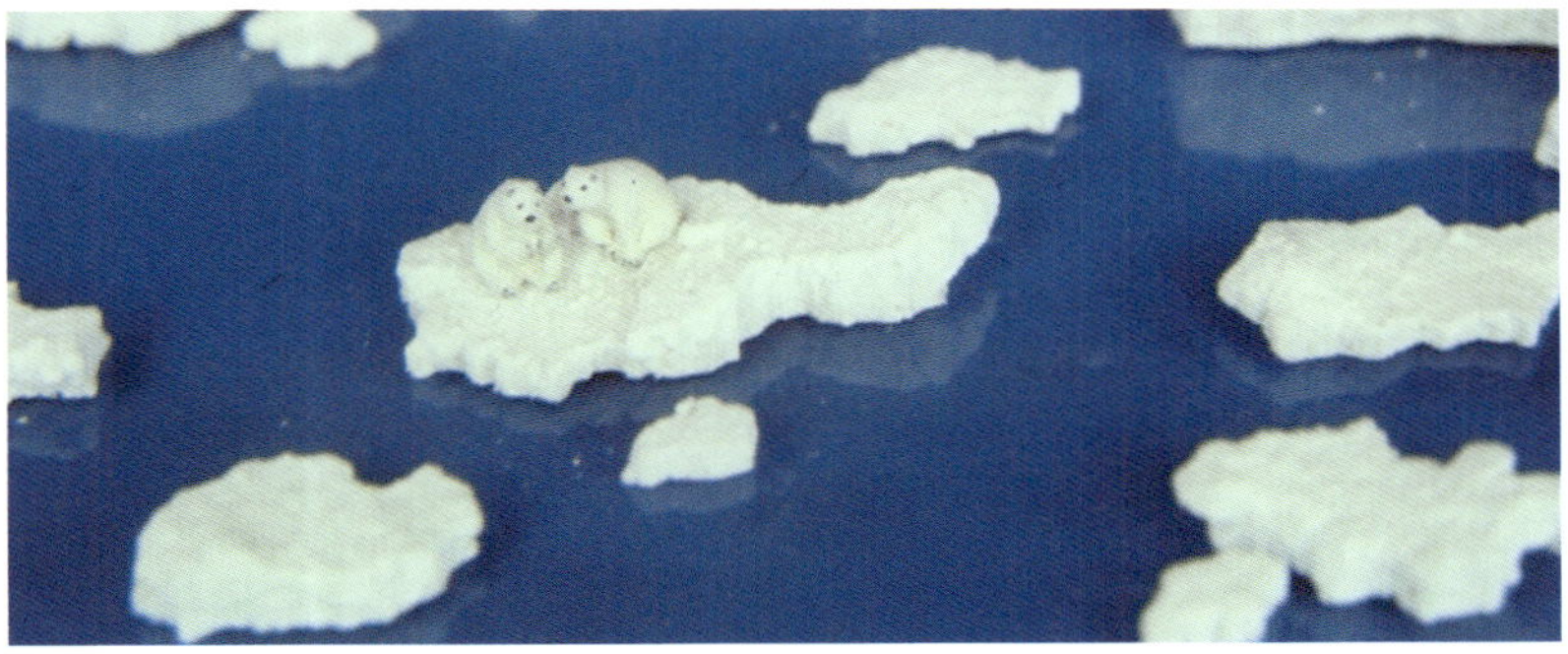

No	仕上日	アイテム	区分	スケール	数	主材	メモ
1	1976.5.28	セット プレゼンモデル ディオラマベース	小道具	60cmx40cm	1	木・ベニヤ	
2	1976.5.28	ホリゾン	小道具		1	ベニヤ	
3	1976.5.28	プール	小道具		1	アクリル	
4	1976.5.28	氷山	小道具		1	発泡スチロール	
5	1976.5.28	白くま	小道具		1	発泡スチロール	
					5		

【CF】『三共胃腸薬 L錠』〔納品のみ〕●外伝未収録

現在のロボットは人間型から工場生産ラインの作業ロボットまで多種に及んでいる。このコマーシャル当時はロボットといえばこんな形が主流だった。ネームにコンピューターとあるので一応頭の中に配線らしきものを作りメカメカしさを出した。が、今思うとまったくのご愛嬌だ

No	仕上日	アイテム	区分	スケール	数	主材	メモ
1	1977.1.22	コンピューターロボット（胸像）	キャラクター	1.8m	1	ベニヤ	
					1		

【CF】『森永チョコレート・ガンダムセール』

【納品のみ】●外伝未収録

スポンサーの注文は「箱絵の塗分けで仕上て欲しい。汚しは入れないでくれ」というもの。プラモに色を塗り終ったところで物足りないと感じた。のっぺり感丸出しなのだ。そこで墨入れや細かいレタリングなどを入れた。まだ物足りない。しかし……スポンサーチェックがありOKが出たので、筆者初めてのガンダムは引き取られていった。汚しなしというのは、前に川北監督によるガンダムのコマーシャルで筆者が凝りすぎたせいかもしれない。

No	仕上日	アイテム	区分	スケール	数	主材	メモ
1	1982.7.26	ガンダム	キャラクター	1/144	1	バンダイ製プラモ	
					1		

【CF】『セイコー』〔納品のみ〕

●外伝未収録

以前、岩手の博物館の仕事で、特美は貝塚を作ったことがあった。だが化石は初めてだ。貝塚は展示品。これは映像用。仕上げ方が若干異なる。撮影時の照明により写り方が大きく変わるので、一概には言えないが、簡単に言うと「アク」を強くする。若干の色誇張をするわけだ。かと言って出鱈目ではまずい。小島こーちゃんは、螺旋の凸部にハイライトを入れ、凹部にシャドウを入れた。そして化石なのにしっとり感を加えたのだ。さてどんな感じに映ったのだろうか

◀このレプリカはアンモナイト、
レプリカ無かったらナンモナイト、
さあ、仕上げはオールナイトで。

No	仕上日	アイテム	区分	スケール	数	主材	メモ
1	1984.3.8	アンモナイト	化石レプリカ	20cmD	1	FRP	
					1		

【CF】『明治 マカダミアチョコレート』〔納品のみ〕

●外伝未収録

▲▼ザイロホーン。

▲ヒポドラム。

▶ハープ。楽人は美術助手高橋勲。

No	仕上日	アイテム	区分	スケール	数	主材	メモ
1	1986.10.11	アフリカの楽器 ザイロフォーン	楽器	1/1	1	木	
2	1986.10.11	アフリカの楽器 ハープ	楽器	1/1	1	木	
3	1986.10.11	アフリカの楽器 ピポドラム	楽器	1/1	1	木	
					3		

協力

東宝／東映／KADOKAWA／松竹
東宝スタジオ／東宝映像美術
円谷プロダクション／NHK／ユニオン映画
ブリヂストン／京セラ／タカラトミー／東洋ゴム工業
東京ガス／東京ドームシティ アトラクションズ／三菱電機
日本特殊陶業／日立ジョンソンコントロールズ空調
第一三共ヘルスケア
サンライズ／バンダイ／森永製菓
セイコーホールディングス／明治

石坂浩二

小谷承靖／特美会

※本書の制作にあたり上記の皆様にご協力いただきました（敬称略）。心より御礼申し上げます。
なお、個人の協力者のうち、外伝にお名前を掲載した方は割愛させていただきました。

あとがき

２０１６年に大日本絵画さんより上梓した『東宝特殊美術部外伝』上下巻の資料編としてご覧いただけるよう、未発表写真を纏めて一冊にしてみましたが、楽しんで貰えたでしょうか。

掲載した写真・図版は本書で７１１枚、外伝上下巻が６６６枚だから、合わせて１３７７枚となります。

本書で取り上げた映像関連と、展示模型・テーマパーク・博物館へ納品した、製品そのものを見せる物など合わせて、筆者が特美在籍時に撮影した写真は約２万枚となりました。

さて、これで、特美の仕事を記録した写真は、製品そのものを見せる展示用だけが残りました。これもいつか纏めてみたいですね。もっともそんな展示関連などの写真を読者は求めていないかも……？

だから本書がちょうど良いのかもしれませんね。

ところで、本書の文言・キャプションは、拙著の上下巻を読んでもらっているという想定で、その続き的に記したので、もし内容に不明点がありましたら、お手数ですが上下巻をどうぞお読みください。下巻には我々が当時使っていた「業界用語」をまとめた用語集も収録してあります。

さてさて……。

筆者は幸いにして好きなことを仕事に出来ましたが、それは特美・特撮スタッフの皆さんの温かい心があったればこそ。その辺りのお話は上下巻でおわかりいただけると思います。

大日本絵画さんにお世話にならなければ、「特美の仕事は特撮だけではない」という事を知ってもらう機会は無かったでしょう。それを紹介できた事の喜びはひとしおです。

そして今回は新紀元社さんにお世話になることになりました。

ここに改めて御礼を申し上げますとともに、読者の皆様にも感謝を申し上げます。

２０１８年晩秋

ににたかし

〔井上泰幸 特美監督〕

〔田中慶喜 大道具班長〕

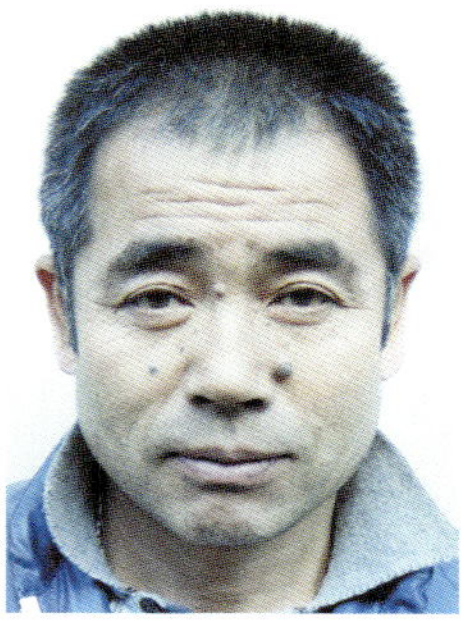
〔松本光司 操演技師〕

〔野村安雄 大道具班長〕

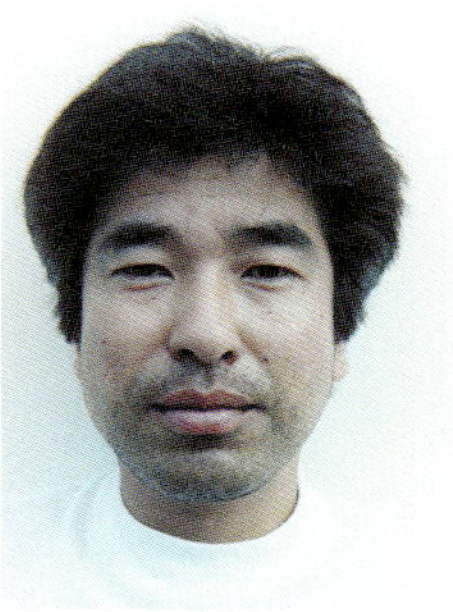
〔小林知己 造型技師〕

〔川北紘一 特技監督〕

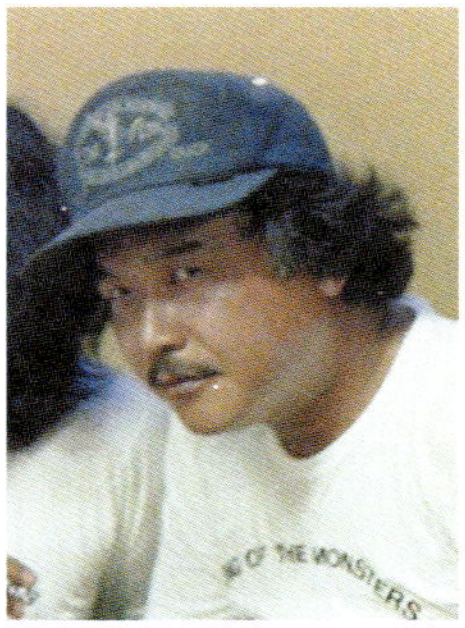
〔久米攻 特殊効果技師〕

鬼籍に入られた先輩がた
そして盟友小林知己に
謹んで
『東宝特殊美術部外伝』
と本書を捧ぐ

〔中尾孝 スチールカメラマン〕

〔大澤哲三 特美監督〕

著者略歴

ににたかし　本名：長沼　孝

１９４７年７月、新潟生まれ。

東宝砧撮影所の美術部門が東宝美術株式会社として分離企業した１年後、たまたま特殊美術課に勤務することとなる。当初の名刺肩書きは「クラフトモデラー」、つまり特撮用模型の製作・仕上げ担当者。

以来、肩書きが「プロデュースデザイナー」となり、作品クレジットに名が載るまで特殊美術部に約26年間勤務し、趣味の模型を仕事として堪能した。

営業部・千葉支店で各種プロジェクトに携わり、２０１１年退職。

現在71歳。名刺の肩書きは「売れない作家」または「特美会幹事」。

駄文作成と撮り貯めた記録写真で糊口をしのぐ。

本書は『東宝特殊美術部外伝・上下』（大日本絵画刊）に続く３冊目の著作となる。

〔著者近影〕

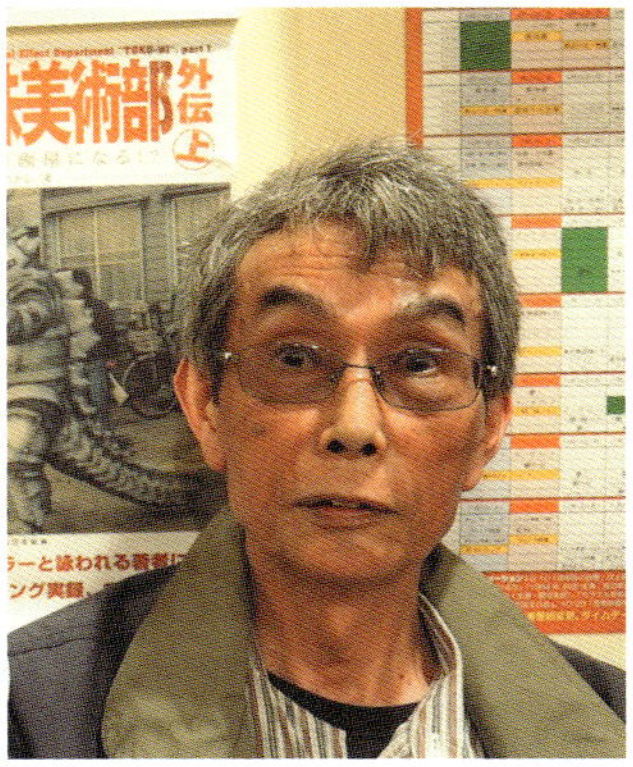

2017年シネマノベチェントにて

TOHO Special Effect Department "TOKUBI" 's workshop,

東宝特殊美術部の仕事

映画・テレビ・CF編

発行日　2018年12月19日　初版　第1刷

著者　にに たかし

デザイン・装丁　株式会社アクア
DTP　小野寺 徹

発行者　宮田一登志
発行所　株式会社 新紀元社
〒101-0054
東京都千代田区神田錦町1丁目7番地
錦町一丁目ビル2階
TEL.03-3219-0921（代表）
http://www.shinkigensha.co.jp/
郵便振替　00110-4-27618

編集人　市村 弘
企画／編集　株式会社アートボックス
〒101-0054
東京都千代田区神田錦町1丁目7番地
錦町一丁目ビル4階
TEL.03-6820-7000（代表）
http://www.modelkasten.com/

印刷・製本　中央精版印刷株式会社

ISBN978-4-7753-1652-8

定価はカバーに表示してあります。
Printed in Japan

内容に関するお問合わせ先：03（6820）7000　（株）アートボックス
販売に関するお問合わせ先：03（3219）0921　（株）新紀元社